CSRの基礎

企業と社会の新しいあり方

國部克彦————〔編著〕

神戸CSR研究会—〔編〕

Corporate Social Responsibility

中央経済社

は し が き

　CSR（Corporate Social Responsibility）は，EU（ヨーロッパ連合）が21世紀の新しい政策の１つとして打ち出したことから，全世界に広まった概念である。日本でも，企業社会責任というよりも，CSRと言った方がビジネス界では通用するほどである。これほど急速に新しい言葉が世界的に普及したことは，この概念に対する期待の大きさを表すものであろう。しかし，企業（会社）と社会と責任という３つのキーワードからなるこの概念は，関係する領域が非常に幅広く，全体を把握することは容易ではない。

　しかも，CSRの範囲は年々拡大している。現在世界では，貧困や環境破壊や人権侵害などの多くの問題が起こっている。これらの問題に私たちの日常生活や企業が全く無関係かと言われれば，意外に難しい問題がそこにあることに気づくであろう。企業が成功して富を創造することで誰かが貧困化しているかもしれない。私たちがエネルギーを消費することで地球温暖化が進行しているかもしれない。サプライチェーンが全世界に広がる現在，私たちが手にする製品やサービスが人権の犠牲と関係がないことを証明することは簡単ではない。

　このような問題にアプローチする場合に重要なことは，自分は完全無欠であるということを証明するのではなく，少しでも問題と関係のある部分を改善していこうとする姿勢である。世界は人間の無数の関係から成り立っているので，世界で起こる出来事にはすべての人が何らかの責任があると考えられる。そうであるとすれば，責任を果たすことのできる人がその役割を担うべきである。CSRの原点にはそのような考え方がある。

　本書はこのようなCSRの広範な領域を少しでも見通しをよくするために，入門書として執筆したものである。CSRの主体は，文字通り，企業と社会である。しかし，企業と社会の利害が常に一致するとは限らない。むしろ，両者が相反することが多いためCSRが必要になると理解する方が正しいであろう。相反する利害をいかに調整して，共通の価値を追求するかが，現在問われているのである。したがって，CSRも企業からの視点と社会からの視点の双方からアプローチすべきであろう。そこで本書では，第Ⅰ部「企業からみたCSR」では企

業の視点を，第Ⅱ部「社会からみたCSR」では社会の視点を，それぞれ採用して，「企業と社会の新しいあり方」をさぐることを目的としている。

　第Ⅰ部ではCSRのマネジメントが議論される。CSRは企業にとって単なる規範ではなく，達成しなければならない目的である。目的を達成するためにはシステムが必要となるが，それがマネジメントである。戦略，マーケティング，会計などさまざまなマネジメント手法が解説される。第Ⅱ部では，社会の視点からアプローチするために，主要なステークホルダーにとってのCSRが論じられる。ステークホルダーとは関係者という意味であるが，それは，投資家や消費者や従業員だけでなく，環境や人間全体も含まれる広範なものである。

　本書は，このような視点から，CSRの基礎知識がない人でも理解できるように，広範なCSRの主要領域を丁寧に解説したつもりである。また，事例よりも考え方やロジックを重視して説明をしている。これは，事例はすぐに陳腐化してしまうが，ロジックは時代を経ても生き残り，CSRを推進していく駆動力となるからである。世の中を変えていくためには，実践が必要で，実践を正しい方向へ向けるには，適切な考え方が必要である。CSRの世界は，未経験の現象が次々発生する世界でもある。このような領野を切り開いていくには，適切な考え方と実践が必要で，これが本書を通じてぜひ身につけてほしいことである。

　本書は，「あとがき」にもあるように，神戸CSR研究会のメンバーの方々との共著である。神戸CSR研究会は，もともとは私が教えていた神戸大学MBAプログラムのゼミが始まりであるが，今ではその範囲をはるかに超えて多様なメンバーが集う場となっている。多様なバックグラウンドを持つ人々がともにCSRについて継続して討議することも，CSRを実践する１つの方法である。その意味で，本書を，私たちの活動の結果ではなく，プロセスそのものとして，社会にお届けしたい。

2017年３月７日

神戸大学兼松記念館にて

國 部 克 彦

目　次

はしがき　*i*

略語表　*v*

第Ⅰ部　企業からみたCSR

第1章　CSRとガバナンス ……………………………………… *3*

- 1　CSRとは何か　*4*
- 2　CSRの指針　*6*
- 3　CSRとコーポレートガバナンス　*10*
- 4　CSRとソーシャルガバナンス　*13*
- 5　倫理と正義　*19*
- 6　CSRで未来を拓く　*20*

第2章　CSRと戦略・マネジメント ……………………… *23*

- 1　企業がCSRに取り組む理由　*24*
- 2　CSRと戦略　*25*
- 3　CSRのマネジメントの仕組み　*33*
- 4　組織として社会課題に取り組む　*38*

第3章　CSRとマーケティング ………………………… *41*

- 1　マーケティングを取り巻く環境　*42*
- 2　生産者・企業・消費者の共通価値の創造—ネスレ　カカオプランの事例—　*47*
- 3　コーズプロモーション　*51*
- 4　ソーシャルマーケティング　*53*
- 5　コーズリレーティッドマーケティング　*54*
- 6　社会との共生を目指して　*57*

II

第4章　CSRとリスクマネジメント　59

1　リスク　*60*
2　リスクマネジメント　*64*
3　企業におけるリスクマネジメント　*68*
4　CSRとリスクマネジメントの接点　*77*

第5章　CSRとレポーティング　79

1　CSR情報を開示する意義　*80*
2　CSRレポーティングのガイドライン　*85*
3　マテリアリティを考える　*91*
4　日本のCSRレポーティング　*94*

第6章　CSRと会計・保証　101

1　会計の役割　*102*
2　CSR会計の内容　*103*
3　CSR会計に関するガイドライン　*109*
4　CSR会計の開示　*116*
5　CSR情報の保証　*117*

第7章　CSRとサプライチェーン　123

1　CSRのためのサプライチェーンマネジメント　*124*
2　CSR調達　*125*
3　サプライチェーンにおける環境負荷低減　*129*
4　グリーン経済と循環経済　*134*
5　サプライチェーンにおけるCSRの高まり　*137*

第Ⅱ部 社会からみたCSR

第8章 ステークホルダーとCSR ……………… *143*

1 ステークホルダーとは誰か *144*

2 資本市場モデルからステークホルダー・モデルへ *145*

3 ステークホルダーをめぐる議論の展開 *147*

4 ステークホルダー・エンゲージメント―管理から包含へ― *150*

5 企業とステークホルダーの関係の多様化 *151*

6 ステークホルダーの能動的な役割 *155*

7 ステークホルダーと価値創造 *158*

第9章 金融とCSR ……………… *161*

1 社会における金融の役割 *162*

2 金融CSRの意義 *168*

3 環境金融とESG投資 *172*

第10章 人権とCSR ……………… *183*

1 企業活動の中の人権 *184*

2 「ビジネスと人権」の枠組み *188*

3 CSR基準の中の人権 *196*

4 「ビジネスと人権」に関連する重要な流れ *198*

第11章 環境とCSR ……………… *205*

1 地球環境問題と企業経営 *206*

2 環境政策と環境経営 *208*

3 環境経営促進の要素 *213*

4 環境と経済の連携のための環境会計 *217*

5 自然資本と環境経営 *220*

IV

 6 「国連持続可能な開発目標（SDGs）」と企業への期待　*223*

第12章　消費者とCSR　　　　　　　　　　　　*227*

 1 消費者と企業　*228*

 2 消費者行政と法律　*236*

 3 消費者市民社会　*243*

 4 より良い消費社会へ　*246*

第13章　納税とCSR　　　　　　　　　　　　　*249*

 1 社会と税　*250*

 2 法人税をめぐる状況　*252*

 3 企業の税負担削減行動　*254*

 4 タックスヘイブンの問題　*256*

 5 社会的責任としての納税　*258*

第14章　コンプライアンスとCSR　　　　　　　*263*

 1 コンプライアンス経営の目的　*264*

 2 コンプライアンスの定義　*265*

 3 コンプライアンス実践プログラム　*268*

 4 分野別コンプライアンスの実践　*271*

第15章　NPOとCSR　　　　　　　　　　　　　*279*

 1 NPOのソーシャル・ビジネス　*280*

 2 企業によるNPOのソーシャル・ビジネス支援　*282*

 3 NPOによるソーシャル・ビジネスと企業による支援の事例　*285*

あとがき　*291*

索　引　*293*

略語表

略語	正　式　名	日　本　語
ASPCA	American Society for the Prevention of Cruelty to Animals	アメリカ動物虐待防止協会
BCP	Business Continuity Plan	事業継続計画
BCSD	Business Council for Sustainable Development	持続可能な開発のための経済人会議
BIS	Bank for International Settlements	国際決済銀行
BOP	Bottom of the Pyramid	所得ピラミッドの最下層
CEO	Chief Executive Officer	最高経営責任者
CERES	Coalition for Environmental Responsible Economies	セリーズ
CI	Consumers International	国際消費者機構
COP	Conference of the Parties	締約国会議
COSO	The Committee of Sponsoring Organizations of the Treadway Commission	トレッドウェイ委員会組織委員会
CSR	Corporate Social Responsibillty	企業の社会的責任
CSV	Creating Shared Value	共通価値の創造
EFTA	European Fair Trade Association	欧州自由貿易連合
ERM	Enterprise Risk Management	全社的リスクマネジメント
ESG	Environment, Social, Governance	環境，社会，ガバナンス
EU	European Union	欧州連合
FIT	Feed-in Tariff Program	固定価格買取制度
FLO	Fairtrade International	国際フェアトレードラベル機構
FSB	Financial Stability Board	金融安定理事会
FSC	Forest Stewardship Council	森林管理協議会
GCNJ	Global Compact Network Japan	グローバル・コンパクト・ネットワーク・ジャパン
GDP	Gross Domestic Product	国内総生産
GHG	Greenhouse Gas	温室効果ガス
GPIF	Government Pension Investment Fund	年金積立金管理運用独立行政法人

GRI	Global Reporting Initiative	グローバルレポーティングイニシアチブ
GSIA	Grobal Sustainable Investment Alliance	世界責任投資ネットワーク（世界持続可能投資連合）
ICC	International Chamber of Commerce	国際商工会議所
IFAC	International Federation of Accountants	国際会計士連盟
IIRC	The International Integrated Reporting Council	国際統合報告評議会
ILO	International Labour Organization	国際労働機関
IPCC	Intergovernmental Panel on Climate Change	気候変動に関する政府間パネル
IR	Investor Relations	投資家向け広報活動
ISAE	International Standard on Assurance Engagements	国際保証業務基準
ISO	International Organization for Standardization	国際標準化機構
LCA	Life Cycle Assessment	ライフサイクルアセスメント
LGBT	Lesbian Gay Bisexual Transgender	性的マイノリティー
MDGs	Millennium Development Goals	ミレニアム開発目標
MFCA	Material Flow Cost Accounting	マテリアルフローコスト会計
MSC	Marine Stewardship Council	海洋管理協議会
NAP	National Action Plan	ビジネスと人権に関する国別行動計画
NCC	Natural Capital Coalition	自然資本連合
NGO	Non-Governmental Organization	非政府組織
NPO	Non-Profit Organization	非営利団体
OECD	Organisation for Economic Co-operation and Development	経済協力開発機構
PCB	Polychlorinated Biphenyl	ポリ塩化ビフェニル
PDCA	Plan-Do-Check-Act	計画→実行→評価→改善
PETA	People for the Ethical Treatment of Animals	動物の倫理的扱いを求める人々の会
PRI	Principle for Responsible Investment	責任投資原則
PRTR	Pollutant Release and Transfer Register	化学物質排出移動量届出制度
QCDE	Quality Cost Delivery Ecology	品質，コスト，納期，環境

ROE	Return On Equity	自己資本利益率
RoHS	Restriction on Hazardous Substances	電気電子機器に含まれる特定有害物質の使用制限に関する指令
SAI	Social Accountability International	ソーシャル・アカウンタビリティ・インターナショナル
SARS	Severe Acute Respiratory Syndrome	重症急性呼吸器症候群
SDGs	Sustainable Development Goals	持続可能な開発目標
SOX	Sarbanes-Oxley Act	サーベンス・オクスリー法
SRI	Socially Responsible Investment	社会的責任投資
TCFD	Task Force on Climate-related Financial Disclosure	気候変動に関する財務情報開示タスクフォース
TS	Technical Specification	技術仕様書
UNEP	United Nations Environment Programme	国連環境計画
UNEP-FI	UNEP Finance Initiative	UNEP 金融イニシアチブ
UNGC	The United Nations Global Compact	国連グローバル・コンパクト
VOC	Voice of CustomerVoice of Consumer	顧客の声消費者の声
WBCSD	The World Business Council for Sustainable Developmen	持続可能な発展のための世界
WFTO	The World Fair Trade Organization	世界フェアトレード機関

第Ⅰ部

企業からみた CSR

第1章

CSRとガバナンス

◆

●Point●

　本章では，CSRとガバナンスという視点から，CSRの基本問題を概観する。私的な組織である企業（株式会社）が，なぜ社会的な責任を果たす必要があるのか。もし，企業が社会的な責任を果たさなければならないとすれば，そのためにはどのような仕組みが必要なのかということを考えていきたい。

　この仕組みのことを，本章ではガバナンス（統治）と呼んでいる。具体的には，CSRの国際的な指針について主要なものを解説し，コーポレートガバナンスとソーシャルガバナンスの視点からCSRをどのように展開すればよいのかを考察する。特に，CSRの中心概念である責任の意味を深く考えて，企業だけでなく，ステークホルダーがいかにあるべきかも検討する。

　本章では，CSRの基本的な事項についても，体系的に解説している。特に，本章で説明するCSRの国際的な指針，CSR報告，ステークホルダー・エンゲージメント，責任投資原則，PDCAサイクルなどの基本的な事項については，関連する他の章でも詳しく解説されているので，全体を読まれた後でもう一度この第1章に戻ってきてほしい。

4 第 I 部 企業からみた CSR

1 CSRとは何か

　私たちの生活は多くの企業が提供する製品やサービスで成り立っている。私たちが住む住宅，日々活用している様々な製品，毎日着ている衣服なども，ほぼすべて企業が製造したものである。日々の食材も生産や流通を担う企業によって食卓に送り届けられているものがほとんどであろうし，鉄道や交通などの移動手段も多くは企業によって担われている。もちろん，公共団体が運営する事業もあるが，私たちの生活の圧倒的な部分は，企業の経済活動によって支えられている。しかし，これらの企業は多くの場合，株式会社の形態をとる私的な組織であり，私たちはその組織の長を自治体の知事や市長を選ぶように選任することはできない。株式会社の最終的な決定権は株主にあり，実際には株主総会で選ばれた取締役が経営を行っている。いくら企業が社会的に必要なモノやサービスを提供していても，株主でない限り，企業の経営には直接関与できない。しかも，株式会社は利益の獲得を目指した営利組織としての側面も持つ。

　考えてみれば，私たちの生活のほとんどがこのような私的な組織の活動によって支えられていることは，不思議なことかもしれない。20世紀には，企業を国有化する社会主義という経済体制があったが，国有企業は私企業に比べて極めて非効率であったため，自ら瓦解してしまった。現在では，私的組織である企業が社会的なニーズを満たすために自由に生産活動を行い，市場が全体を調整するという経済体制が世界的に普遍的なものとなっている。しかし，企業は公的な組織とは違って，所有者である株主やその代理人である経営者の意向が強く反映される仕組みであるため，組織の利害と社会全体の利害が常に一致するわけではない。

　したがって，企業は完全に自由に活動してよいというわけではなく，様々な法律や規制によって，行動に制約が与えられている。例えば，会社の運営にあたっては会社法を，従業員の雇用にあたっては労働法を，納税にあたっては税法を，環境問題については環境法を，というように多くの法律を遵守しなければならないだけでなく，法律に準じる規制や政府機関の指導なども含めれば，

第1章　CSRとガバナンス　5

おびただしい数の制約がかけられている。しかし，過剰な規制は企業の活力を
そぐことにもなるので，規制するだけでなく，規制を緩和していくことも同時
に重要な政策的課題となっている。

　一方，世の中には非常に多くの問題が山積している。貧富の差の拡大，地球
環境の破壊，テロの危険性の増大のような国際的な課題から，財政赤字の拡大，
地域社会の疲弊，少子高齢化の進行などのような国内的な課題まで，問題は限
りなく存在している。これらの問題はすべて経済問題と深い関係にある。例え
ば，貧富の差の拡大には企業活動から受ける恩恵の差異が大きな影響を与えて
いるし，テロの危険の増大も，経済的な格差が世界規模で地域的に広がってき
たことと無関係ではない。地球環境の破壊は企業による生産活動で資源やエネ
ルギーが過剰に費消されていることが原因となっている。家庭でのエネルギー
消費も大きな問題であるが，それらのほとんどは企業が製造した製品を通じた
消費なのである。ところが，このような問題を解決するためには，企業に新た
な規制をかけることだけでは，決して解決しない。それは，追加的な規制が企
業の活力を損なうからというよりも，問題があまりにも複雑であるため，法律
のような制度で規制することが，必ずしも効果的とは限らないからである。

　しかし，これ以上，上記のような問題を放置することもできない。そこで求
められるのが，それぞれの企業に自主的に社会的責任を果たしてもらうことで
ある。社会の中で活動する企業が，様々な社会問題に対処するために，自ら考
えて，事業活動の中で行動を展開するようになれば，事態はかなり改善される
ことであろう。企業の社会的責任は，Corporate Social Responsibilityの頭文字
をとってCSRと略称される。21世紀の初めに，EUがCSRを政策目標として掲
げたときから，CSRという言葉は世界のビジネス界での共通語となった。EU
では，2011年の文書でCSRを「企業の社会に対する影響への責任」と定義して
おり，企業に対して「社会的責任を果たすためには，社会，環境，倫理，人権，
消費者問題を，ステークホルダーとの密接な協力のもとで，事業活動と中心的
な戦略に統合するためのしかるべきプロセスを持つこと」を要求している。ス
テークホルダーとは，企業とかかわる関係者一般を指す言葉で，株主だけでは
ない広い関係者を意味するCSRのキーワードのひとつである。

　したがって，CSRとは，私的組織である企業が，その企業が関与する範囲の

6　第Ⅰ部　企業からみたCSR

社会や環境問題について，事業活動と密接に関連させて，自主的に対処する責任である。CSRは法律ではないので，その実行は企業の意志に任されている。しかし，だからといって企業がCSRを無視したり，自分たちに都合よく解釈したりすれば，私たちの生活が脅かされることになるであろう。そこで，企業が自らの社会的責任をきちんと果たすように，ガバナンスを効かせる必要がある。ガバナンスとは統治とも訳されるが，企業（特に経営者）の動きを制御する手段や仕組みを表す用語である。企業が私的な組織である以上，社会的に企業をガバナンスする仕組みを考える必要がある。

　本章では，企業にCSRを実行させるためのガバナンスの手段や仕組みを考えることを目的とする。CSRは，企業の社会に対する責任であるから，企業だけではなく，責任を受け取る側の社会（ステークホルダー）が，ともに協力し合って作り上げていく必要がある。そのための制度を企業や社会に対するガバナンスとして発展させることが求められている。

2　CSRの指針

2-1　国連グローバル・コンパクト

　CSRは法律で規定されておらず，基本的には企業の自主性に任されるものであるが，企業にとっても何らかの指針がなければ，行動に移しにくい。CSRの指針はガバナンスのための第1歩として重要である。CSRをめぐる指針やガイダンスは，国際機関，政府機関，経済団体，学術団体，NGOなど多くの機関から様々なものが出されているが，ここではその代表的なものとして，国連グローバル・コンパクトと国際標準化機構（ISO）の国際規格であるISO26000を解説しよう。

　国連グローバル・コンパクトは1999年に当時の国連事務総長であったコフィー・アナンが提唱し，2000年に発表された企業の社会的責任に関する原則である。この原則を守ることを約束する企業は，原則に署名することができ，国連グローバル・コンパクトのホームページによれば，2016年時点で約8,000の企業と4,000の団体が署名している。

第1章 CSRとガバナンス　7

国連グローバル・コンパクト

原則1：企業は，国際的に宣言されている人権の保護を支持，尊重すべきである。

原則2：企業は，自らが人権侵害に加担しないよう確保すべきである。

原則3：企業は，結社の自由と団体交渉の実効的な承認を支持するべきである。

原則4：企業は，あらゆる形態の強制労働の撤廃を支持すべきである。

原則5：企業は，児童労働の実効的な廃止を支持すべきである。

原則6：企業は，雇用と職業における差別の撤廃を支持すべきである。

原則7：企業は，環境上の課題に対する予防原則的アプローチを支持すべきである。

原則8：企業は，環境に関するより大きな責任を率先して引き受けるべきである。

原則9：企業は，環境に優しい技術の開発と普及を奨励すべきである。

原則10：企業は，強要と贈収賄を含むあらゆる形態の腐敗の防止に取り組むべきである。

　内容は上記のように，人権（原則1，2），労働（原則3，4，5，6），環境（原則7，8，9），腐敗防止（原則10）の4つの分野に分類できる。ちなみに，原則10は，2004年に追加されたものである。国連グローバル・コンパクトは，CSRの領域を文字通りコンパクトにまとめたもので，賛成組織は原則に署名することで，社会的なステータスも得ることができる。

　国連グローバル・コンパクトは，CSRの最も基礎的な原則として，すべての企業が参考にすべき重要な指針であるが，これは方向性を示すもので，実際にどのようにCSR活動を進めればよいかまでは説明していない。これに対して，次に述べるISO26000はかなり詳細にCSR活動を規定している。

2-2　ISO26000：社会的責任に関する手引き

　国際標準化機構（ISO）は，もともと工業技術規格を対象とした国際機関であるが，1990年代頃から，品質管理や環境管理のようなシステムの規格にも着

8 第Ⅰ部 企業からみた CSR

手し，社会的責任について指針を示したのが2010年に発行したISO26000である。ISO26000は，グローバル・コンパクトとは異なり，100ページを超える詳細なガイダンスである。なお，ISO26000のタイトルは社会的責任（Social Responsibility）で，Corporateが付いていない。これは，企業以外の組織にも適用可能な内容を目指したためであるが，企業を主たる対象としたガイダンスである。ISO26000は以下の7つの章から構成されている。

ISO26000の目次
1．適用範囲
2．用語及び定義
3．社会的責任の理解
4．社会的責任の原則
5．社会的責任の認識及びステークホルダー・エンゲージメント
6．社会的責任の中核主題に関する手引き
7．組織全体に社会的責任を統合するための手引き

　上記の「1．適用範囲」と「2．用語及び定義」はISO規格に共通のものなので，実質的な内容は「3．社会的責任の理解」以降になる。グローバル・コンパクトの10の原則に相当するものは，「6．社会的責任の中核主題」で，そこでは，①組織ガバナンス，②人権，③労働慣行，④環境，⑤公正な事業慣行，⑥消費者課題，⑦コミュニティへの参画およびコミュニティの発展，の7つが中核主題として示されている。人権，労働，環境の3つの分野はグローバル・コンパクトと共通するが，ISO26000ではさらに社会的責任の範囲が，組織ガバナンス，消費者，コミュニティの問題にまで範囲を拡張されている。これは，ISO26000が組織とかかわるすべてのステークホルダーに対して，組織の社会的責任に関する事項を設定しているためである。この範囲は先に示したEUの定義ともほぼ重なるもので，CSRに関する現在の標準的な理解となっている。

　ISO26000の重要な特徴は，ステークホルダーを重視していることで，ステークホルダーとの関係強化の方法として，ステークホルダー・エンゲージメントが組み込まれている。ステークホルダー・エンゲージメントは，ISO26000では，「組織の決定に関する基本的情報を提供する目的で，組織と一人以上のステー

クホルダーとの間に対話の機会を作り出すために試みられる活動」と定義されている。具体的には，組織にとってのステークホルダーを特定して，双方向のコミュニケーションを図ることが奨励されている。CSRとは社会に対する責任であるが，社会とは具体的には様々なステークホルダーの集合体であるため，ステークホルダーに対する責任と同義である。

　企業の主なステークホルダーをあげれば，株主，投資家，従業員，取引先，消費者，地域住民，行政などであろう。CSRの世界ではステークホルダーをできる限り幅広く特定することが奨励されており，企業に対して直接要求できない弱い立場の人々のみならず，人間以外の動植物やまだ生まれていない世代まで含めて考えることもできる。ただし，これらのステークホルダーの利害は常に一致するとは限らない。むしろ，相互に対立する場合が少なくない。その対立をどのようにして解消していくのか。これがCSRに課せられた重要な課題となる。

2-3　その他のCSRの指針

　CSRの指針には，国連グローバル・コンパクトやISO26000以外にも多数ある。ISO26000は，付属書としてCSRに関するイニシアチブやツールをまとめている。そこでは，「政府間のイニシアチブ」，NGOなどによって主導される「マルチステークホルダー・イニシアチブ」，特定のステークホルダーによってまとめられた「シングルステークホルダー・イニシアチブ」の3つに分類し，合計75個のイニシアチブやツールが紹介されている。

　その中でも，企業のCSR経営の内容に影響を与える重要なものに，「GRIスタンダード」と「責任投資原則（PRI）」がある。GRIスタンダードは，GRIという国際的なNGOが発行するサステナビリティ報告書を作成するための基準である。従来，GRIガイドラインと称していたが，2016年にGRIスタンダードへと名称変更のうえ，改訂された。サステナビリティ報告書とは，企業が経済，社会，環境に関する活動内容を自主的に開示する報告書である。GRIの指針は2000年に発行されてから，グローバルに活躍する企業の指針として機能してきた。企業がCSR活動を実施するためには，ステークホルダーへの情報提供が必須であるから，GRIスタンダードはその国際的な指針として，非常に重要な役

10　第Ⅰ部　企業からみた CSR

割を果たしている。

　責任投資原則は，国連グローバル・コンパクトと同じく，国連事務総長のコフィー・アナンの提唱で2006年に作られたものである。これは，金融機関が，環境（Environment），社会（Social），ガバナンス（Governance）に考慮して投資活動を行うことを約束するもので，このような投資はESG投資とも呼ばれる。CSRの世界では，経済的な目的と，社会や環境に関する目的が，しばしば対立することが問題とされている。なぜ，対立が生じるかといえば，企業に資金を提供している株主からの要求が強いことが，しばしばその原因として挙げられる。したがって，企業に投資する金融機関が，環境，社会，ガバナンスを考慮して投資行動をすることを求めたものが，責任投資原則である。責任投資原則は，世界で署名する機関が増加し，金融投資の世界で存在感を増しており，ESG投資は今やCSRを促進する重要な要因となっている。

　さらに，CSRの原則ではないが，2015年に国連から発表された「持続可能な開発目標（SDGs）」も重要である。SDGsは，2030年までに国際社会が目指すべき17の目標とその目標を実現するための169のターゲットから構成されている。内容は，貧困の撲滅，ジェンダー平等，持続可能な生産と消費，気候変動対策，生態系の保護など，幅広く，現在の世界が抱える問題を網羅している。これは，企業に対する責任というよりも，国家が責任を持って政策として対応しなければならないものであるが，企業にとっても，当然のことながら，自らの組織がどのような対応が可能なのかを検討するための重要な指針となる。ちなみに，SDGsでは，民間企業がこのような課題に対して創造性とイノベーションを発揮することを求めている。

3　CSRとコーポレートガバナンス

　CSRの国際的指針は数多くあり，グローバルに活動する企業は，これらの指針に気を配っている。例えば，環境負荷の大きい製造業は資源を有効に活用し，有害物質やCO_2を排出しないように努め，発展途上国で製造活動を行う企業はサプライチェーンの末端に至るまで人権保護が徹底されているか常に監視する必要がある。また，寄付活動等を通じて，地域社会に貢献することも要求され

第1章　CSRとガバナンス　*11*

るであろう。そして，そのような活動の結果をまとめてステークホルダーに報告することも忘れてはならない。これらのCSR活動の多くは法的な強制力を持たないものであるが，経営者の判断次第で実施したり，取りやめたりすることがあってはならない。そのため，企業が持続的にCSR活動を継続するためには，指針だけでなく，より具体的な制度や仕組みが必要になる。

　企業がCSR活動を遂行する場合，それを本業であるビジネス（経済活動）とどのように連携させるのかということが重要になる。ビジネスの片手間に社会や環境の問題を考慮するだけでよいのか，それともビジネスを展開する全体の中で社会や環境の問題を考えるべきなのか。この問いに対する回答はやはり後者であろう。なぜなら，人間の究極の目的は幸福の追求であり，経済はそのための手段に過ぎないので，経済的な目標が最終目的になるべきではないからである。しかし，このことは経済活動を目的とする企業にとっては，簡単なことではない。なぜなら，企業は組織全体が利益を追求するように設計されているからである。したがって，企業にCSR活動を遂行させるには，それも派生的な活動ではなく本業である経済活動の中にCSRを織り込むには，そのための仕組みが必要となる。

　ここで注目されるのは，企業，とくに上場会社が遵守すべきコーポレートガバナンスの仕組みの中にCSRを位置づけることである。コーポレートガバナンスとは，株式会社を統治する仕組みのことであり，具体的には，取締役が会社を運営する仕組みのことである。会社のガバナンスは基本的には会社法によって規定されているが，それは枠組みだけなので，そこにどのような内容を具体的に盛り込むかは企業の裁量に任されている。しかし，それでは各企業の対応がばらばらになってしまう危険性があるので，2015年に東京証券取引所は，金融庁との協力の下で，「コーポレートガバナンス・コード」を発表した。

　「コーポレートガバナンス・コード」は証券市場に上場している企業を対象としたもので，すべての企業を対象とするものではない。しかも，これは強制的な規則ではないから，守らなくてもかまわない。ただし，守らない場合は，説明することが求められる仕組みになっている。これは，「Comply or Explain（遵守するか，説明するか）ルール」と呼ばれている。ちなみに，日本の「コーポレートガバナンス・コード」は，イギリスのコードを参考に作成したもので，

12　第Ⅰ部　企業からみた CSR

Comply or Explain もイギリスのルールを応用したものである。ただし，本家イギリスのコードよりも CSR の側面を強調した内容になっている。

　日本の「コーポレートガバナンス・コード」は，最初にコーポレートガバナンスを，「会社が，株主をはじめ顧客・従業員・地域社会等の立場を踏まえたうえで，透明・公正かつ迅速・果断な意思決定を行うための仕組みを意味する」と定義し，株主以外のステークホルダーの立場も尊重する姿勢を示している。基本原則は以下の5つである。

基本原則1：株主の権利・平等性の確保
基本原則2：株主以外のステークホルダーとの適切な協働
基本原則3：適切な情報開示と透明性の確保
基本原則4：取締役会等の責務
基本原則5：株主との対話

　このなかで CSR の観点から重要なのは，「基本原則2：株主以外のステークホルダーとの適切な協働」である。「コーポレートガバナンス・コード」では，この基本原則を次のように説明している。

　「基本原則2：上場会社は，会社の持続的な成長と中長期的な企業価値の創出は，従業員，顧客，取引先，債権者，地域社会をはじめとする様々なステークホルダーによるリソースの提供や貢献の結果であることを十分に認識し，これらのステークホルダーとの適切な協働に努めるべきである。
　取締役会・経営陣は，これらのステークホルダーの権利・立場や健全な事業活動倫理を尊重する企業文化・風土の醸成に向けてリーダーシップを発揮すべきである。」

　この原則で重要なところは，まず「中長期の企業価値の創出」を重視していることである。企業は利益を追求する経済組織であるが，その利益を短期で追求するのか，中長期で追求するのかでは大きな差異がある。短期的な利益の追求が経営に無理を生じさせ，中長期的に大きな損失を招くことも少なくない。企業が継続的に存在し，雇用を維持して社会に対して製品・サービスを提供し

続けることは，私たちの生活にとって必要なことであるから，健全な企業の中長期的な継続は，最も根本的な社会的責任であると言える。しかし，経済の現場では往々にして短期的利益が注目されるので，わざわざ「中長期的な価値」という長めの時間軸を強調しているのである。

第二に重要なことは，従業員，顧客，取引先，債権者，地域社会という株主以外の主要なステークホルダーに対する責任を明記したことである。基本原則1が，株主の権利と平等性に関するもので，基本原則2では株主以外のステークホルダーを対象とする構成になっているが，株主以外のステークホルダーへの対応を基本原則の2番目にもってきていることは，日本の「コーポレートガバナンス・コード」の重要な特徴である。

「コーポレートガバナンス・コード」の基本原則2のもとには，以下の4つの原則がある。

原則2-1：中長期的な企業価値の向上の基礎となる経営理念の策定
原則2-2：会社の行動準則の策定・実践
原則2-3：社会・環境問題をはじめとするサステナビリティーを巡る課題
原則2-4：女性の活躍促進を含む社内の多様性の確保

これらの原則は，基本原則の内容を具体的に示したものである。特に，社会・環境問題をはじめとするサステナビリティ（持続可能性）への積極的・能動的な対応を求めていることや女性の活躍促進を含む多様性の確保を強調していることは重要であろう。多様性（ダイバーシティ）とは，最近のCSRのキーワードの1つである。特に，少子高齢化が進む日本においては，多様な働き方が求められるので，それに対する企業の対応は重要な社会的責任の一部を構成するのである。

4 CSRとソーシャルガバナンス

4-1 ソーシャルガバナンスの構図

CSRに関する国際的な指針と「コーポレートガバナンス・コード」について見てきたが，これらの指針やコードだけでは，CSRは十分に機能しないであろ

う。指針やコードは，単なる文書に過ぎないから，これを実践で活用するための全体的な制度設計が必要となる。それは社会全体をガバナンスすることにも通じるので，ソーシャルガバナンスと呼ぶことができる。CSRを反映したコーポレートガバナンスが機能するためのソーシャルガバナンスの仕組みを考える必要がある。

　本節ではそのための3つのポイントを説明しよう。それは，①社会の構成員のすべてが責任という概念を適切に理解すること，②それを前提に企業が行動してステークホルダーに対して報告（レポーティング）すること，そして③ステークホルダーから企業へフィードバックを行って，改善のプロセスを回すことである。この関係は，**図表1-1**のように示すことができる。

図表1-1　CSRを対象とするソーシャルガバナンスのプロセス

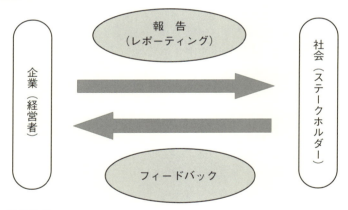

（出所）　筆者作成

4-2　責任（responsibility）とは何か

　CSRを社会の中に広くしかも深く浸透させるためには，キーワードである責任の意味を適切に理解することがその第1歩になる。責任は英語ではresponsibilityと書く。responseとは応答するという意味であり，それに可能を表す語尾abilityが加わって，responsibilityとなっている。このことから分かるように，責任という言葉には「応答可能性」という意味がある。つまり，助け

を求められたり，説明を求められたりして，それに対して応答することができるならば，そこには責任が生じているということである。このような解釈の背景には，キリスト教的な思考が影響しているので，東洋人には理解しにくいかもしれない。「責任」をそのまま漢字で解釈すれば，「任せて，責める」ということになってしまうので，「応答可能性」とはかなりかけ離れた語感がある。

　しかし，CSRはヨーロッパ発の概念であるので，英語で思考することが大切である。応答できるから責任があるということは，責任とは外部から要求されるというよりも，自らの能力に依存する概念であることをまず理解する必要がある。したがって，「それは私の責任ではありません」という前に，「それが私にできるのかどうか」を考える必要がある。そして「できる」のであれば，そこにはあなたの責任が生じているのである。ところが，ビジネスの世界では，このように責任を理解することは一般的ではない。むしろ，契約によって責任の範囲を細かく規定するようになっている。しかし，CSRの立場からは，責任を限定する方向ではなく，より大きな責任を引き受ける方向で思考することが望まれるのである。

　さらにもう1つ重要なことは，責任を負うのは企業だけにとどまらないということである。ステークホルダーは企業に責任を要求するだけでなく，自らも責任を適切に履行しているかどうかを反省すべきである。責任がresponsibilityであるならば，ステークホルダーも当然応答することが求められるからである。むしろ，すべての人が積極的に責任を引き受けない限り，CSRは広がっていかないであろう。誰かが，自分の責任を限定しようとすると，逆に責任はどんどん限定されていってしまう。そうすると，誰の責任でもない空白の部分が生み出されて，大きなリスクを招いてしまうことも起こりうる。この種のリスクは普段は目に見えないが，原発事故などの重大な事故が引き起こされたときに，その欠陥があらわとなる。

　したがって，社会に対する責任をすべての構成員が認識することで，責任の空白をなくすことが，社会の安定的な発展を促進することになるのである。もちろんそのためには，それを支える制度が不可欠になるが，制度を作り上げるにはそれを支える精神が必要であり，それがresponsibilityとしての責任の考え方なのである。

4-3　活動と報告

　責任に対する理解が浸透したとしても，それを実際の活動に生かさなければ，CSRは普及しない。CSRは企業の社会に対する責任であるので，企業の経営活動の中にうまく織り込まないと，起動しない。先に述べたように，「コーポレートガバナンス・コード」でCSRの必要性が規定されているので，上場企業はCSRに取り組むことが求められるが，そのための仕組みまでは「コーポレートガバナンス・コード」では示されていないので，企業ごとに考える必要がある。

　CSR活動を具体的にどのように進めるかは，企業の規模や状況に応じて異なるであろうが，一般的に述べれば，経済活動と同じようにPDCAサイクルを回すことが求められる。PDCAとはPlan，Do，Check，Actの略で，「計画→実行→評価→改善」のサイクルを意味する。企業は，経営目標について，PDCAサイクルを回すことで，経営を実施しているが，CSRについても同じように，PDCAサイクルを回すことができれば，具体的な活動を促進することができる。

　PDCAサイクルを回すためには，CSRの目標を設定することが必要になるが，実際にはこれがなかなか難しい。環境目標であれば削減目標を定量化しやすい場合もあるが，社会事項に関しては，そもそも定量化になじまない項目も少なくない。定量化が難しい場合は，定性的な目標でもよいので，実際に目標を設定して実行して評価してみることが重要である。このプロセスが回らなければ，たとえ目標を設定していたとしても，それは絵に描いた餅で実際には何も影響を与えることはない。

　目標に関しては，環境や社会に関する目標だけでなく，財務に関する目標もCSRの観点から吟味することが重要になる。例えば，利益額の増加を目指すことと，株主資本利益率のような利益率の増加を目指すことは，ステークホルダーに対する影響が異なる。株主にとっては，自分たちが投資した株主資本当たりの利益率が向上するとは基本的に望ましいことであろうが，そのために利益は出ていても低収益率の事業を閉鎖したり雇用を縮小したりしてしまうと，従業員や進出先の地域社会にとっては重大な不利益が生じるであろう。この問題は，経営判断の根幹にかかわる重要な問題であり，一般的な解答を出すことはできないが，CSRの観点からすれば，株主の利益だけを考えて株主資本利益

第1章　CSRとガバナンス　*17*

率の向上のみを追求する経営は，本当に社会全体の利益に貢献しているのかどうかが，問われなければならないであろう。

　さて，CSR活動においては，PDCAサイクルを回すだけでなく，その結果を社会に対して報告することが重要になる。これが，財務的な目標であれば，最終的に社長が株主総会で株主に報告するとともに，上場企業であれば投資家一般に対して情報公開するというガバナンスの制度が確立されているが，CSRの世界ではそこまで十分に制度化されているわけではない。しかし，それでもCSRは社会に対する企業の責任であるから，企業から社会への報告を欠かすことはできない。

　CSR活動の結果を社会に報告する報告書は，CSR報告書やサステナビリティ報告書，あるいは社会環境報告書など，様々な名称で呼ばれるが，日本をはじめ多くの先進国の多くではほとんど法制化されていない。これは，法制化が遅れているのではなく，先にも述べたように，法制化にはなじまない領域であることが影響している。そのため，CSR報告書のガイドラインは，GRIのような国際的なNGOが発行している。GRIの基準は，法規制でもないにもかかわらず，グローバルに活動する企業によって，幅広く活用されており，すでにデファクトスタンダード化している。

4-4　フィードバック・プロセス

　企業の側からみれば，CSRの目標を設定してPDCAサイクルを回し，その結果を報告すれば，一連のCSR活動は完了する。しかし，ソーシャルガバナンスの観点から見れば，重要なアクターであるステークホルダーの役割が残っている。これが，企業の経済活動であれば，企業の活動に対して，株主・投資家の行動が株価という形で反映されて企業行動に規律を与えることで，ガバナンスの制度が完結する。しかし，CSRの領域では，特にESG投資のような領域では株価への反映という面もあるが，それだけでは十分ではない。したがって，ステークホルダーからのフィードバック・プロセスが完成しなければ，ステークホルダーに対する責任であるCSRは完了しないのである。

　ステークホルダーが企業に関与する方法には，先に述べたステークホルダー・エンゲージメントと呼ばれる手段がある。ステークホルダー・エンゲー

18　第Ⅰ部　企業からみた CSR

ジメントには，企業とステークホルダーのミーティング，ワークショップ，ダイアローグ（討論会）あるいは意見書の送付など，様々な手段が考えられる。実際，ステークホルダーとのダイアローグを開催して，その結果をCSR報告書に掲載している企業もある。しかし，企業主催のダイアローグでは，企業寄りの意見しか掲載されないのではという懸念もある。一方，社会問題に関心のあるNGO団体の方から，企業に働きかける場合もある。例えば，グリーンピースの行動などが有名であろう。このような場合は，特定の課題について，建設的な討議ができる場合もあるが，敵対関係となって，意思疎通不能に陥るケースも少なくない。いずれにしても，ステークホルダー・エンゲージメントをどのように実質化していくかは，CSRにおける大きな課題である。

　また最近は，CSRの結果に関する議論だけでなく，CSRの目標を設定するところからステークホルダーの関与を要請すべしという議論も強くなってきている。企業がCSRとして対象とすべき課題は多岐にわたっており，とてもすべてを対象とすることはできないので，それぞれの課題の重要性について優先順位をつける必要がある。このような重要性は英語ではマテリアリティと呼ばれる。その場合，企業だけで優先順位をつけることは，社会的な正当性の面で問題があるので，ここにステークホルダーを関与させる必要があるとされている。実際に，ステークホルダーを関与させてCSR課題の重要性を分析する企業も現れているが，まだ実践としては改善の余地が多く残っている。

　CSRにステークホルダーを関与させることが難しいのは，ステークホルダーがあまりにも広く分散してしまっているからである。企業にとっても誰をステークホルダーとして特定してよいのか，判断に迷う場合も少なくない。このようなケースは，専門家がステークホルダー一般を代替することも考えられる。実際，CSR活動がうまく運営されているかどうか，第三者の専門家が評価したり，意見を述べる実務も広く普及している。この場合，CSRのシステムを保証するような自主基準もある。ただし，日本ではCSRの保証は報告書上の情報の正確性の検証以外は，あまり普及しておらず，CSR目標設定と結果の妥当性の評価のような中身に踏み込んだ保証は一般的ではない。

　このようにCSRにおけるステークホルダーのフィードバック・プロセスは，重要ではあるがまだ十分に確立されているとは言いにくい状況にある。ステー

クホルダーに対して企業への関心を強要することはできないので，まずは，企業の方からステークホルダーの評価を獲得する努力を行うべきであろう。さらに，フィードバック・プロセスに関与したり，評価したりするための専門的な知識の蓄積と，必要な専門家の育成が求められる。

5 倫理と正義

　さてCSRを検討するためには，倫理や正義の問題領域との関係も重要になる。倫理（ethics）とは，人類共通の理（ことわり）を意味する。経営倫理や会計倫理のような用語があるが，これは，経営者や会計士が法規則の範囲を超えて一般的に守らなければならない規範を意味する。

　これに対して，責任とは，特定の他者に対して対応することが基本的な意味になる。したがって，当然のことであるが，すべての他者を対象とする倫理を遵守すべきことは，責任を果たすことの最も基本的な事項である。しかし，問題は，特定の他者とそれ以外の他者の利害が両立しない場合である。厳密に言えば，どのような企業もすべての他者を対象に行動できないわけであるから，このような対立は日常的に生じることになる。

　この難問に指針を与えるのが正義（justice）という概念である。様々な他者の間で，どのような行動をとればよいのか。その行動のための原則が正義につながる。正義の問題は，アリストテレスの時代から人類共通の課題として議論されてきたが，現在でも決定的な正解が出ているわけではない。しかし，重要なことは，何か決まった正義を探すのではなく，正しい決断を求めて努力することである。法律や規範がどのような状況でも常に正しいとは限らない。当然，修正が必要になる場合もある。したがって個人が自らの判断で，正義を目指して行動することが，倫理に対する責任を果たすことに通じるのである。

　このような考え方をCSRの文脈に置き換えて考えてみれば，何か正しいCSRがあってそれを実行するという考えではなく，何がCSRとして適切であるかを常に考えながら行動することが求められるであろう。守るべき倫理はすでに存在しているものではなく，日々私たちが行為することで創り出していくものである。このような活動の集積としてしか，社会が良くなることはない。CSRに

20　第Ⅰ部　企業からみた CSR

おいてフィードバック・プロセスが重要であることを強調したのも，それが，経営者や会社で働く人たちに，常に行動の妥当性を再考するプロセスとして機能しうるからである。

6　CSRで未来を拓く

　CSRは企業の社会的責任を意味するが，企業とは誰なのであろうか。そもそも企業という組織に責任をとることはできるのであろうか。もちろん，企業は，株式会社となれば法人であるから，法的責任はとることができる。しかし，責任を先に述べたように，「応答可能なこと」と考えれば，その範囲は法律には規定されていないので，人間の頭で考えないといけない。けれども，企業には脳はないから，人間が考えないといけない。したがって，CSRは，最終的には人間の責任に帰着することになる。

　そのため，CSRは責任を負う人の顔が見えることが大切である。企業が発行するCSR報告書は，社長をはじめ，多くの社員の顔が見える場でもある。彼／彼女らがどこまで，CSRを自分自身の責任として認識しているかが重要となる。CSRは人間の責任として展開しない限り，経済組織である企業の中では中心的な地位を占めることはないであろう。しかし，人間の責任として認識すれば，それは経済よりも上位の責任として，位置づけられる。社員も，社会の一員であるから，ステークホルダーの一員でもある。この二重の性格を一体化させる概念がCSRである。

　世の中の多くの問題は経済を偏重することから生じている。それを克服するためには，経済活動を統制するのとは全く違う方法で対処することも必要になる。その有力な手段がCSRなのである。そのことを多くの人が理解すれば，CSRによって未来を拓くことが可能となるであろう。

参考文献■────────────────────
國部克彦・伊坪徳宏・水口剛（2012）『環境経営・会計（第2版）』有斐閣。
コント-スポンヴィル，A.（2006）『資本主義に徳はあるか』（小須田健訳）紀伊國屋書店。
サンデル，M.（2011）『これからの「正義」の話をしよう』（鬼澤忍訳）早川書房。

谷本寛治（2006）『CSR―企業と社会を考える―』NTT出版。
鷲田豊明・青柳みどり編（2015）『環境を担う人と組織』岩波書店。

（國部克彦）

第2章

CSRと戦略・マネジメント

◆

●Point●

　本章では，戦略・マネジメントの視点からCSRについて考えていく。第1章では責任をキーワードに，企業がCSRを実施する意義について考察してきた。そして最終的にその責任は，個人のレベルに落とし込まれていた。ただし企業が社会および環境への問題意識を経営活動のなかに組み込む動機は，これら経営者や従業員，株主らの倫理的な配慮に基づくものだけではない。CSRを通じて社会および環境に配慮することが，会社の経済的な目標達成にも効果的であるという経営判断によるものでもある。本章では戦略およびマネジメントの視点から，CSRとビジネスを連携させる仕組みについて考えていく。そのためまずCSRが企業経営に影響を与えるメカニズムについて，戦略との関係に基づいて考える。具体的には，CSRへの取り組みを通じて競争優位を獲得する方法と，コミュニケーションの効果について説明する。そのうえで第1章でも紹介されたPDCAサイクルについて，企業の目標の設定と，それを実行するためのマネジメントの仕組みについて考えていく。

1 企業がCSRに取り組む理由

　企業がCSRに取り組むには，しばしばお金がかかる。地球環境に配慮するために電気自動車を導入しようとすると，その購入費用に加え，充電設備の設置費用も必要になる。お菓子会社が自社のチョコレートの原料をフェアトレード製品に切り替えようとすると，より多くの材料調達費用が必要になる。情報開示のためにCSR報告書を作成するためにも，編集や印刷に費用がかかる。

　お金がかかる。そのためお金を儲けることを目的としている企業は，CSRに取り組むことにためらうケースもあるだろう。またどの企業も無尽蔵にCSRの取り組みを広げていくことはできない。そもそもどうしてCSRに取り組もうとするのか，具体的な論点に入る前に背景を整理しておく必要がある。

　企業がCSRに取り組む理由には，大きく２つの側面がある。１つは倫理的な配慮である。企業やその経営者も社会の一員であるため，企業活動を通じてお金を儲けるだけでなく環境問題や人権問題に配慮したいと感じることは自然なことであろう。例えば会社を設立した創業者本人やその家族が社長やCEOとして経営に携わっている場合には，自身や家族のアイデンティティに会社のカラーが与える影響も大きいため，会社にも倫理的な振る舞いを求めることがある。実際にGoogleやマイクロソフト，レゴなどはCSRの評価でもしばしば上位にランキングされている。

　企業がCSRに取り組むもう１つの理由はCSR活動を通じて社会および環境に配慮することが会社の利益に結びつくという経営判断のためである。みなさんもCSRを学習していくなかで「CSRに取り組むことで会社は儲かるのだろうか。それともCSRはお金のかかるばかりの慈善事業なのだろうか？」と疑問を抱くことがあるかもしれない。この問いに簡単に答えを出すことはできないし，すべての企業の，すべてのCSRが会社の儲けに結びつくわけではない。ただしCSRと儲け（＝利益）の関係を理解することで，工夫次第でCSRは企業の儲けに貢献できる。

　本章のテーマでもある戦略とマネジメントは，組織を動かすときの要となる。CSRが企業の利益に貢献するための工夫について，戦略とマネジメントの点か

ら考えていく。そのためまず第２節ではCSRが企業に与える影響について，競争のための戦略との関係で考える。そのうえで第３節では企業が描く社会，環境への構想を実行するための仕組みとして，プランニングとコントロールの視点からマネジメントシステムを考える。そして第４節では組織として社会課題に取り組む意味を改めて考える。

2　CSRと戦略

　戦略とは，広義には，全体的，将来的な見通しを踏まえた方策や計画のことを指し，特に戦争やスポーツ，企業経営の場面で使われる言葉である。いずれの場合にも敵やライバルとの関係が想定されており，相手との競争を優位に運ぶための総合的な考え方が戦略を形づくる。

　経営学で戦略論について考えるときには，個々の従業員や部署，活動の関連性を意識しそれらを統一的に構成していく側面と，それらを通じて自社と競争相手との違いを生み出していく側面が重視される。本節では，まず企業の戦略の最も中心的なテーマである競争戦略の視点からCSRと儲けの関係について考える。そしてその後，CSRと結びつきの強いコミュニケーション戦略の視点から，その関係性への理解を補完する。

2-1　CSRと企業の競争

　どのように競争を進めていくのかについて，戦略論の議論は大きく２つの流派に分かれている。ひとつは競争のためのポジショニングを重視する考え方であり，もうひとつは競争のための組織内の経営資源の蓄積を重視する考え方である。それぞれの立場からCSRが儲けを生み出すメカニズムについて考えていこう。

　ポジショニングを重視する学派の代表者として，ハーバード大学教授のM.ポーターをあげることができる。ポーターはファイブ・フォーシーズやバリューチェーン，あるいはクラスターといった枠組みを用いて，企業の戦略について論じてきた。その彼が近年，企業がライバルとの差別化を図り，イノベーションや成長の機会を生み出すトピックとして社会課題への取り組みを挙

26 第Ⅰ部 企業からみた CSR

げている。そして寄付行為や慈善活動など本業から独立した活動ではなく，CSV（Creating Shared Value）としてビジネスモデルのなかに社会や環境に関する課題を組み込むことで，競争優位を獲得できると主張している。

　詳しくは第3章で紹介されるが，競争優位の獲得のために，第1に製品やサービスを社会課題の点から見直すことでライバルとの差別化を目指している。例えば先進国の大企業が，従来は対象としてこなかった途上国の市場へ参入すると，品質の高い日用品や食料品が流通するようになり，現地の生活レベルが向上することが期待できる。一方で企業にとっては，今後の成長が期待できる新たな顧客層を取り込むことで売上の拡大が期待できる。

　また企業のビジネスモデルは，企業が扱う製品やサービスだけによって特徴づけられるものではなく，それらの製品やサービスを生み出すための原材料の調達や，その加工，消費者へ届ける活動など一連の価値連鎖（バリューチェーン）の設計，運営も重要な要素となる。個々の活動のつながりのなかで企業のコストに関連する社会問題，環境問題を解消することで，より効率的な組織運営を実現できる。また進出する地域の企業や働き手，その他の関係者によって形成される社会基盤（クラスター）の開発は，その地域に貢献するだけでなく，安定的なビジネス環境の実現にもつながる。

　ビジネスモデルを製品・サービス，バリューチェーン，クラスターのそれぞれの視点から総合的に捉えながら，社会課題への取り組みとリンクさせることで，社会と共有できる価値の創造を通じて企業は競争優位を獲得できるというのがポーターの主張である。

　これに対して，組織内の経営資源の蓄積を重視する学派は，資源ベースの企業観という理論に体系化される。ライバル企業が真似できない経営資源を蓄積することで，企業は競争優位を獲得できるという考え方である。このときライバル企業が真似できない独自性は，組織に定着しているルーティンによって形成される。ルーティンとは，物事の進め方のことである。組織のなかで出来上がってきた集団的な考え方や手順を通じた物事の進め方は外部の競争相手から，また組織内部の構成員からも体系的に認識することが難しい，暗黙的な性質を持っている。また組織のルーティンは，長い時間をかけて形成される経路依存的な性質を持っているため，ライバルは簡単には真似することができない。

第2章　CSRと戦略・マネジメント　*27*

　CSRへの取り組みを通じて，地域コミュニティや社会課題への知識が深まり，外部の組織との協力関係が構築されることで，組織独自の経営資源が生み出される。例えばアメリカの製造企業であるGE（General Electric）は，途上国の農村部にある専門医が少なく小規模な病院で医療を受ける人たち向けに，簡易で安価な超音波診断装置を開発した。この技術開発の経験は本社にフィードバックされ，小型で持ち運び可能な医療器具が開発され，先進国の遠隔地医療や救急の現場の医療関係者に販売され，大ヒットした。

　通常の病院向けの設備と比べ，遠隔地医療や救急の現場向けの機器は市場が小さいため開発のための開発投資が進まない分野であった。GEの事例は，バック・イノベーションと呼ばれる開発手法である。通常の製品展開のプロセスでは，先進国で生み出された技術を途上国に普及させるのが一般的である。しかし，逆に途上国の市場向けに開発された技術を先進国の市場で応用することで他社が真似しにくいイノベーションを生み出し，競争優位を生み出すことができる。

　またCSRの取り組みを通じて広がる人脈も，競争優位を生み出すための経営資源となる。企業が海外進出する際には，活動の基盤を形成するために，現地の法律や商習慣についての情報収集，社会課題の優先順位の理解などが必要となる。現地のNGOやコミュニティ，行政と協力しながらCSRとして社会課題の解消に取り組むことで，信頼関係を形成し会社に必要な情報を得るための基盤となる現地での人脈を作り上げることが期待される。

　このように戦略的にCSRへ取り組むことで，ライバル企業との間に競争優位が生み出され，CSRを企業の儲けへとつなげることができるようになる。このような組織内部の取り組みは，外部との関係を通じて補完される。そのときのキーワードとなるのはコミュニケーションである。コミュニケーションを通じて生まれた企業と社会の接点が，レピュテーション（評判）や資本市場での保険効果を通じて，間接的に儲けにつながるメカニズムを次に解説する。

2-2　CSRとコミュニケーション

　CSR活動は社会への責任を果すための取り組みと，その計画と結果をステークホルダーに報告することによって構成される。そのため，外部へのコミュニ

28 第Ⅰ部 企業からみた CSR

ケーションを通じてCSRが間接的に企業の儲けに与える影響についても，併せて考える。CSRを担当する企業の部署は，CSR部門として独立していることもあるが，コーポレーションコミュニケーション部門のひとつの部署として位置づけられている例も少なくない。その意味で，CSRへの取り組みは，企業のコミュニケーション戦略から考えていくことで理解を深めることができる。

　企業は多様なチャネルを通じて，CSRの取り組みについてのコミュニケーションを図っている。例えばGoogleやYahooを開いて，気になる企業の名前とCSRをキーワードに検索すると，CSR活動を紹介する企業のウェブページやCSR報告書，統合報告書を見つけることができるであろう。個別の取り組みに加えて，経営者の考え方や，中長期的な目標，企業が採用しているマネジメントの仕組みの説明なども，幅広く情報開示されている。それ以外にも，テレビや新聞，雑誌，またインターネットで流れる広告のなかには，製品の環境性能や企業の環境イメージを訴えかけるものもある。これらは広くステークホルダー一般を対象にしたコミュニケーションの方法であるといえる。

　またこれらに加えて，個別のステークホルダーにターゲットを絞ったコミュニケーションも取られている。例えばエコラベルや，レインフォレスト・アライアンス認証マークは，環境配慮製品であることを示すラベルを通じた消費者とのコミュニケーションといえる。フェアトレード商品の場合には，認証ラベルの掲載に加えて，ウェブページなどで材料の調達先の状況を説明している場合もある。またCDPという国際組織は，温室効果ガスなど環境影響を投資家向けに開示するためのシステムを運営しており，多くの企業がこれに参加して投資家向けの環境情報を比較可能なかたちで開示している。工場を建設したり，操業したりするときに開かれる地域コミュニティへの説明会や，その後の対話も企業の重要なコミュニケーションといえる。

　コミュニケーションを通じて競争優位が生み出されるメカニズムについて，ここではレピュテーションに着目する。レピュテーションとは「評判」のことであり，企業イメージの影響，そのマネジメントを考える際に用いられる経営学の用語である。経営学では，レピュテーションは「組織への親しみやすさ」，「将来への期待」，「組織の好感度」によって構成されると考えられている。CSRは企業のイメージ作りに貢献することが期待されるし，ステークホルダー

とうまくコミュニケーションを取ることで，世間から企業への評判は良くなるであろう。

よいレピュテーションは，3つの市場（製品市場，労働市場，資本市場）で企業に有利に作用する。製品市場では，企業への親しみやすさや将来への期待が，より有利な条件での商品の販売につながる。また企業が活動のための資金を株式や社債などを通じて調達する資本市場において，レピュテーションの高い企業は低いコストでの資金調達が可能になる。労働市場，つまり従業員の採用の場でも，レピュテーションは人材の獲得に影響を与える。良いイメージの企業にはたくさんの応募があるため，より質の高い人材を獲得できる可能性が高くなる。逆にブラック企業としてレピュテーションが下がると，大学生のアルバイトの確保も困難になるであろう。

先にあげたポーターも，CSVを推進する理由のひとつとして，ミレニアムズと呼ばれる2000年以降に大人になった人材の獲得をあげている。日本の大学生には意外かもしれないが，アメリカやヨーロッパの大学生の就職先人気ランキングの上位には多くのNPOが含まれる。国際的な労働市場ではライバルは企業だけでなく，NPOや国際機関が含まれる。一定以上の収入が期待できること，企業セクターとNPOセクターでの人材の行き来が活発であることなど社会制度の違いも一因ではあるが，仕事を通じて社会によい影響を与えたいというニーズが高まり労働者の価値観の変化が生じている。そのため，事業を通じて社会に良い影響を生み出せる企業であるとのレピュテーションを獲得することは，人材の確保に有利に作用する。

CSRへの取り組みのコミュニケーションを通じた影響として，保険効果も指摘できる。保険効果とは，会社にとってのネガティブなイベント，例えば訴訟や事故，事件の報道などが会社の株価に与えるマイナスの影響が，CSRに熱心に取り組んでいる企業では緩和される効果のことである。その意味でCSRには市場で有利な立場を築いたり，組織によい人材や経験を蓄積させたりする価値創造の側面だけでなく，マイナスの影響を少なくする価値を保全する側面も期待できる。

この保険効果は，CSRへの取り組みが長期にわたるほど強く作用することが指摘されている。また興味深いことは，このCSRの保険効果は何度も繰り返し

30　第Ⅰ部　企業からみた CSR

発揮されるわけではなく，しばしば1度きりのものであり，続けてネガティブなイベントが発生すると失われてしまうことも観察されている。その意味で社会から信頼されるには長い年月が必要である一方で，構築した信頼が崩れ去るのは一瞬であるといえる。

2-3　CSRの評価と影響

　レピュテーションや保険効果は，企業がどのようなコミュニケーションを取るのかに加えて，ステークホルダーがそれらをどう評価するのかにも影響を受ける。ただしCSRの取り組みへの評価のための社会的な情報インフラは，企業の経済活動を評価する仕組みと比べ，十分に確立されていない。企業の経済性の評価には，利益や株価の情報を用いることができる。そしてこれらの情報を企業が提示するためのルールが整備されており，社会的な制度として確立されている。

　これに対してCSRの取り組みを評価する方法として，例えば個別の商品の製造，流通にかかる温室効果ガスの排出量を定量的に開示するカーボン・フットプリントのように，個別の商品の環境負荷を測定，表示し，認証する制度が開発された例はある。しかしながらコストもかかるため，ごく少数の商品でしか測定されておらず，各企業の活動を評価，比較するほどには普及していない。

　また企業のCSRへの取り組みを総合的に評価する仕組みとして，ランキングや格付けが普及している。日本では東洋経済新報社がCSR総合ランキングを発表していたり，日経リサーチが環境経営度をランキング形式で公表している。また国際的にはForbesがCSRレピュテーションをランキング形式で発表している。これら経済系の雑誌や新聞社が母体となった調査の他にも，NGOなどが発表するランキングなど多様な調査が実施，公表され，多くの企業がそれらを意識しながらCSRに取り組んでいる。

　また投資家を対象とした格付け情報として，RobecoSAMのようにサステナビリティへの格付けを専門にした機関による評価や，一般の経済指標を作成するダウ・ジョーンズによるサステナビリティ格付けなど，多様な情報媒体から情報が公表されている。また先ほどあげたCDPは発足当初はカーボン・ディスクロージャー・プロジェクトという名称で活動しており，温室効果ガスなど

第2章　CSRと戦略・マネジメント　*31*

環境情報に関する投資家向けの評価，格付け情報を公表している。

　ランキングや格付けの評価方法や，その透明性が批判されることもあるし，これらの評価に企業が過度に反応することに懸念の声が示されることもある。しかしながらランキングや格付けを通じて複数の企業を比較し，評価することができるため，CSRを広く普及させるための社会基盤ともなっている。

　戦略を立てようとする企業にとって，社会からどのように評価されているのかを理解することは重要である。しかしながら自社の活動と社会による評価の関係への理解は，少々複雑である。同じような規模でCSRへの取り組みを行っても，社会からの評価は全ての企業に対して一様ではない。企業はそのビジネスモデルなどの違いによって，ステークホルダーへの影響度が異なるため，結果としてCSRの評価されやすさに違いが現れることが知られている。

　例えば一般消費者を直接相手にするサントリーやトヨタ，セブン-イレブンなどのB to C（Business to Consumer）企業と，企業間の取引を主とするデンソーや大日本印刷，新日鐵住金などB to B（Business to Business）企業を比べると，B to C企業はより親しみやすくビジネスの内容も想像しやすいため，CSR活動に対してステークホルダーから好意的な評価を受けやすい。

　また扱う製品・サービスが社会に悪い影響を与えると考えられている場合にはステークホルダーから評価を得ることが難しくなる。JTは主力商品であるタバコがガンなどの健康被害の原因であると考えられているため，災害被災地に寄付を行うなど本業以外のところで社会貢献を行っても，社会に良い影響を与える企業とは評価されにくい。喫煙マナー向上のためにCMや広告を通じて多くのコストをかけて活動を行っているが，それらも抜本的な問題の解決には至らない。

　また外資系企業も，CSRを評価してもらうことに相対的に不利であるといえる。例えばサムスンやハイアールなど海外の家電メーカーの取り組みは，パナソニックや日立のような国内企業の取り組みと同様には評価してもらいにくい。日本企業が途上国など海外マーケットに進出する際にも同様の問題に直面する。企業への親しみやすさが，印象を左右する。

　このようにCSRへの取り組みを社会からの評価につなげたり，それによってレピュテーションや競争優位を獲得するために必要なコストは，企業ごとに異

図表2-1　財務業績とCSRの取り組みの積極性の関係

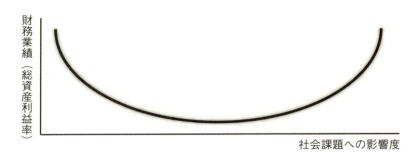

（出所）　Barnett & Salomon（2012）[1]をもとに筆者作成

なっている。実際に横軸に企業の社会的影響のパフォーマンスを，縦軸に企業の業績をとると，その関係は**図表2-1**のようにU字型となる。つまり一定水準以上CSRに取り組んでいる企業はより積極的にCSRに取り組んでいる企業ほど高い業績を獲得する傾向にあるが，逆に一定水準以下のCSRへの取り組みしかしていない企業は，取り組みが消極的であるときにその業績が高くなる傾向が示されている。

つまり先進的にCSRに取り組み，社会からも高く評価されやすい企業は積極的に取り組みを進めることで市場から受け入れられやすく，より良い経営業績をあげることが期待できる。他方でどっちつかずのかたちでCSRへの取り組みを行っている企業は社会からの評価もそれほど期待できないため，費やしているコストを回収できない状況に陥る可能性がある。ましてや先にあげた，多くのコストを費やしても必ずしも社会的に評価されにくい企業などの場合には，CSRへの取り組みを控えることでコスト削減になるかもしれない。

ただしここで観察されている企業の業績は単年度の利益率をもとにした指標であり，CSRへの取り組みがもたらす長期的な効果や，CSRに取り組まないことでの将来的に抱えるリスクを反映したものではない。むしろCSRの保険効果のところでも触れたように，CSRの取り組みの効果は長期の活動を通じて高まることが期待される。後半のCSRのマネジメントのための計画立案のところでも触れるが，長期的な視点で経営を捉えることが，CSRへの取り組みを考える

うえでは重要になる。

　CSRの取り組みが企業の儲けに与える影響やメカニズムを理解することは，どのようにすれば社会に良い影響を与えながら，利益を生み出す経営を行えるのかについて考えることになるため，経営のあり方，戦略のあり方を考えるうえで大切なこととなる。ただ冒頭にもあげたように，企業がCSRに取り組むモチベーションは儲けにつながるという経営判断だけでなく，倫理的な配慮も影響する。そのため第1章で扱った社会的な統治の枠組みのなかで組織や個人が果すべき責任を踏まえたうえで，CSRへの構想を描く必要があり，それが企業のCSR戦略となる。次節では戦略とともに組織を動かす際の要となるマネジメントの仕組みについて考える。

3　CSRのマネジメントの仕組み

　戦略と同様に，マネジメントも企業経営だけでなく社会の多様な場面で用いられる言葉である。日本語では管理や経営と訳され，目標を設定することと，それを実現するように行動を調整する一連の活動を意味する。企業活動は，多くのマネジメントによって構成されている。工場での生産も，本社での資金調達も，営業活動もマネジメントの対象となる。部門ごとの活動のマネジメントに加え，部門間の関係もマネジメントされる必要があるため，会社という組織は多様なマネジメント活動の総体として形成されている。

　CSRの取り組みもマネジメントの対象である。例えば環境保全のマネジメントは化学物資や水，エネルギーの利用を管理する個別の技術とともに，それらをまとめて管理するためのシステムによって構成される。後者の代表例は環境マネジメントシステム規格のISO14001であり，日本をはじめ世界中の多くの工場や事業所で導入されている。本節ではこれらの個別のマネジメント活動について詳細に説明するのではなく，それぞれのマネジメントの活動を統合するための仕組みとしてマネジメントシステムと呼ばれる考え方を紹介する。

　マネジメントシステムは，大きく2つの機能によって構成されている。ひとつは目標を設定し，それらを組織で共有するプランニングの機能である。もうひとつは設定された目標が実現できるように個々の行動を調整するコントロー

図表2-2　PDCAサイクル

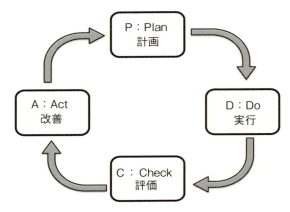

ルの機能である。具体的な枠組みとして，第1章でも紹介されたPDCAサイクルについてより踏み込んで考えていこう。すでに紹介されたようにPDCAはplan, do, check, actの略であり，**図表2-2**のように「計画→実行→評価→改善」のサイクルに基づいて組織を管理する考え方である。

3-1　目標の設定

　PDCAサイクルと4つの活動はその機能によって，計画（P）のプランニングの機能と，実行（D），評価（C），改善（A）のコントロールの機能に分けることができる。まず計画（P）について，通常の企業経営では一定期間の会社全体の計画を立案する総合計画と，設備投資や新規事業への参入，製品開発など戦略的に重要度の高い特定の活動を対象にした個別計画に分けることができる。また総合計画は期間計画とも呼ばれ，その期間の長短に応じて1年未満の短期計画と，3〜5年を目安とする中長期計画に分けることができる。

　計画（P）の活動には，目標を設定し組織の達成すべき水準を明確にすることに加えて，計画を立案するプロセスで組織を構成する人や部門の利害を調整することで責任と権限を設定し，組織を統合する目的もある。例えばお菓子会社が，海外売上高比率を3年間で10%から35%に上げることを目標に計画を立てる例を考えてみよう。そのためには，国内の消費者ニーズを中心に考えてき

た製品開発部門やマーケティング部門には，海外市場の動向を反映させた目標を設定させる必要がある。また，国内の大学生を中心に採用活動を進めてきた人事部門では，海外の人材の雇用を増やす方策を検討し，採用目標を設定する必要があるだろう。このように適切な目標を設定することで，ばらばらになりがちな部門ごとの方向性を，会社全体のベクトルに合わせることも計画（P）の目的に含まれる。目標に応じた責任と権限を設定することで，計画は目標を達成するための仕組みと連動するようになる。

　このような計画（P）の活動は，CSRのマネジメントにおいても利用される。目標の設定，責任の設定を通じた調整について順を追って考えていこう。まず目標の設定のプロセスでは，自社が取り組むべき活動を選択することと，その活動の水準を設定することによって構成される。最終的に活動の目標が利益の獲得に収斂される通常の経営活動と比べ，CSRへの取り組みは幅広い問題のなかから取り組むべき課題と，そのために目指すべき目標を選択しなければならない。

　例えばスターバックスコーヒーは，活動のテーマを倫理的な調達，環境への取り組み，コミュニティへの貢献の3つにしぼっている。ここでは倫理的な調達を取り上げ，計画の特徴について考えてみよう。コーヒーの原材料となる豆の購買は，先進国と途上国との間の不公平な取引の象徴として扱われることも多く，この問題に取り組むことはコーヒーチェーンを経営するスターバックスの本業に関連が深い。また社会への影響の側面から考えると，コーヒー豆の価格は変動が激しく，天候などによりその収穫も安定しない。また農家を支援することはその家族や地域経済への波及効果も期待できるため，コーヒー農家の支援は途上国への影響が高い社会課題といえる。

　この問題に対してスターバックスは，NGOなどと共同で評価の仕組みを作成し，取引先の社会，環境への配慮に対する第三者認証制度を運営することで取り組んでいる。そのうえでコーヒー豆の調達に占める認証取引先の割合に対して，年度ごとの目標を設定し，それを継続的に向上している。2004年に認証制度を始めた当初，調達割合は10％台であったが，2008年には目標水準を100％に設定し，2016年には99％以上のコーヒー豆が認証を受けた取引先から調達されている。そのうえで新規調達先を開拓することで認証を受けていない

36 第 I 部　企業からみた CSR

取引先を巻き込み，同時に常に目標水準を100％に設定することで活動を拡げる努力をしている。農家のコミュニティへの投資金額にも目標を設定し，活動を促進している。

　このように，どうしてこの問題に取り組むのか，またどの水準で取り組むのかが明確な目標を設定することで，NGOや行政，投資家，消費者など外部のステークホルダーにも明確なメッセージが発信できるとともに，組織の進むべき方向も明確になる。第2節では扱う製品・サービスによってステークホルダーから評価されやすさが異なることも指摘したが，スターバックスのコーヒー豆の調達のように批判を受けやすい課題に対しても，長期的に取り組むことで状況を改善することも可能である。

　とはいえ全ての企業がすぐに分かりやすく，現実的に取り組むことが可能な課題を容易に設定できるわけではないため，第1章でもあげられたISO26000やGRIの発行するガイドラインや，国連グローバル・コンパクトや持続可能な開発目標（SDGs）を指針として課題を選択することができる。

　またプランニングのプロセスでは，全体で示された目標をもとに各部門に責任と権限を設定することで，実行（D），評価（C），改善（A）と続くコントロールのプロセスを通じて目標を達成できる計画へと作りあげられていく。例えば会社全体で温室効果ガスを10％削減するという目標を設定すれば，その目標を部門ごとに落とし込んでいく必要がある。一律に10％の削減を設定することも平等な方法といえなくもないが，部門ごとのビジネスモデルや事業戦略を勘案しながら調整することが必要になる。売上高の成長が著しい事業部では，事業の成長とともにエネルギーや原材料の利用も比例して増加するであろうし，環境目標を厳格に達成しようとすると，事業の成長を抑圧してしまうかもしれない。逆に目標の未達を容認すると，責任が形骸化してしまう恐れもある。そのため目標を達成するためには，計画（P）のプロセスのなかで組織間の理解や状況を調整し，適切に責任の割当を行うことが求められる。

　またCSRのための計画（P）にはその期間の設定に特徴がある。一般的な財務目標は1年や，半年，四半期を基準として外部に公表されるとともに，内部ではそれらに加えて1か月，1週間，1日といったより短い期間へと計画を落とし込んでいく。商品がヒットしている期間が短くなるにつれ，計画のサイク

ルも短くなっていく。入手できる情報が限られていた昭和の時代と比べ，消費者の好みや利用可能な情報が多様化するなかで，新製品を発売し，消費者に受け入れられ，ブームが去って次の新製品が発売されるまでの製品ライフサイクルは短くなっていく。それに合わせて，企業は短い期間で結果を出し，次の計画に移れることが求められている。

　しかしながら，地球環境問題や社会の課題は短期間で解決できる問題でないため，長期的な影響を視野に入れながら目標を設定することが必要になる。例えば東芝では2050年の地球と人類のあるべき姿をビジョンとして描いたうえで，具体的な環境効率の指標を設定し，それに基づいて4，5年を対象としたアクションプランを設定し活動を実施している。計画と実績の数値は1年ごとに報告され，長期的な展望を視野に入れた目標の設定がなされている。

3-2　活動のコントロール

　PDCAサイクルをベースとした管理の枠組みでは，設定された計画に基づいて部門ごとにCSRへの取り組みが実行（D）される。例えば製造現場でエネルギー利用を1年間で10％削減する目標が割り当てられると，作業スケジュールの最適化や設備の更新によって，電気やガスの使用量を削減するための取り組みを実施する。

　その進捗状況を1か月や四半期（3か月）など一定期間ごとに確認するのが，評価（C）のプロセスである。年間の目標達成のための活動が順調に進捗していなければ，現場担当者間での検討会議や環境管理部門の間でミーティングを行い，原因を分析する。これらを通じて必要に応じて省エネ診断士のアドバイスを受けたり，追加の設備更新によって実行（D）が修正されたり，改善（A）が行われる。

　このようにPDCAサイクルを用いた管理は，計画（P）を通じて部門ごとに責任と権限を設定することで実行（D）はそれぞれの部門に任せられる。ただし定期的に評価（C）することで目標が達成できなかった場合や未達成の見込みがある場合には，例外管理としてその部門の担当マネジャーやその活動の統括部門が活動を支援することで，目標が達成できるように組織をコントロールする仕組みが設計されている。

38　第Ⅰ部　企業からみた CSR

　またマネジメントシステムは，PDCAサイクルによる基本のコントロールを補完するかたちで，作業手順のルール化やデータ共有のシステムの設計といった活動の構造を整備する統制的なコントロールや，組織の価値観や風土，ビジョンの共有を図る文化的なコントロールが利用される。統制的なコントロールについては先ほどあげたスターバックスの倫理的な調達の例では，コンサベーション・インターナショナルというNGOと共同でC.A.F.Eプラクティスというコーヒー豆の調達先の選定基準のガイドラインを作成している。そこではコーヒー豆の栽培方法に関する項目だけでなく，作業する農家の衛生環境，待遇，彼らの属するコミュニティの状況なども評価するように設定されている。加えて，必要に応じた取引先への資金融資や専門家の利用もルール化されている。統制的なコントロールでは具体的な行動のレベルで活動を規定することで，組織のCSRへの取り組みの目標を達成するための仕組みを整備することになる。

　またCSRへの取り組みは，価値観や倫理観の影響を強く受けやすい活動であるため文化的なコントロールも有効である。企業の活動をすべてルール化することは不可能であるため，それぞれの部門の担当者が判断をするための基準を共有することで組織全体が一体となって活動に取り組むことができるようになる。

　例えばサントリーでは「水と生きるSUNTORY」というコーポレートメッセージを設定し，企業理念として「人と自然と響きあう」を掲げている。メッセージは直感的にも理解しやすく，飲料メーカーのサントリーが水，自然をキーワードに掲げることによって会社で働く従業員だけでなく，取引先のサプライヤーなど広く共同で仕事に取り組むひとたちと行動の方向性を共有することができると考えられる。

4　組織として社会課題に取り組む

　個人でボランティアに参加したり寄付をしたりするときには，個人の振る舞いとして倫理的な行動を取ることができる。しかしながら企業は多くの人の集まりであり，目標を達成するには他人の行動を通じて活動を進めていくことが必要になる。ましてやNPOや行政とは違い，会社は利益を生み出すことを目

第2章　CSRと戦略・マネジメント　*39*

的に組織されているため，CSRに取り組むためにはその意味や組織に期待される影響を明示的に示しておく必要がある。

　戦略との関係でCSRを儲けにつなげる方法を考えてきたが，同時に儲からないときにCSR活動にどう取り組むのかについても，考えておくことが大切である。そのため第1章で示された社会の統治の仕組みとしてのCSRの意味や，責任としてのCSRの意味と，儲けるための取り組みとしてのCSRの意味を，企業はどうバランスを取ろうとしているのか考えることで問題への理解が深められるであろう。そうすることで，多様な利害や価値観のなかで活動する企業の姿がより明確になるであろう。

　そのうえで計画を立て，それを実現するための管理体制を通じてマネジメントすることも求められる。そして組織として社会課題に取り組むためには，これらに挑戦し，組織のメンバーを引っ張っていけるリーダーシップも必要となる。それとともにリーダーを理解し，その挑戦をフォローするメンバーやステークホルダーも必要となる。CSRを学習した皆さんには，いずれかの立場から社会課題の活動への参画を期待したい。

注■

1　Barnett, M. & Salomon, R.M.（2012）"Does it pay to be *really* good? addressing the shape of the relationship between social and financial performance," *Strategic Management*, 33-11.

参考文献■

植田和弘・國部克彦・岩田裕樹・大西靖（2010）『環境経営イノベーションの理論と実践』中央経済社。

楠木健（2010）『ストーリーとしての競争戦略―優れた戦略の条件』東洋経済新報社。

名和高司（2015）『CSV経営戦略―本業での高収益と，社会の課題を同時に解決する』東洋経済新報社。

日刊工業新聞社編（2015）『エコ・リーディングカンパニー東芝の挑戦　環境戦略が経営を強くする』日刊工業新聞社。

（北田皓嗣・金　宰弘）

第3章

CSRとマーケティング

◆

●Point●

　本章では，マーケティングを通して，企業が社会への責任をどう果たしていくべきかについて学ぶ。第1章で，ステークホルダーとの協力のもと，企業はCSRを進めていく必要があることを述べた。近年，情報通信技術の発達に伴い，企業の行動は，消費者を含むステークホルダーに瞬時に伝わる。多くの消費者が，企業の製品やサービスのみにとどまらず，企業姿勢にも関心を持つようになり，マーケティングにおいても，CSRの重要性が増している。また何より，各企業が持続可能性について考えなければ，長期的には，企業活動の存続自体が危ぶまれる状況である。こういったことから，マーケティングの手法を用いた，環境問題や貧困などの社会的課題の解決や，社会的課題の解決と同時に，企業の創出する経済的価値を高めようとすることが，試みられている。

　ここではまず，マーケティングを取り巻く環境について理解を深める。特に，企業の経済的価値と社会的価値の創造を両立する，CSV（Creating Shared Value；共通価値の創造）の概念について詳しく学ぶ。そして，社会的課題の解決を伴う，コーズプロモーション（Cause Promotion），ソーシャルマーケティング（Social Marketing），コーズリレーティッドマーケティング（Cause Related Marketing）という3つのマーケティング施策について，事例を交えながら学んでいく。

42 第Ⅰ部　企業からみた CSR

1　マーケティングを取り巻く環境

1-1　経済的価値と社会的価値の両立

　マーケティングとは，何を・誰に・どのように売るのかについて考えることで，需要あるいは顧客を創造することを目指す。自社の製品やサービスを最も喜んでくれるターゲット顧客を見極めて，自分たちの製品やサービスの価値をアピールすれば，その価値を理解してくれる顧客は高い対価を支払ってくれるだろう。ターゲット顧客に合致した4P，すなわち製品（Product），流通（Place），価格（Price），プロモーション（Promotion）を組み合わせて，顧客が受け取る価値を最大限に高める。こうしてマーケティングでは利益，すなわち経済的な価値の創出を目指す。

　一方で，長期にわたり，CSRは経済的価値と相反するものとみなされてきた。例えば，企業が環境問題の解決に取り組もうとすると，それに付随する費用は企業の負担となる。だが環境問題に取り組んだからといって，売上が上がる訳ではない。一見するとそれは企業の利益と相反するように見える。しかしながら，環境破壊が進むと，将来的には企業活動はもちろん，私たちの生活自体の存続が脅かされることになる。環境問題の解決は，社会的に大きな価値をもたらすものであり，ここで企業に期待される社会的役割は大きい。

　では企業において，CSRはどのように位置づけられているのか。ここでは，企業活動を大きく3つに分けて説明する（**図表3-1左**）。まず，企業活動の主体となるのは利益を創出する事業活動であり，それをCSRと法令遵守が挟む形の構図になっている。法令遵守も広い意味ではCSRのひとつであるが，ここではCSRを社会的課題の解決という狭い定義でとらえて考える。

　法令遵守については本書の第14章で詳しく取り扱うので，詳細な説明を割愛するが，内部統制から雇用や労働慣行まで多岐にわたる。法令遵守とは，必ずしも利益創出に結びつかないものの，企業が必ず守らなければならないルールであると理解してほしい。例えば，企業がルールを無視して利益至上主義に走った結果，全ての信頼を失ってしまった事例を1つか2つかは，みなさんもすぐに思い浮かべられるのではないだろうか。企業は利益を追求するものであ

図表3-1 CSRとCSVの違い

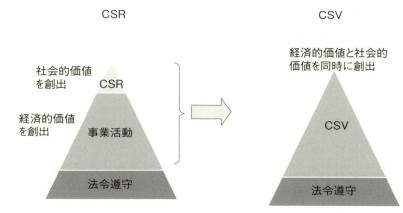

（出所）筆者作成

るが，社会規範の中で適正に行うことが前提であり，法令遵守はその活動の基盤となるものである。

　そして，企業が自分たちの事業に関連する領域の，社会的課題に取り組む活動がCSRである。この活動は，法令遵守のように必ず行わなければならないものではない。したがって，事業活動で利益を確保することができて初めて，本腰を入れて取り組むという位置づけになりがちである。社会にとっても企業にとっても重要性の高い取り組みであるにもかかわらず，最優先課題にはならない。もし，事業活動で十分な成果を上げていないにもかかわらず，CSRに力を入れる企業があれば，株主をはじめステークホルダーが黙ってはいないだろう。仮にみなさんがその企業の従業員だったとしても，CSR活動を肯定的に受け止めることは難しいのではないだろうか。つまり，持続可能性を追求するCSRの活動自体が，企業の業績に左右されて持続可能ではないという矛盾が生じる。

　そこで登場したのが，ハーバード大学教授のM. ポーターら（2011）によって提唱されたCSVという考え方である（**図表3-1右**）。「共通価値（SV）」とは，経済的価値を創造しながら，社会的ニーズに対応することで社会的価値も同時に創造するというアプローチである。つまり，社会によいことをして，自分た

44　第Ⅰ部　企業からみた CSR

ちも利益を得るという，一石二鳥を目指す新しい概念である。現在私たちの直面している社会問題の解決を本気で目指すなら，慈善活動ではなく，事業として取り組むことが，何より効果的であるという考え方である。では，どのようにそれを実現するのだろうか。具体的な方法について，次項で紹介する。

1-2　共通価値を見極める方法

　ポーターらは，共通価値がもたらすチャンスを見極める方法として，「製品と市場の見直し」，「バリューチェーンの生産性の再定義」，「ビジネスを営む地域における産業クラスターの開発」の3つを挙げている。それぞれが何を意味するのか，少し詳しく見ていこう。

　まず「製品の見直し」とは，自分たちの製品は本当に顧客の役に立つのかという基本に立ち返ることを指している。企業が顧客の役に立つ製品をつくるのは，当たり前のことである。だが，例えば食品企業は，消費者の好みに合わせて，製品の味を濃くしたり量を多くしたりしてきた。その結果，消費を拡大することに成功したが，果たしてそれは本当に顧客の役に立ったと言えるのだろうか。立ち止まって考えた，一部の食品企業は，健康によいという基本ニーズを満たした製品づくりに回帰し始めている。つまり，人々の健康という社会的便益を生み出すことにまで，目を向けるようになってきた。こういった製品のマーケティングから，また新たなイノベーションが生まれて，社会にもたらされる恩恵がさらに拡大するという，好循環ができていく。

　「市場の見直し」とは，これまで企業のターゲットの範疇に入っていなかった，開発途上国や貧困地域にも目を向けることを意味する。低所得で貧しい消費者の役に立つ製品を提供することで，人々の生活がより豊かになり，社会的便益が広範囲にもたらされる。一方で，近年こういった地域は，潜在的な購買力を持つ，新たな市場として注目されつつある。企業にとっても，何十億人という新しい顧客にアプローチするチャンスになる。またこういった市場へのアプローチは，既存の手法が通用しないことが多く，そこから新たなイノベーションが生み出されるといった効果も期待できる。「市場の見直し」による共通価値の創出は，前例のないことの連続であるが，まず自社製品で解決できる社会的ニーズを見いだすところから始まる。

第3章　CSRとマーケティング　*45*

　バリューチェーンとは，1つの製品の，材料調達から製造，出荷，販売・マーケティング，アフターサービスまでの流れの，各ステップにおいて，価値を生み出すことを意味する。「バリューチェーンの生産性の再定義」は，社会問題が企業のバリューチェーンに経済的コストを発生させる可能性があることに目を向けるところから始まる。例えば，南半球の国々で安く製造したものを，北半球に運んで販売するというバリューチェーンについて考えてみる。これを実施する企業としては，輸送コストを差し引いても，利益を確保できることを見越しての，サプライマネジメントであろう。だが，温室効果ガスの排出による環境負荷という社会的コストは，そこには加味されていない。さらに，時間，複雑性，在庫コストや管理コストなどにも目を向けてみると，各ステップにおいて，実は余分な経済的コストも発生している。これに気づくことで，経済的コストの大幅な削減と，社会的便益の改善を同時に実現できることが少なくはない。近年，社会の進歩とバリューチェーンの生産性は，親和性が高いものであることがわかってきている。

　クラスターとは，特定分野の企業やサプライヤー，ロジスティックスなどが集積した地域を指し，生産性やイノベーションに大きな影響を与えるものである。例えば，アメリカのシリコンバレーには，多くのインターネット・ソフトウエア関連の企業が集積し，IT産業の一大拠点となっている。企業の成功は，単独で成し遂げられるものではなく，支援企業やインフラに左右されるものである。クラスターを形成するためには，まず公正でオープンな市場を実現する必要がある。例えば，労働者やサプライヤーが搾取されたり，性別あるいは人種による差別があったりすると，生産性が低下する。そうすると，供給も不安定になる。こういった不公正をなくすことで市場が正しく機能すると，企業は安定供給を確保することができ，サプライヤーにも品質や効率を改善するインセンティブが働く。地域住民の所得や購買力が向上し，経済発展と社会発展の好循環が生まれる。そして企業がその主要なロケーションにクラスターをつくれば，企業と地域の関係性がより強化される。ひとたび希薄化した企業と地域社会のつながりを取り戻して，共通価値を創造する基盤となっていく。

46　第Ⅰ部　企業からみた CSR

1-3　CSRとCSV

　最後にポーターらの挙げたCSRとCSVの違いを引用して（**図表3-2**），CSV の特徴を整理してみよう。CSVでは短期的な経済的コストのみならず，社会的なコストにも目を向ける。短期的に利益を上げることができたとしても，社会的なコストを差し引くと，利益の創出に至らないケースも存在するであろう。それはCSVにおいて価値の創出とみなされない。必然的に，企業は自社のみならずサプライヤーや地域社会との関係性に目を向けることになる。そうして，強いつながりから生み出される共通価値は，企業の競争力向上につながり，利益をもたらす。企業だけではなく，サプライヤーや地域社会などそれぞれが価値を創出し，その利益を享受する。この点がCSRとの最も大きな違いである。例えばフェアトレードは，同じ作物に高い価格を支払って，いわば買い手から生産者である農家に富を再配分するものであるが，CSVでは農家の能率や収穫高，品質を向上させることで彼ら自身に富を創造する機会を提供する。フェアトレードでは，全体量は同じまま；配分比率を変えることで農家の取り分を増やすのに対して，CSVでは全体量を増やすことで，農家の取り分も増やすとい

図表3-2　CSRとCSVの違い

CSR	CSV
価値は「善行」	価値はコストと比較した経済的便益と社会的便益
シチズンシップ，フィランソロピー，持続可能性	企業と地域社会が共同で価値を創出
任意，あるいは外圧によって	競争に不可欠
利益の最大化とは別物	利益の最大化に不可欠
テーマは，外部の報告書や個人の嗜好によって決まる	テーマは企業ごとに異なり，内発的である
企業の業績やCSR予算の制限を受ける	企業の予算全体を再編成する
たとえば，フェアトレードで購入する	たとえば，調達方法を変えることで品質と収穫量を向上させる

（出所）　ポーター＆クラマー（2011）

第3章　CSRとマーケティング　*47*

う違いがある。フェアトレードで農家の所得が10-20%程度増加するのに対して，CSVへの投資ではそれが300%超増加する可能性を示す調査結果もあるという。全体量を増やすことの効果の大きさを，イメージしてもらえるのではないだろうか。

　なお，CSRとCSVはいずれかを選択しなければならないというものではなく，現実には企業は状況に応じてどちらにも取り組んでいる。例えば子どものスポーツの支援などは，直接的な利益創出にはつながらないものの，社会から期待されている活動であろう。災害時の支援活動なども同様である。また，これまで述べてきた通り，CSVを実践するためには，事業戦略やビジネスモデルから抜本的に取り組む必要がある。持続可能性が高まる一方で，実行に移す障壁はCSRより高いものにならざるを得ない。こういったことからも，両者を並行させることが望ましいといえる。

2　生産者・企業・消費者の共通価値の創造 ―ネスレ カカオプランの事例―

　ここでは，ネスレがカカオの生産現場で農家と実施する「ネスレ カカオプラン」という活動の事例を通して，CSVについて学ぶ。

　ネスレでは，企業が長期にわたって成功し，株主に価値を創出するためには，社会にとっての価値を創出しなければならないという考えのもと，CSVに取り組んでいる。その実践は，1866年の創業時にまでさかのぼる。ネスレの起源となる，スイスのアングロ・スイス練乳会社では，スイスの酪農家と密接に協力することで，良質の原料から作られた長期保存のできるミルクを供給した。この協力体制が，後に「ミルク生産地区」モデルとして，第二次世界大戦前にブラジル，1960年代にインド，1990年代には中国にと世界各地で設置されることになる。これ以外にもネスレでは，発展途上国や新興国の何十万人もの酪農家，コーヒーやカカオ農家と協力し，技術支援や助言を提供してきた。それらの活動の1つが，「ネスレ カカオプラン」の取り組みである（ネスレ日本Webサイト参照）。

2-1　カカオ生産国における社会的課題

　初めに，カカオ農家の直面している課題について，理解しておこう。

　カカオはチョコレートの原材料である。20cmほどのラグビーボールのような形のカカオの実から，40粒程度のカカオ豆が採れる。それが発酵，乾燥，焙煎，粉砕という工程を経て，チョコレートの原料となる，カカオマスが作られる。このように，カカオの実から採れたカカオ豆が，多くの工程を経て，みなさんが普段口にするチョコレートになるのである。

　人間やその他の動物と同じように，カカオの木にも寿命があり，60年から80年であるとされている。実がなる期間も限られており，5年目から実をつけ始めて，11年目から25年目頃までが最盛期であり，それ以降は実をほとんどつけなくなる。ところが，世界最大のカカオ生産国であるコートジボワールでは，カカオの木の老木化が進み（2015年時点で平均年齢22.6歳，25歳以上の木の割合が26％），かつ新しい苗が手に入りにくいという危機的な状況に直面していた。そして，こういった背景から，カカオ栽培をやめてしまう農家が増加していた。つまり，カカオ自体の供給が少なくなってしまうという危機にさらされていた。

　ここで，カカオ生産国の抱える構造的な問題に目を向けたい。農家がカカオ生産をやめて他の作物に切り替える主な理由は，カカオが低収益であるためである。カカオは実がなるまでに5年かかるため，すぐには収益化されない。新しい苗木が手に入りにくいために，高齢の木で生産を続けていることや，木が病気にかかりやすいことによっても収益の低下が進む。そして，品質にかかわらず低価格で取引されることが，農家のモチベーションを低減させて，この状況が好転しない要因となっていた。さらに，小規模の家族経営を余儀なくされるがために引き起こる児童労働が，生産国において深刻な問題であった。

　一方で，新興国の人口が増加し，人々の生活が豊かになることで，チョコレートへの需要は増加している。このままでは供給不足からカカオが高騰し，チョコレートが高価な希少品になることも，現実として考えられた。この状況を踏まえて，ネスレでは将来にわたっておいしいチョコレートを消費者に届けることを目的に，2009年からカカオ農家を支援する「ネスレ　カカオプラン」を開始した。

第3章 CSRとマーケティング 49

2-2 ネスレ カカオプラン

「ネスレ カカオプラン（以降，カカオプラン）」は，アフリカをはじめとするカカオ農園の支援と，カカオの木の保護育成を通じて，「利益が出る農業経営」，「カカオ生産現場の社会環境改善」，「持続可能で良い品質のカカオ調達」の実現を目指す取り組みが主な活動内容である。まず，ネスレからカカオの老木化が進んだ農家に，年間100万本以上の苗木を供給している。苗木は，病気に強い品種をある程度の大きさにまで育てたうえで，提供される。また，農家にトレーニングを実施して，木の病気を予防したり，実を多くつける栽培方法など，高品質のカカオ豆を生産するための知識を提供する。トレーニングには，毎年2万人以上の農家が参加している。さらに，水環境や道路環境の整備なども行い，様々な側面からカカオ農家の生活をサポートする。「カカオプラン」のサプライチェーンでは児童労働を排除しており，学校の建設や改修のサポートを行うなど，子どもたちの教育環境についてもサポートをしている。このように，「カカオプラン」では農家の抱える問題の解決をサポートし，カカオ栽培を継続できる環境を創り出している。

　こうして生産されたカカオ豆は，高品質であれば高価格で買い取る。さらに，高品質なカカオ豆を生産した農家に対しては奨励金を支払うなど，農家が成果に応じた報酬を手にすることができる仕組みになっている。

　「カカオプラン」の一連の活動は，持続可能な農業をサポートしている活動として，第三者機関「UTZ Certified」の認証を受けている。UTZ Certifiedは，持続可能な農業のための国際的な認証プログラムで，持続可能な農業が標準となる世界を作り出すことをミッションとして立ち上げられた（UTZ Webサイト参照）。具体的には，

・生産者が適正な農業実践を実行し，人々と地球への敬意を払い，彼らの農地が利益を生みながら管理され，

・企業が持続可能な生産を正当に評価し，また同様な生産活動に投資し，そして

・消費者がブランドを信頼し，自らが購入する製品を楽しめる世界

の実現を目指す。生産者がUTZ認証を得るためには，適正な農業実践と農園管理，安全で健全な労働条件，環境保護，児童労働撤廃への取り組みの面で設

50　第Ⅰ部　企業からみたCSR

図表3-3　UTZ認証ラベル

（出所）　ネスレ日本提供

けられた基準を，全て満たす必要がある。カカオ以外に，コーヒーや茶類に対して認証を行っている。

ネスレでは，2014年からパッケージへの「UTZ認証ラベル」の導入が進められており（**図表3-3**），日本でも「カカオプラン」の取り組みを啓蒙する活動に力を注いでいる。

2-3　共通価値の創造

「カカオプラン」の取り組みは，単なる苗木の寄付や環境整備のサポートとは異なる。物質的なサポートと並行して，技術や知識の伝達や，農家のモチベーションの向上など，農家自身が自助的に発展を可能にする様々なサポートが行われており，持続可能な農業の実現に結びついている点が大きな特長である。

そして「カカオプラン」の活動は，ネスレにも大きな便益をもたらすものである。チョコレートの原材料であるカカオが危機に直面しているということは，チョコレートの製造の持続可能性が危ぶまれることを意味する。つまり，持続的に高品質のカカオを調達できる体制を整えることは，ネスレの競争力向上に直結し，長期的な利益創出につながる。ネスレにとっても持続可能なビジネスの実現を意味しており，企業と生産者の共通価値が創造されている。

さらに「カカオプラン」では，UTZ認証という第三者からの評価を活用することで，持続可能な農業の重要性を消費者に啓蒙している。まずUTZ認証ラベルをパッケージに載せることで，消費者にカカオや農業が抱える問題の存在を認知するきっかけを与える。さらに深く知りたいと考える消費者には，Webサイトで詳しい情報提供を行っている。消費者の問題意識が高まり，そ

ういった国際認証を受けた商品を選ぶ習慣が浸透すれば，持続可能な農業から生み出された農産物への需要が高まる。それにより持続可能な農業が発展し，将来的にカカオ不足が回避されれば，消費者もこれまでの価格水準を維持したチョコレートを手にすることができるという便益が得られる。そこに到達することは容易ではないが，長期的に活動を継続することで，企業・生産者・消費者の三者にとっての共通価値の実現が期待される。共通価値の創造は，企業や生産者だけでなく，私たち消費者も重要な担い手であることを，ぜひみなさんに認識してほしい。

3 コーズプロモーション

　ここからは，社会的な取り組みを，マーケティングにどう反映させていくのかということを学んでいく。マーケティング主導の社会的な取り組みの1つとして，まずコーズプロモーションについて取り上げる。コーズ（Cause）とは社会的課題のことであり，コーズプロモーション（Cause Promotion）とは，文字通り，社会的課題を多くの人に知ってもらう取り組みのことである。

　例えば，乳がん検診の受診を啓蒙するピンクリボン運動は，その代表例である。みなさんもピンクリボンマーク（**図表3-4**）を，1度は目にしたことがあるのではないだろうか。ピンクリボン運動は，「乳がんで悲しむ人を一人でも減らしたい」という理念のもと，1980年代にアメリカで始まった（ピンクリボンフェスティバルWebサイト参照）。乳がんは，他のがんと比較して若い年代がかかりやすいという特徴がある。同時に，早期に発見して適切な治療が行われると，治癒率が高いというのも乳がんの特徴であり，定期的な検診の受診がとても大切である。ところが日本では，乳がん検診受診率が海外に比べて低く，死亡者数が増加傾向にある。こういった背景から，日本でも2000年頃からピンクリボン運動が盛んになり，乳がん検診の受診を啓蒙する活動が行われている。2003年から開催されているピンクリボンフェスティバルは，多くの企業や自治体，NPO法人などが参加し，各地域で開催されるイベントを通して，乳がんについての正しい知識を啓蒙したり，乳がん患者およびその家族への支援活動を行っている。参加企業は，食品，日用品，衣料品，サービス業など多

図表3-4　ピンクリボンマーク

当マークはピンクリボンフェスティバル
（日本対がん協会など主催）のマークです

岐にわたるが，いずれも女性顧客の多い企業である。そういった企業が活動に参加することで，乳がんにまつわる社会的課題の認知を向上させている。

　ここで，参加企業の便益に目を向けたい。例えば，ピンクリボンフェスティバルに協賛することで，企業にどのようなメリットがあるのか。競合との差別化になり得るだろうか。

　コーズプロモーションは，その主旨に賛同する企業が協業することで，社会的課題の認知を向上させる。しかし，競合企業が参加することもあり得るため，差別化にはなりにくい。この場合，個々の企業の便益より，社会的課題の認知を向上させるという社会的意義が優先されることになる。コーズプロモーションは，企業やブランドの姿勢を示すことによるイメージの向上など，長期的には便益をもたらし得るものであるが，短期的な利益創出に結びつくものではない。よりCSR的要素が強い取り組みである。

　「ネスレ　カカオプラン」でUTZ認証ラベルを導入して，カカオ農家の抱える問題を啓蒙することも，コーズプロモーションである。UTZ認証を通して，消費者は社会的課題の存在を知る。企業，社会，消費者が共通価値を生み出す一歩となる。

4 ソーシャルマーケティング

　ソーシャルマーケティング（Social Marketing）は，営利目的のマーケティングと同様に，4 P，すなわち製品（Product），流通（Place），価格（Price），プロモーション（Promotion）を適切に組み合わせて，ターゲットに，その社会的課題の解決がもたらす価値を理解してもらい，態度変容を促す活動である。コーズプロモーションとの違いは，社会的課題を知ってもらおうとする活動（コーズプロモーション）か，さらに消費者自身にそれを解決するためのアクションを取ってもらおうという活動（ソーシャルマーケティング）かという点である。この場合の社会的課題は，各企業の基幹的事業と関係の深いものが選ばれる。例えば，携帯端末のキャリア企業がスマートフォンを使用する際のマナーを啓蒙したり，飲料メーカーがゴミの分別を啓蒙するといった事例が挙げられる。

　マーケティング活動に，事業目標のみならず環境問題などの社会的な目標も取り入れるべきであるとする考え方は，1970年前後から提示されてきた。大量生産・大量消費へのアンチテーゼが示されてきたものの，企業がそれに着手するまでには長い時間がかかった。1990年代頃から，グリーンコンシューマー（環境に配慮した製品の消費を意識する消費者）の増加など，消費者側の意識の高まりに応える形で，企業と消費者，あるいは政府が，協力し合って環境問題に対処しようとする環境マーケティングが注目されるようになる。

　環境問題の解決にまつわるソーシャルマーケティングは，政府の施策との相乗効果で，様々な展開を見せている。例えば，節電の啓蒙から，クールビズやウォームビズが呼びかけられて，オフィスの室温が，夏場には高めに，冬場には低めに設定されるようになった。そうすると，オフィスで働く人たちは，それに適した服装を選ぶようになる。百貨店やアパレル企業は積極的にこれを推進し，売り場にはクールビズコーナー（あるいはウォームビズコーナー）が設けられた。また，省エネが啓蒙されることで，家電製品や自動車の購入を考える際に，エコ家電やエコカーが選択肢に上がるようになるなど，多岐にわたる分野で環境マーケティングが実践されている。

54　第Ⅰ部　企業からみた CSR

　このように，ソーシャルマーケティングは消費者に態度変容を促し，最終的に自社の商品を選んでもらうという形で自社に還元させることが可能である。ソーシャルマーケティングはCSR的要素とCSV的要素を併せ持つ施策であるといえる。とはいうものの，消費者がその社会的課題の重要性に関心を持ち，行動を起こそうとする時に，必ずしも自社の商品やサービスを選んでくれる保証はない。また消費者の態度変容は短期間で起こるものではない。ソーシャルマーケティングも，コーズプロモーションと同様に，長期的に取り組むことが必要である。

　「ネスレ カカオプラン」で，消費者にカカオ農家の抱える問題を啓蒙し，UTZ認証ラベルの付いた商品の購買を推奨することは，ソーシャルマーケティングに該当する。消費者がネスレ製品に限らず，UTZ認証商品を購入することは，持続可能な農業の存在意義を高めて，カカオ農家の抱える問題を軽減する。それにより，持続的に高品質のカカオが生産されるようになれば，将来的にはネスレも消費者も，その恩恵を受けることになる。

5　コーズリレーティッドマーケティング

　最後に紹介するコーズリレーティッドマーケティング（Cause Related Marketing）は，製品売上に連動した，社会的課題の解決に関連する活動である。消費者の協力度合いが，活動の規模に直結する。例えば，ある商品を購入すると，売上の何％かが寄付されるといった取り組みが，コーズリレーティッドマーケティングである。多くの消費者が，活動の主旨に賛同して商品を購入すれば，寄付金額がより大きくなる。マーケティングの効果を，最も計測しやすい施策である。

　安全な水の確保は大きな社会的課題である。アフリカ地域を中心に，水を汲みに行くことが日課になっている人々が，数多く存在する。水汲みの担い手は女性や子どもであることが多く，子どもたちが学校に通えず，教育を受けることもままならないといった事態が生じている。

　キリンビバレッジでは，ボルヴィックが世界的に展開する「1L for 10L」プログラムを，2007年から10年にわたり日本においても連動して実施した（キ

リンWebサイト参照）。消費者がボルヴィックを購入すると，売上の一部がユニセフに寄付され，マリ共和国のユニセフが井戸の新設や修理を行うという仕組みである。消費者が商品を1L購入すると，10Lの安全な水がアフリカのマリ共和国に届けられるというのが「1L for 10L」に込められた意味である。井戸は10年間のメンテナンスが保証されており，ボルヴィックが支援を行って作った井戸から，10年間にわたって供給される水の総量を前提に算出されている。商品を購入せずに，郵便為替で直接募金に参加することも可能であるが，消費者がボルヴィックを購入するだけで，手軽に社会貢献に参加できることが特長である。

　このように，コーズリレーティッドマーケティングは，その主旨に賛同した消費者が，すぐに行動に移すことができ，それが製品やサービスの売上に結びついている。企業に経済的価値をもたらすと同時に，社会貢献が行われている点で，最もCSV的な取り組みであるといえる。かつ，手軽に社会貢献に参加できるという点で，消費者に製品価値とは別の付加価値を提供している。

　だが，ここで留意すべきことがある。消費者は，社会貢献への参加にどの程度価値を感じるのか。本当に消費者は，社会貢献の分だけ，余分に対価を払ってもよいと考えるのだろうか。社会貢献をすることはよい行いであり，その主旨に賛同する人は多く存在するであろう。だが，その中の何割が，それに対して対価を支払おうとするだろうか。また，その商品を購入した理由は，社会貢献とは別のところにある可能性も大いにある。そういった観点から，本当に社会的課題の解決と経済的価値の創出が両立できているかどうかに関しては，注意深く考える必要がある。

　ここで，両者がうまく連動した事例を紹介する。韓国の食品企業CJ社がコンビニエンスストアで実施した，会計時に消費者が社会貢献への参加の意思表示を示すというプロセスを組み込んだ「ミネウォーターバーコードロップ（MINEWATER Barcodrop）キャンペーン」は，大きな成功を収めて，多くの賞を受賞した。

　ミネウォーターは，CJ社の販売するミネラルウォーターである。同社では世界人口の約2割もの人が，清潔な水を手に入れることが困難である状況に目を向けて，そういった人たちに清潔な水を提供することを考えた（Minewater

Barcodrop Campaign Webサイト参照）。同社の事前調査では，89％の人がそういった活動に協力したいという意思を示したが，実際に募金活動に応じた人はわずか0.9％であった。そこで考案されたのが，バーコードロップキャンペーンであった。同キャンペーン商品には，商品バーコードの他に，寄付金（100ウォン：約10円分）用のバーコードが付いていた。「バーコードロップ（Barcodrop：Barcode＋Drop）」と名付けられた寄付金用のバーコードは，水滴の形のシールになっており，寄付をしない者は会計時にそれをはがすことができる。1人の消費者の100ウォンの募金に対して，CJ社とコンビニエンスストアからもそれぞれ100ウォンが積み立てられて，合計300ウォンがユニセフに寄付され，飲み水に困っているアフリカの子どもたちのために使われるという仕組みになっていた。100ウォンの寄付で300人の子どもたちが清潔な水を手にすることができるという。キャンペーン開始から2週間で51％の消費者がキャンペーン主旨に賛同して，寄付金を支払った。そしてミネウォーターの売上は前年同期比244％を達成した。

　なぜキャンペーンが成功したのか。まず，世界初の「2バーコード」パッケージは，大きな話題になった。また，このキャンペーン用にパッケージデザインが，ロゴのみのシンプルなものから，アフリカの子どものイラスト入りのものに変更された。男の子と女の子の2つのバージョンがあり，どちらのデザインも，両手を上げた子どもたちが大きな水滴（バーコードロップ）を受け止めようとしているように描かれた。ドロップ型のバーコードシール自体も話題になり，消費者がシールを使って様々な楽しみ方をしている様子が，SNS上に次々と投稿された。

　消費者が楽しみながら，社会貢献に参加できるように様々な工夫がされたことが，このキャンペーンの成功要因である。消費者は正しさを理解したからといって，必ずしも行動に移すわけではない。みなさん自身，それが世の中のためになるからという理由で，買い物をした経験はあるだろうか。一方で，「楽しそうだから」，「みんながやっているから買ってみる」といった経験は，多くの人が身に覚えがあるのではないだろうか。情緒的な便益を提供することで，自発的な参加を促す工夫も必要である。

6 社会との共生を目指して

　本章では，社会的課題の解決にマーケティングをどう活かすのかという観点から，経済的価値と社会的価値の創造を両立させるCSVの考え方を学び，具体的に，コーズプロモーション，ソーシャルマーケティング，コーズリレーティッドマーケティングという3つのマーケティング施策について学んできた。これらは時として，企業やブランドの差別化につながらない場合もある。だが社会的課題の解決や持続可能性を尊重するものである。この傾向は，マーケティング自体のパラダイムシフトを表すものである。

　近代マーケティングの父と言われるP.コトラーら（2010a）は，マーケティングの主眼が製品から消費者へ，さらに精神的価値へと移っているとする。

　まず産業革命によって大量生産が可能になった時代のマーケティングは，製品を中心に据えて，製品の機能的価値を消費者に提案することを主眼としていた。この時代，消費者は物質的なニーズを持つマス購買者として位置付けられていた。やがて消費者が物質的に豊かになり，好みが多様化すると，消費者を中心に据えたマーケティングが興隆する。各企業が差別化によって消費者をいかにして自社につなぎとめるかということに注力し，機能的価値とともに感情的価値を訴求するようになった。

　そしてコトラーは，マーケティングがさらなる段階へとシフトしていることを指摘する。企業はより大きなミッションを持ち，マーケティングにおいても，世界をよりよくするためのソリューションを提供することを目指すようになってきた。これは，本章で取り扱ってきた，社会的課題の解決を意図したマーケティング活動が，時として自社の短期的利益より，社会貢献を優先することと整合する。企業は機能的・感情的価値に加えて，精神的価値を消費者に提案することで，その支持を得る。ソーシャルメディアの発展により，消費者が企業活動や社会活動に参画することが容易になった。企業が一方的に価値を提供する時代から，企業と消費者が共に社会的課題の解決に当たることで，消費者に精神的充足をも提供しようとする時代を迎えている。共通価値の創出に，いかに消費者の参画を促すことができるのかという点が，これからのマーケティン

58　第Ⅰ部　企業からみた CSR

グにおいて重要なのではないだろうか。

参考文献■ ─────────

岩本俊彦（2004）『環境マーケティング概論』創成社。

コトラー，P., カルタジャヤ，H. & セティアワン，I.（2010a）『コトラーのマーケティング
　3.0　ソーシャル・メディア時代の新法則』（恩藏直人監訳）朝日新聞出版。

コトラー，P. & リー，R. N.（2010b）『コトラー　ソーシャル・マーケティング　貧困に克
　つ7つの視点と10の戦略的取り組み』（塚本一郎訳）丸善株式会社。

コトラー，P., リー，R. N. & ヘッセキエル，D.（2014）（ハーバード社会起業大会スタディ
　プログラム研究会訳）『グッドワークス！』東洋経済新報社。

ポーター，M. E. & クラマー，M. R.（2011）「経済的価値と社会的価値を同時実現する共通
　価値の戦略」『DIAMOND ハーバード・ビジネス・レビュー』6月号。

（青木　慶）

第4章

CSRとリスクマネジメント

◆

●Point●

　本章では，CSRとリスクマネジメントとの関係について学ぶ。企業は，経営実践において，自然災害等の外部要因，企業不正等の内部要因に起因する様々なリスクに遭遇する。これらのリスクへの対応いかんによっては事業の継続に大きな障害が生じ，また，企業の存続に関わることもあるだろう。したがって，企業は様々なリスクに対して備え，リスクに遭遇したときの対応を考えておかねばならない。リスクマネジメントは，リスクに対する事前の備えの活動であり，その行為として，リスクの特定，分析，評価を含めたリスクアセスメントを行う。

　企業はなぜリスクマネジメントを行うのか，また，なぜ企業にはリスクマネジメントを行う必要があるのか，という議論が必要だ。この疑問に答えるには，ステークホルダーという視点が重要である。この視点は，CSRに対する考え方と共通する。CSRとリスクマネジメントとの関係は，ステークホルダーを媒介として議論できるのである。

　本章では，ステークホルダーという視点を通じて，CSRとリスクマネジメントについての議論を進めよう。

60 第Ⅰ部　企業からみた CSR

1　リスク

1-1　リスクの種類

　リスクをCSRの視点から考えてみよう。企業を取り巻くリスクは，様々である。例えば，1982年の長崎大水害，1995年の阪神淡路大震災，2004年の中越地震，2011年の東日本大震災やタイの洪水，2016年の熊本地震等の自然災害リスク，2008年のリーマンショック等の金融リスク，2001年ニューヨーク同時多発テロ等のテロによるリスク，2003年のSARS（重症急性呼吸器症候群），2009年の新型インフルエンザの流行等の感染症のリスク，さらに，1996年の大和銀行および住友銀行による不正取引，2000年の三菱自動車によるリコール隠し，2002年の雪印食品や日本ハムグループの日本フードによる牛肉偽装，2016年の三菱自動車による燃費偽装等の企業不祥事によるリスク等，枚挙にいとまがない。企業がこのようなリスクに遭遇すると，事業の継続ができなくなり，企業価値の低下や最悪の場合は企業の存続を脅かすこともある。

　このような事態に陥ると，ステークホルダーに大きな悪影響を及ぼし，企業はステークホルダーの期待に応えることができなくなる。すなわち，企業は，CSRを果たせなくなるのである。そのために企業はこのようなリスクに対して様々な対策を講じている。これがリスクマネジメントである。リスクマネジメントの目的は，企業に対するステークホルダーの期待を毀損しないために行われる。

　リスクという用語は，われわれが日常生活において普通に使用され一般化されているが，本章の主題であるリスクマネジメントの議論に先立ち，まずリスク（risk）の定義をしておこう。

　亀井利明・亀井克之（2009）によれば，リスク（risk）は，①事故（peril），②事故発生の不確実性（uncertainty），③事故発生の可能性（possibility），④ハザード（hazard），⑤予想と結果との差異，⑥不測事態（contingency），⑦偶発事故（accident），⑧危機（crisis），⑨危険状態（danger），⑩困苦（pinch），等の意味に使用される。このように，リスクは様々な意味に使用される。

　本章の主題であるリスクマネジメントは，「ISO 31000：2009 リスクマネジ

メント─原則及び指針」として国際規格化されている。この規格では，リスクを「目標に対する不確かさの影響」，また，「不確かさとは，事象，その結果又はその起こりやすさに関する，情報，理解又は知識が，たとえ部分的にでも欠落している状態をいう。」と定義されている。

　本章では，このISOに基づきリスクと不確かさ（不確実性）を定義し，議論を進めたい。

　日本リスク学会（2006）によれば，次のようにリスクを分類している。

① 自然災害のリスク：風水害，火山・地震災害
② 都市災害のリスク：火災や爆発，輸送機関の事故
③ 労働災害のリスク：産業現場としてのリスク
④ 食品添加物と医薬品のリスク：健康障害や薬の副作用
⑤ 環境リスク：暴露される環境中でのリスク，エコロジカル・リスク
⑥ バイオハザードや感染症リスク：都合の悪い生物種によるリスク，SARS（重症急性呼吸器症候群），新型インフルエンザ，エイズウィルスの感染
⑦ 化学物質のリスク：水銀，PCB，ダイオキシン，天然と合成物
⑧ 放射線のリスク：医療行為を通した暴露，ラドン等の自然放射線，原子力発電所の労働や周辺の生活，原子力関連施設の事故
⑨ 廃棄物のリスク：それ自身のもたらす本源的効果，廃棄物処理によってもたらせる効果，物質循環の効果
⑩ 高度技術リスク：遺伝子操作，核融合，原子力発電，宇宙開発等の巨大科学の産業化によってもたらされるリスク
⑪ グローバルリスク：地球温暖化
⑫ 社会経済活動に伴うリスク：高齢化，貧困，犯罪，教育，環境・資源，海外投資のカントリーリスク，経済変動による大規模倒産
⑬ 投資リスクと保険：企業の投資によって生じる金銭的，経済的リスク

　このようにリスクは多岐にわたるが，ここに挙げたもの以外にも想定外のリスクが発生する可能性も無視できない。

62 第Ⅰ部　企業からみたCSR

1-2　不確実性の組織化

　CSRとは，企業がステークホルダーの期待に配慮する責任である。では，企業にとってステークホルダーの期待とは何なのか。企業のリスクは後述するが，企業にとって重要なステークホルダーである従業員の期待は，企業がつぶれることなく，働き続けることができることであろう。そのためには，企業は，不祥事等を起こさず，社会から信頼される企業になることが必要であろう。次に，株主・投資家の期待は，投資した資金に対し安定したリターンを得ることができること，そして，企業業績を向上させ，株価を高めることであろう。そのためにも，企業不祥事を起こさず，企業が将来にわたって事業を継続することを前提とするゴーイング・コンサーン（継続企業）を重視した経営が求められよう。また，顧客・消費者も，企業が提供する製品・サービスが満足できるものであることを期待する。不安全な製品，食品偽装等がないような社内の管理体制の整備が求められよう。さらに，取引先も安定した取引が継続できることを期待する。そのためにも，企業の倒産等がなく，ゴーイング・コンサーンが第一に求められよう。

　このようなステークホルダーの期待に配慮するために，企業は遭遇する様々なリスクを特定し，対応するのである。これらは，CSRに他ならない。そのために組織は，不確実性をリスクとして対応することが求められる。すなわち，企業においては，不確実性を識別・評価・軽減させるように，不確実性をリスクとして企業の管理システムの中に組織化することが求められる。この企業の管理システムの代表的なものがリスクマネジメントである。リスクマネジメントを通じて不確実性は組織で管理されるべきリスクとなる。

　LSE（ロンドン・スクール・オブ・エコノミクス）教授のM. パワーは，リスク管理の新しい設計として，①リスク対象の構築，②リスク管理プロセスの構築を通じて，不確実性を組織化することを説明している。不確実性は，それを識別し，評価し，軽減させるような管理システムにもちこまれたときにリスクとなるのである。

　リスクマネジメントにおいて，不確実性をリスクとして組織化する手法には，VaR（Value at Risk），リスクマッピング等がある。VaRは，統計的手法を使って市場リスクの予想最大損失額を算出する指標であり，リスクマッピング

図表4-1　リスクマッピングの例

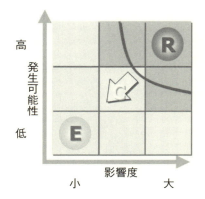

（出所）　リスク管理・内部統制に関する研究会（2003）「リスク新時代の内部統制」

は，全社的なリスクを洗出し，洗い出したリスクの影響度と発生可能性の組み合わせにより評価する方法である。リスクマッピングの例を**図表4-1**に示す。

　図表4-1は特定されたリスクを，横軸の影響度と縦軸の発生可能性を「大」「中」「小」の組み合わせで評価したものである。リスクへの対応には優先順をつけることが必要になる。例えば，①リスクの影響度が大きく，かつ，リスクの発生の可能性が高いと判断されるリスク，②発生可能性は低いが，影響度の大きなリスク，③発生の可能性は高いが，影響度の小さいリスク，④影響度も小さく，かつ，発生可能性も低いリスク，という順に優先順位付けを決定することができる。

　次に，リスク評価により対応すべきリスクを対象として，リスクマネジメント目標を設定し，許容できるリスク量を決めなければならない。その上で，その目標内に残留リスクが収まるように，リスク対策を決定する。なお，図表中の「R」（Risk）は，対応をまったく想定しない状態のリスク，「C」（Control）はリスクを減少させるための対策，「E」（Exposure）リスク対策を講じた後の企業が直面している残留リスクを示している。

　このような手法により，不確実性はリスクとして組織化され，企業のリスクマネジメントの中に組み込まれる。次節では，このリスクマネジメントについ

64 第 I 部　企業からみた CSR

て議論しよう。

2　リスクマネジメント

2-1　リスクトリートメント

　企業がリスクを処理する方法は，リスクトリートメントとして古くから議論されてきた。リスクトリートメントは，リスクコントロール（危険制御）とリスクファイナンス（危険財務）に大別される。

　リスクコントロールは，危険の発生を防止し，万一発生した危険の結果を最小にする手段を採用することである。最も単純なものはリスクの回避である。予想されるリスクを回避・遮断するために，そのリスクに関わる活動自体を行わない。例えば，自動車保有から生じる事故等の賠償責任の回避のために自動車の保有をやめることがこれに該当する。次に，リスクの除去がある。これは，リスクを積極的に予防し，軽減しようとする手段である。

　リスクの除去には，リスクの防止（防災），分散，結合，撤退，制限が含まれる。リスクの防止には，リスクの予防と軽減がある，リスクの予防は例えば建物を耐火構造にする等，リスクの軽減はスプリンクラーの設置，非常階段の設置等がある。リスクの分散は，原材料の分散保管等によってリスクを分散させることである。リスクの結合は，企業の合併等によって経営規模を拡大させ，それによって危険単位を増大させようとすることである。危険単位を増大させることによって倒産リスク等の発生が予測しやすくなる。リスクの撤退は，経営危機の状態にある事業からの撤退等である。リスクの制限は，契約書や取引約款等を事前に作成し，企業の負うリスク負担の境界を明確にして制限しておくこと等である。

　リスクファイナンスは，リスクの転嫁とリスクの保有に大別される。企業は，リスクをできるだけ回避し，除去しようとする。回避または除去できないリスクは，できるだけ第三者に転嫁しようとするが，転嫁できないリスクはやむを得ず保有する。リスクの転嫁の代表的なものは，保険である。リスクの保有には，リスクに対する無知から結果的にリスクを保有する場合と，リスクを十分理解したうえで保有する場合がある。リスクの保有の対策には，あらかじめリ

スクが発生した場合に備えて、準備金、引当金、積立金等の資金を留保しておくことが考えられる。

2-2　リスクマネジメント

前述のように、リスクマネジメントは、「ISO 31000：2009 リスクマネジメント—原則及び指針」として国際規格化されている。リスクマネジメントの詳細はこの規格を参照されたいが、本節では、できるだけ平易にリスクマネジメントを解説したい。**図表4-2**にリスクマネジメントの流れの模式図を示す。

リスクマネジメントのプロセスは、図表4-2のとおり、①リスクの特定、②リスクの分析・評価、③リスク対応、④計画と実行、⑤監視とレビュー、⑥継続的改善に分類される。

①のリスクの特定は、リスクを発見、認識および記述するプロセスである。ここでは、考えうるリスクを包括的に洗い出すことが重要である。なぜならば、

図表4-2　リスクマネジメントの模式図

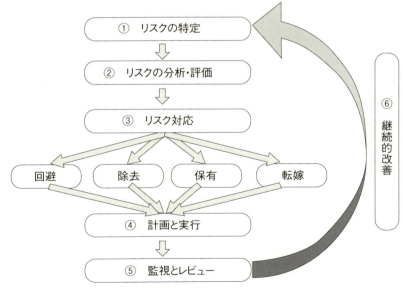

（出所）　筆者作成

66 第Ⅰ部 企業からみた CSR

この段階で特定されなかったリスクは，その後の分析・評価の対象からは外されてしまうからである。また，リスクの原因が明らかでないかもしれないリスクであっても，リスクの特定に含めることが望ましい。

②リスクの分析・評価は，特定されたリスクの特質を理解し，リスクレベルを決定する。すべてのリスクに対応することは不可能なので，リスクマネジメントの基本方針と対象とするリスクを選定する基準を明確にする。リスクは，結果および起こりやすさ，並びにリスクのその他の属性，例えば，ステークホルダーへの影響等を決定することによって分析される。そして，リスク評価は，リスク分析の結果に基づき，どのリスクへの対応が必要か，対応の実践の優先順位についての意思決定を手助けすることである。

③のリスク対応は，対応すべきリスクに対する手段を選択することである。リスク手段の選択は，主として，リスクの回避，リスクの除去，リスクの保有，そして，リスクの転嫁の４つであり，これらの処理手段からいずれかを選択する意思決定を行う。

④の計画と実行は，選定した対応選択肢の実践方法を文書化し，そしてこれを実行することである。この対応計画は，組織のマネジメントプロセスに統合され，適切なステークホルダーと議論されることが望ましい。計画を文書として作成することは，検討の結果を知識として伝えることでもあり，計画を検証する際のエビデンスとして使用する上でも重要である。

⑤の監視とレビューは，管理策が効果的かつ効率的であったか，成功例および失敗例から教訓を学ぶ，リスクレベル，リスク対応およびリスクの優先順位の見直しが必要か，新たに発生しているリスクを特定する，等を行い，リスクマネジメントのパフォーマンスを最適なものとするための活動である。

⑥の継続的改善は，⑤で行ったレビューを既存のリスクマネジメントに反映し，これを繰り返すことにより，常によりよいものに改善していく取り組みである。

リスクマネジメントにおいて，リスクの特定，分析・評価を行うプロセスは，リスクアセスメントと呼ばれ，特に重要である。

このようなプロセスによりリスクマネジメントが実施されるが，リスクマネジメントは企業だけが行うものではない。国はもちろん，読者の家庭でもリス

第4章 CSRとリスクマネジメント *67*

クマネジメントは効果的であろう。サッカーの試合中継を見ていると解説者がリスクマネジメントをしっかり行う必要があると言っているのを聞いたことがある。このような競技チームにも有効なのであろう。次に，リスクマネジメントの理解を深めるために，我々の日常生活を例にしてリスクマネジメントを具体化してみよう。

2-3 日常生活にリスクマネジメントを適用する

　日常生活を営む家庭にリスクマネジメントを適用しようとすれば，どのようなものになるか考えてみよう。想定できるリスクに全て対応することは現実的ではない。したがって，対応すべきリスクに優先順位を付けて，リスクマネジメント方針とリスクの基準を確定し家族で共有することから始めよう。

　対象は家族とし，家族にとって何が一番重要なのかを方針として確定する必要がある。ここでは，リスク基準を，リスクから身を守り生命の安全確保を目的にリスクマネジメントを考えることとする。

　日常生活を営む上で，様々なリスクが考えられるが，ここでは自然災害を例に取り上げる。

　自然災害を対象としたリスクマネジメントの基本は，自助，共助，公助である。まず，自分の身は自分で守ることが原則であり，これがかなえられると共助，すなわち，地域住民が協力して助け合う，さらに，国家や地方公共団体，ボランティアの助けを得ることが期待される。

　自然災害のリスクについては，各自治体でハザードマップが作成されている。著者が住む広島市では，自然災害に関するリスクとして，土砂災害，洪水，高潮，津波，地震についてのハザードマップがwebで公表されている。自然災害以外にも様々なリスクが考えられるが，ここでは，地震のリスクを特定し，取り上げてみよう。想定するリスクの基準は，「広島市で想定される最大震度で家族の生命を守る」となる。リスクの基準が明確になれば次にリスク分析に取り掛かる。

　ハザードマップを見ると広島市における想定最大震度は震度6強である。気象庁によれば，震度6強の人の体感・行動は「立っていることができず，はわないと動くことができない。揺れにほんろうされ，動くこともできず，飛ばさ

68　第Ⅰ部　企業からみた CSR

れることもある」状況であり，屋内では「固定していない家具のほとんどが移動し，倒れるものが多くなる」，屋外では「壁のタイルや窓ガラスが破損，落下する建物が多くなる。補強されていないブロック塀のほとんどが崩れる」状況である。また，耐震性の低い木造住宅では，「壁等に大きなひび割れ・亀裂が入るものが多くなる。傾くものや，倒れるものが多くなる」，耐震性の低い鉄筋コンクリート造建物では，「壁，梁，柱等の部材に，斜めやX状のひび割れ・亀裂がみられることがある。1階あるいは中間階の柱が崩れ，倒れるものがある」状況である。これがリスク評価である。

　このようなリスク評価に対してどのようなリスク対応が考えられるであろうか。耐震性の低い木造家屋に住んでいる場合には，震度6強の地震が来れば，建物の倒壊によって生命の安全が脅かされる恐れがある。したがって，まず建物の倒壊を防止することを考える。耐震性の低い住居に住んでいる場合は，建物の耐震補強を行い，耐震性を高めると木造住宅では「壁等にひび割れ・亀裂がみられることがある」状況となり，建物の倒壊を免れる可能性が高くなる。また，家具の転倒による圧死が阪神淡路大震災で多数見られたように，家具はしっかりと固定し転倒を防ぐ対策も必要となろう。またリスク対応には，地震保険に加入し，地震による損害を補填する対応も考えられる。

　次に，本章の目的であるCSRとリスクマネジメントを深く考えるために，企業におけるリスクマネジメントの適用事例をみてみよう。ここで基本となる視点は，リスクマネジメントをCSRとの接点であるステークホルダーである。

3　企業におけるリスクマネジメント

3-1　ステークホルダーに影響を及ぼす企業のリスク

　CSRとは，企業がステークホルダーの期待に配慮する責任である。この視点から，CSRとリスクマネジメントとの関係を考えてみよう。

　企業の主要なステークホルダーには，顧客・消費者，従業員，株主・投資家，取引先，地域社会等がある。前述のように，近年企業を取り巻く環境は厳しく，自然災害，不祥事等のリスクの枚挙にいとまがない。ステークホルダーに関わる企業のリスクは，1・2節で少し言及したが，次のようなものが考えられる

第4章　CSRとリスクマネジメント　*69*

だろう。

① 顧客・消費者に対する企業のリスク

・企業が顧客・消費者に提供する製品・サービスが，顧客・消費者の要求水準に満たない。品質不良等

・企業が顧客・消費者に提供する製品・サービスが滞る。企業が被る自然災害等

・企業が顧客・消費者に提供する製品・サービスが，顧客・消費者に危害を加える。製造物責任等

・企業が顧客・消費者に提供する製品・サービスに偽装がある。食品偽装，自動車燃費不正等

② 従業員に対する企業のリスク

・企業が従業員に提供する施設・設備等が危険である。建物の耐震性不足等

・従業員のモチベーションが低下する。企業の不適切な行為によるレピュテーション等

・企業が倒産し，従業員が解雇される。自然災害，カントリーリスク，放漫経営等の経営者リスク，粉飾決算，企業不祥事等

③ 株主・投資家に対する企業のリスク

・企業経営が悪化し，無配当になり，株価が暴落する。自然災害，カントリーリスク，放漫経営，粉飾決算，企業不祥事等

・企業が倒産し，株式が無価値になる。自然災害，カントリーリスク，放漫経営等の経営者リスク，粉飾決算，企業不祥事等

④ 取引先に対する企業のリスク

・企業が取引先に提供する製品・サービスが滞る。自然災害等

・企業が倒産し，取引先との取引がなくなる。自然災害，カントリーリスク，放漫経営等の経営者リスク，粉飾決算，企業不祥事等

⑤ 地域社会に対する企業のリスク

・企業活動において環境配慮が欠如している。騒音，振動，環境汚染等

・企業が倒産し，地域からの雇用がなくなる。自然災害，カントリーリスク，放漫経営等の経営者リスク，粉飾決算，企業不祥事等

70 第Ⅰ部 企業からみた CSR

これらのリスク以外にも，考慮すべきリスクはあるだろう。企業はこれらの
リスクに対してどのような取り組みを行っているのか，次に考えてみよう。

3-2 企業がステークホルダーに対して行うリスクマネジメントの具体例

前項で取り上げたように，ステークホルダーに対する企業のリスクには多種
多様なものがある。歴史的に眺めてみると，企業を襲う様々なリスクに対応す
る形で，次に述べるように，多くの仕組み・制度が開発されてきた。このよう
な仕組み・制度は，企業のリスクマネジメントの一部として機能するとともに，
リスクマネジメントの考え方が強く取り入れられている。企業は，ステークホ
ルダーの期待に背くことのないように，様々なリスクマネジメントに関する施
策・制度に取り組む必要がある。

まず，従業員，株主・投資家，取引先，地域社会等に多大な影響を及ぼす不
祥事等の発生を防止し，健全・持続的に企業が成長するための土台を築いた上
で，企業の収益力や競争力の向上を含めた企業価値を維持・増大させていくた
めには，コーポレートガバナンスの確立および適正な内部統制の整備・運用が
不可欠である。次に，顧客・消費者，株主・投資家，取引先，地域社会等に多
大な影響を与える自然災害等により，顧客や取引先に対する製品・サービスの
提供に関する継続性が損なわれないよう事業継続計画の策定・運用が欠かせな
い。

これらの施策・制度は，ステークホルダーの期待に配慮する責任という視点
でいえばCSRであり，かつ，リスクに対する企業のリスクマネジメントの機能
を有しているといえる。次に，コーポレートガバナンス，内部統制および事業
継続計画を取り上げ，CSRとリスクマネジメントの視点から解説する。

3-3 コーポレートガバナンス

近年，企業経営者が関与した企業不祥事が後を絶たない。企業不祥事には
様々な種類があるが，企業経営者が関与した不祥事は，悪質性が高く，発生し
た場合には社会的にも強く制裁を受け，企業の業績悪化，廃業または倒産に追
い込まれることもある。その結果，株主・投資家にとって，株価の下落，暴落，

第4章　CSRとリスクマネジメント　*71*

無価値化や貸付資金の回収不能等の恐れがある。また，企業が倒産に追い込まれれば，従業員は解雇され，従業員が住む地域社会にも大きな影響が及ぶことになる。さらに，業績悪化に伴い，取引先にも取引停止や支払い不能等の様々な影響を及ぼす可能性がある。

　特定の人物が経営者であるがゆえに発生するリスクを経営者リスクと呼ぶ。経営者リスクには，①経営者の人的リスク，②経営者の性格リスク，③経営者の能力リスクに分類される。経営者の人的リスクは，経営者の死亡や疾病による不在が経営に及ぼす悪影響である。経営者の性格リスクは，経営者の資質，パーソナリティが企業経営に不向きであり，経営者の人間的欠陥が経営危機を招く可能性があるというリスクである。経営者の能力リスクは，経営能力の欠如または過信，危機管理能力の不足，リスク感性の欠如等を意味する。このような経営者リスクが原因で起こる不祥事は，企業の存続に大きな影響を及ぼすことが多い。

　企業経営者の関与した不祥事というリスクは，CSRの視点に立って考えてもステークホルダーに大きな影響を及ぼすが，これに対して企業が行うリスクマネジメントの重要な仕組み・制度として，コーポレートガバナンスがある。CSRとコーポレートガバナンスについては，本書の第1章で詳しく解説されているので，ここでは繰り返し説明しないが，補足的に説明すると，コーポレートガバナンスと次に述べる内部統制は，いずれも企業が取り組むべきリスクマネジメントの重要な施策であると認識され，制度化もされてきている。**図表4-3**にコーポレートガバナンスおよびリスク管理・内部統制に関する指針の全体図を示す。

　図表4-3に示されるように，コーポレートガバナンスは，企業がステークホルダーの立場を踏まえた上で，透明・公正かつ迅速・果断な意思決定を行う仕組みである。コーポレートガバナンスが十分機能している企業では，従業員，株主・投資家，取引先，地域社会等に多大な影響を及ぼす可能性がある経営者が主導する企業不祥事等のリスクの発生を，未然に防ぐことが期待される。

　コーポレートガバナンスが株主，監査役会，監査委員会等の企業の経営実践の外部の組織・機関が企業経営（企業経営者）に対して加える規律に対して，内部統制は，企業がその業務を適正かつ効率的に遂行するために企業内部に構

図表4-3　コーポレートガバナンスおよび内部統制の全体図

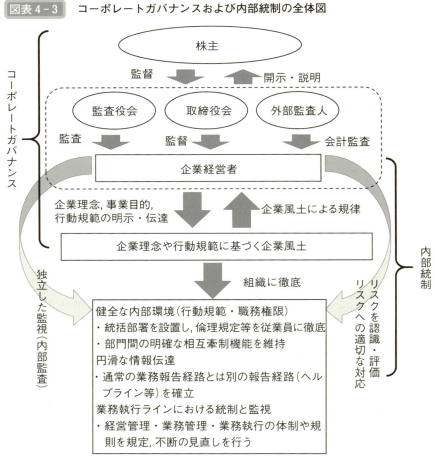

（出所）　経済産業省（2005）「コーポレートガバナンス及びリスク管理・内部統制に関する開示・評価の枠組みについて―構築及び開示のための指針―」をもとに筆者作成

築され，運用される体制およびプロセスである。また，内部統制は，リスクマネジメントと一体に運用されることによって，企業内部の，主として従業員による不祥事等のリスクの発生を，未然に防ぐことが期待されるプロセスでもある。

次に，内部統制とリスクマネジメントの関係を詳しく見てみよう。

第4章 CSRとリスクマネジメント　73

3-4　内部統制

　内部統制は，企業内部の不正を防止する目的で行われるプロセスで，特に従業員および顧客・消費者に影響が大きい。企業内部の不正リスクとは，従業員が関与する財務報告の不正，横領，品質偽装，食品偽装，燃費偽装等であり，発覚すると企業の信用失墜等で企業業績の悪化，廃業，倒産に追い込まれる可能性もある重大なものである。その結果，他の企業不祥事と同様，多くのステークホルダーに多大な影響を及ぼす。

　まず，内部統制という概念の歴史的な背景を概観しよう。内部統制という概念は財務諸表監査の領域で成立したものである。この財務諸表監査の制度は，アメリカで成立し，内部統制の議論は，アメリカがリードしてきた。アメリカでは，企業の不正支出の防止を目的に内部統制の仕組みが整備されてきたが，単に会計・経理に関する内部統制から，経営サイクルを含む経営者の視点からの経営全般にまで拡大した内部統制へと発展する。

　トレッドウェイ委員会組織委員会が，1992年に公表した内部統制の指針「内部統制の包括的フレームワーク」（COSOレポート）では，財務報告の信頼性のみならず，コンプライアンスや業務の効率性をも包含するものとなっている。そして，リスクマネジメントの考え方を取り入れて内部統制の対象とするリスクに対応する方法を示している。

　その後，アメリカでは，2001年のエンロン事件，2002年のワールドコム事件といった大規模な粉飾決算が発覚し，「不正な財務報告」が社会問題化した。そうした状況下で対応策として制定されたのが「SOX法」である。SOX法は，会計，監査，ガバナンスの分野に関連した法律で，経営者に対して，財務報告に係る内部統制の構築責任を表明させ，内部統制の有効性を評価した結果を報告させている。そして，その経営者の評価に対して，財務諸表監査を実施している会計事務所が証明業務を行うことが求められている。

　さらに，トレッドウェイ委員会組織委員会は，「ERM-統合的フレームワーク」を2004年に公表し，事業体の価値の創造や保持に影響するリスクや事業機会に対処するものとして全社的リスクマネジメント（ERM）を提唱した。

　この「ERM-統合的フレームワーク」によると，全社的リスクマネジメント（ERM）とは，事業体の取締役会，経営者，その他の組織内のすべての者に

74 第Ⅰ部 企業からみた CSR

よって遂行され，事業体の戦略策定に適用され，事業体全体にわたって適用され，事業目的の達成に関する合理的な保証を与えるために事業体に影響を及ぼす発生可能な事業を識別し，事業体のリスク選好に応じてリスクの管理が実施できるように設計された1つのプロセスである（COSO, 2008）。ERMの前提は，すべての事業体は，ステークホルダーに対して何らかの価値を提供するために存在するということである。どのような事業体でも不確実性に直面するために，経営者にとっての課題は，ステークホルダーのために価値を高める努力をする際に，事業体がどの程度の不確実性を受け入れる用意があるかを決定することである。

　次に，内部統制の定義をみてみよう。企業会計審議会（2007）『財務報告に係る内部統制の評価及び監査の基準並びに財務報告に係る内部統制の評価及び監査に関する実施基準の設定について（意見書）』によれば，「内部統制は，基本的に，企業等の4つの目的（①業務の有効性及び効率性，②財務報告の信頼性，③事業活動に関わる法令等の遵守，④資産の保全）の達成のために企業内のすべての者によって遂行されるプロセスであり，6つの基本的要素（①統制環境，②リスクの評価と対応，③統制活動，④情報と伝達，⑤モニタリング，⑥ITへの対応）から構成される。」と定義している。内部統制には4つの目的があるが，いずれも企業の事業活動を支援するためのものであり，これらの目的を達成するために経営者は，業務に組み込まれ，組織内のすべての者によって遂行されるプロセスを構築することが求められる。また，基本的要素にリスクの評価と対応があるが，これはリスクマネジメントそのものである。

　内部統制は，適正なリスク管理を行うための前提となるものであり，適正な内部統制が構築されていることがリスク管理というマネジメントを支えていると言える。すなわち，内部統制は，リスクの認識・評価および対応のあり方を踏まえ，リスク管理と一体となった形でダイナミックに整備・運用されなければならない。

　内部統制は法制度でも整備されている。まず，会社法には内部統制の規定がある。取締役会の専決事項として「取締役の職務の執行が法令及び定款に適合することを確保する体制」とともに「業務の適正を確保する体制」の整備が求められている。これは，コンプライアンスを中心とした全社的な内部統制であ

り，コーポレートガバナンスにも関連する。次に，金融商品取引法における内部統制報告がある。経営者が内部統制を評価し報告する「内部統制報告書」を作成・提出することと，その内部統制報告書は公認会計士または監査法人の監査証明を受けなければならないことが規定されている。この内部統制報告制度は，「日本版SOX法」等とも呼ばれている。

このように内部統制は，企業内部の不正を防止する目的で行われるプロセスであり，リスクマネジメントの一部として機能する。内部統制を適正に運用することは，従業員，顧客・消費者等に大きな影響を及ぼす企業内部の従業員等が関与する企業不祥事のリスクを未然に防止する重要な役割を担うものである。ステークホルダーの視点に立てば，企業が内部統制を適正に実施することは，ステークホルダーの期待に配慮する責任を果たすことにつながり，CSRでもあるといえる。

3-5 事業継続計画

2011年3月11日に発生した東日本大震災は，多数の企業に多大な被害を与えた。特に，大震災によって被害を受けた企業を含むサプライチェーンの分断により事業の継続が中断，あるいは困難になった。自動車産業を例にとると，日本の部品メーカーの供給力不足による部品不足は世界規模で操業停止，生産調整を招き，その影響は24カ国，80工場にも及んだ。このように自然災害等で企業の製品・サービスの供給が停止すると，顧客・消費者，取引先へ多大な影響を及ぼすのである。企業はステークホルダーに対して供給責任がある。企業は，様々なリスクに対して，事業を継続させるための取り組みが求められる。

地震，洪水等の自然災害，感染症，テロ，外国における暴動等を含む様々な事象への対応は，21世紀に入り社会セキュリティとしてとして位置づけられるようになった。そして，2012年には「ISO22301：2012　社会セキュリティ―事業継続マネジメントシステム―要求事項」として規格化されるにいたった。この規格では社会セキュリティを「意図的及び偶発的な，人的行為，自然現象及び技術的不具合によって発生する，インシデント，緊急事態及び災害から社会を守ること，並びにそれらに対応すること」と定義されている。

事業継続計画（BCP）は2000年代から政府機関が率先して，その導入を促し

76　第Ⅰ部　企業からみた CSR

てきた。大震災等の自然災害が続発している現状のもとで，企業が効果的な
BCPを構築し，災害時に有効に活用できるような体制を構築することは，社会
から要求される喫緊の課題であろう。しかし，企業のBCPの策定状況は，年度
と共に増加する傾向が認められるものの，東日本大震災を経た2013年度におい
ても国が掲げた普及目標には及ばず，わが国ではBCPの普及が進んでいるとは
言い難い。

　BCPは，事故や災害等が発生した際に，「いかに事業を継続させるか」もし
くは「いかに事業を目標として設定した時間内に再開させるか」について様々
な観点から対策を講じることである。また，丸谷（2008）は，「事業継続とは，
企業や組織にとって欠くことのできない重要な事業（以下「重要業務」とい
う」）あるいは業務を選び，それを許容される時間内に復旧できるようにし，
中断が許されない重要業務は中断させないようにすることである」としている。

　BCPの概念図を**図表4－4**に示す。横軸は時間軸，縦軸は操業度を示し，災
害が発生して以降，何も対策を講じない場合，すなわち現状の予想復旧曲線と，
BCPを実践した場合の復旧曲線をあわせて示している。これら2つの曲線の相
違は，災害発生時にも防災対策を施して目標とする操業度を確保し，さらに事
業継続対策を行って早期に操業を復旧させていることである。すなわち，BCP
を導入する前の「現状の予想復旧曲線」を見ると，災害が発生した直後には操
業は完全に停止し，創業が再開あるいは復旧するまでには長時間がかかる。一
方，BCPを実践することによって，災害が発生しても中断が許されない重要業
務の操業は停止せず，また，災害発生後，事前の計画通り復旧を進めることに
よって災害前の操業度に早く復帰できる。

　事業継続は企業自らにとっても

　・重要業務中断に伴う顧客の他社への流出

　・マーケットシェアの低下

　・企業評価の低下

等から企業を守る経営レベルの戦略的課題と位置づけられる。

　このようにBCPは，企業が遭遇する可能性のある様々なリスクから事業の継
続を守り，ステークホルダーへの供給責任を果たすリスクマネジメントの一部
として機能するものである。BCPを適正に運用することは，顧客・消費者，取

図表4-4 事業継続計画の概念

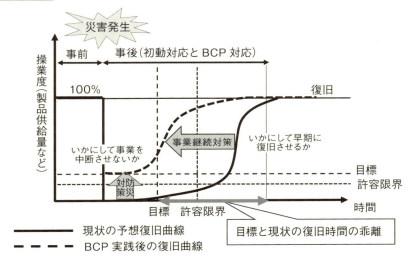

（出所）内閣府防災担当（2009）「事業継続ガイドライン（第2版）」をもとに筆者作成

引先等に大きな影響を及ぼす，地震，洪水等の自然災害，感染症，テロ，外国における暴動等を含む様々なリスクから企業の事業の中断を未然に防止する重要な役割を担うものである。ステークホルダーの視点に立てば，企業がBCPを適正に運用することは，ステークホルダーの期待に配慮する責任を果たすことにつながり，CSRでもあるといえる。

4　CSRとリスクマネジメントの接点

　本章では，リスクとリスクマネジメントを解説し，企業が行うリスクマネジメントの例として，企業経営者が関与する企業不祥事等のリスクを未然に防止することが期待できるコーポレートガバナンス，企業内部の従業員等が関与する企業不祥事のリスクを未然に防止する重要な役割を担う内部統制，および地震，洪水等の自然災害，感染症，テロ，外国における暴動等を含む様々なリスクから企業の事業の中断を未然に防止する重要な役割を担う事業継続計画を取

78　第Ⅰ部　企業からみたCSR

り上げ解説した。そして，これらがステークホルダーの期待に配慮する企業の責任というCSRと，どのように結びつくのかという論点から考察を加えた。そしてこれまで述べてきたように，リスクマネジメントは，ステークホルダーの視点から考えることでCSRと密接に関連することを明らかにした。

　企業がステークホルダーに対して行われる様々なリスクマネジメントは，コーポレートガバナンス，内部統制，事業継続計画だけではない。これら以外にも様々な仕組み・制度によって，多種多様なリスクに対応している。例えば，環境マネジメントは地域社会というステークホルダーに対して，環境配慮をすることによって環境側面に対応している。労働安全衛生マネジメントは，従業員というステークホルダーに対して，作業環境や安全というリスクへの対応が行われているのである。

　このように考えると企業の経営実践で行われる様々なシステムは，ステークホルダーの視点から考えると，リスクマネジメントと呼べるものが多くあることに気づくであろう。このことは，企業がステークホルダーの期待に配慮する責任，すなわちCSRを常に考えて事業活動を行う責任があることの証左でもある。

参考文献■
亀井利明・亀井克之（2009）『リスクマネジメント総論（増補版）』同文舘出版。
COSO（2008）『全社的リスクマネジメント　フレームワーク篇』（八田進二監訳，中央青山監査法人訳）東洋経済新報社。
日本リスク研究学会（2006）『増補改訂版　リスク学事典』阪急コミュニケーションズ。
パワー，M.（2011）『リスクを管理する』（堀口真司訳）中央経済社。
町田祥弘（2015）『内部統制の知識（第3版）』日本経済新聞出版社。
丸谷浩明（2008）『事業継続計画の意義と経済効果』ぎょうせい。

（岡田　斎）

第5章

CSRとレポーティング

●Point●

　私たちが学校や職場，家庭で生活する際には，友人や先生，上司や同僚，家族などからのサポートが欠かせない。そのためには，自分自身の考え方や目標，努力していることなどについて，周囲の人たちに日頃からよく知ってもらっていることが大切である。同じように，企業が社会的責任を果たしてステークホルダーの信頼を獲得するには，CSRについての自社の考え方や活動方針，あるいは活動内容や成果といった情報を，ステークホルダーに伝えることが重要になる。それがCSRレポーティングである。CSRレポーティングは，企業とステークホルダーのコミュニケーションの一端を担う大切な情報開示である。企業は，自分たちが伝えたいこととステークホルダーの知りたいことの双方をよく考えて「何が重要なのか」を判断する必要がある。そしてそれらの情報を分かりやすく，誠実に開示しなくてはならない。

　本章では，CSRを推進するうえでなぜレポーティングが大切なのかについて議論し，CSRレポーティングに求められる内容，さらにマテリアリティ（重要性）の考え方，そして日本企業におけるレポーティングの現状について検討する。そのうえで，よりよいCSRレポーティングのあり方について考察していきたい。

80 第Ⅰ部　企業からみた CSR

1　CSR情報を開示する意義

1-1　「企業の社会的責任を果たす」とは

　企業が社会に対して発信する「情報」といえば，皆さんは何を思い浮かべるであろうか。消費者に商品やサービスを紹介する「商業広告（コマーシャル・メッセージ）」や企業としての考え方をアピールする「企業広告」などは，新聞や雑誌，テレビなどでよく目にする。ほかにも，就職活動を行う学生などに，働きやすさや仕事のやりがいを伝える「リクルート広告」，株主や機関投資家，金融機関などに対して１年間の損益や年度末の財務状況を報告する「財務報告（有価証券報告書やアニュアルレポートなど）」も，企業が発信する大切な情報といえるであろう。

　これらは，目的に応じて伝えるべき対象や内容は異なっている。しかし，いずれも相手に自社のことをよく知ってもらい，商品の購入や企業への共感，求人への応募や株式投資といった行動を促して，企業の事業活動を円滑に進めることを目的としている点では違いはない。

　同様にCSRにおけるレポーティングは，企業が自らのCSRに関する情報をステークホルダーに開示することにより，ステークホルダーとのコミュニケーションを活性化するとともに，ステークホルダーの信頼を獲得し続けることを大きな目的としている。通常は１年に一度，時期を決めてCSR報告書などやホームページによって開示されることが多い。CSRが「社会に対する責任」である以上，企業は自らの責任を果たすための活動を着実に実践することが求められる。しかし，それだけでは決して充分とはいえない。活動や貢献の内容を，ステークホルダーに積極的に発信することが重要なのである。以上の点を踏まえて，本章においては，CSRレポーティングを「企業活動によって発生する環境・社会・経済への影響に関する情報を積極的に開示して，主要なステークホルダーの意思決定に必要な情報を提供し，アカウンタビリティを果たす活動」と定義することにしたい。

　この定義は，以下の①～③に分解できる。それぞれのポイントについて，詳しく考えてみよう。

第5章　CSRとレポーティング　*81*

① 企業活動によって発生する環境・社会・経済への影響に関する情報を積極的に開示する。
② 主要なステークホルダーの意思決定に必要な情報を提供する。
③ アカウンタビリティを果たす。

①では，CSRレポーティングで取り上げるべき情報が環境，社会，経済の3つの領域にわたることを示している。この3つは「トリプルボトムライン」と呼ばれるもので，CSRを考えるうえで不可欠な概念である。第2節および第3節で触れるGRIのガイドラインが環境，経済，社会の三本柱で構成されていることからも，その重要性が理解できる。

①における2つ目のキーワードは「積極的に」である。現在のところわが国においては，CSRレポーティングは法令や制度などによって強制されるものではない。あくまでも企業の自主性に委ねられた活動であり，CSRに関する情報開示をしない企業があっても，それだけで責められるわけではない。しかし現在では，自らの意思で積極的にCSRレポーティングを実施する企業が増えている。それはなぜだろうか。

この点について理解するためには，②に示されたCSRレポーティングの目的に照らして考える必要がある。そこには「主要なステークホルダーの意思決定に必要な情報を提供する」とある。これは，企業にとって重要なステークホルダー，例えば投資先を検討している投資家や就職活動を行っている学生に対して，投資や就職をするかしないかを決定するうえで役に立つ情報を提供することなどを意味する。

CSRレポーティングに含まれる環境・社会関連の情報は，必ずしも企業の業績評価に直結したものではない。しかしそれらの中には，将来の企業価値を左右する情報が含まれている可能性がある。法令違反などの不祥事や環境汚染などの事故などが起きないように日頃から社内で進めている対策，あるいは環境負荷を減らす商品開発の状況などがそれに当たる。こういった情報はステークホルダーにとって，企業の信頼性や潜在的なリスクを評価するうえで大きな意味をもつ。このことからもCSRに関する情報開示を積極的に行う企業が，ステークホルダーからより支持される理由が理解できる。

82　第Ⅰ部　企業からみたCSR

　さらにこうした取り組みは，③のアカウンタビリティを果たすことにもつながってくる。アカウンタビリティとは説明責任を意味しており，account（説明する）とability（能力がある）の2語から成り立っている。この言葉はさまざまな場面で使われるが，元来は権限や資金を託された者（受託者）が，託した者（委託者）に対して，それらを適切に行使あるいは運用したことを説明する責任を意味する。よって国会議員には国民に対する，経営者には株主に対する説明責任が強く求められるのである。

　一方，企業は顧客や株主，従業員など多くのステークホルダーに支えられ，ビジネスを行っている。製品やサービスを創出して社会に便益をもたらす半面，多くの資源を消費し，廃棄物や温室効果ガスを排出して環境への負荷を与えている。そしてこれらの結果として，企業は社会に対してプラスにもマイナスにも作用しうる大きな影響力を持つに至った。よってステークホルダーに対して，その影響力を裏付けとする説明責任が発生するのである。

　環境省『環境にやさしい企業行動結果（平成26年度）』によると，2014年の時点でCSRレポーティングのひとつである環境報告書を作成し公表していると回答したのは上場企業では65.4％である。とくに年間売上高1千億円以上に限ると，約90％の企業が作成していると答えている。CSRレポーティングは，主体的に社会的責任を果たそうとする企業にとって，すでに欠かすことのできないコミュニケーションのひとつになっているといえよう。

1-2　CSRレポーティングの目的と要件

　2010年に発行された，企業など組織の社会的責任に関する規格であるISO26000（詳しくは第1章を参照）では，社会的責任に関するコミュニケーションの果たすべき役割について9つの項目を挙げている。その中でCSRレポーティングと特に関連の深いものには，次のようなものがある。

- ・組織内外で，社会的責任に関するその組織の戦略および目的，計画，パフォーマンス，並びに問題点についての認識を深める機能
- ・ステークホルダーとの対話に関与し，また，対話の場の創出を後押しする機能
- ・その組織が社会的責任に対する自らのコミットメントをどのように果たし，

ステークホルダーの利害および社会全体の期待にどのように対応している
かを示す機能
・時間の経過に伴う影響の変化の詳細を含め，その組織の活動，製品および
サービスがもたらす影響についての情報を提供する機能
・同業組織との比較を円滑化する機能
・その組織に対するステークホルダーの信頼を高めるため，社会的に責任あ
る行動，開放性，誠実さおよび説明責任に関する組織の評価を高める機能

　ここにはCSRレポーティングの基本的な機能と目的が，簡潔に集約されてい
る。それらをフロー図で表すと，**図表5-1**のようになる。
　このようにISO26000では，レポーティングはCSRの取り組みや成果などに
ついて情報開示することによって，まずステークホルダーに対する周知を図り，
次いでステークホルダーとの双方向のコミュニケーションを醸成し，それらの
結果として，ステークホルダーの信頼を勝ち得るという目的を果たすものと位
置付けている。
　ではこの目的を達成するために，どのような情報開示を行うのが望ましいの
だろうか。ISO26000では社会的責任に関する情報開示には，次の7つの要件
を具備する必要があるとしている。

図表5-1　**ISO26000によるCSRレポーティングの機能と目的**

ステークホルダーに知らせる	ステークホルダーとの対話を促進する	ステークホルダーからの信頼を得る
・社会的責任に関する戦略，目的，計画，パフォーマンス，問題点の開示。 ・コミットメントの達成状況，ステークホルダーや社会からの期待への対応の開示。 ・活動や製品，サービスの社会への影響の開示。 ・同業他社との比較の容易化を図る。	・ステークホルダーとの対話の機会の提供	・CSR活動，透明性，誠実さ，説明責任に関する評価を高める。 ・ステークホルダーの信頼を高める。

（出所）　ISO26000にもとづき筆者作成

84　第Ⅰ部　企業からみた CSR

・完全であること

　　社会的責任に関係する全ての重要な活動と影響について開示する必要が
あり，企業が恣意的に取捨選択すべきではないと述べている。「"何が重要
なのか"をどう判定するか」も大切な論点であるが，それについては本章
第3節で検討する。

・理解しやすいこと

　　情報は，その受け手であるステークホルダーの知識や文化的・社会的背
景等に応じて，分かりやすく伝えなければならない。

・関心に配慮すること

　　ステークホルダーが何に関心を持っているのかに注意を払い，それにつ
いて充分に考慮しておくこと。

・正確であること

　　情報は事実に基づいた正確なものでなくてはならない。定量的な情報の
場合は，数値の算出根拠や範囲について明らかにする必要がある。

・バランスが取れていること

　　特定の分野に偏らず，公正であることが求められる。もちろん，企業に
とって都合の悪い情報（ネガティブ情報）を隠したりしてはならない。

・タイムリーであること

　　いくら正確であっても，古すぎる情報はステークホルダーの誤解を招く
おそれがある。また特定の期間についての情報は，対象となる期間を明示
しなくてはならない。

・容易に入手できるようにしておくこと

　　ステークホルダーが必要とする時には，すぐに情報にアクセスできるよ
うにしておくこと。

　これらの要件が満たされて，初めてCSRレポーティングはその目的を達成で
きるのである。

第5章 CSRとレポーティング **85**

2 CSRレポーティングのガイドライン

　CSRレポーティングは，企業が自主的に自社のCSR情報をステークホルダーに対して開示するものであり，強制力のある法令や制度によって開示内容や選定基準が規定されるものではない。そのため，企業に対してその方法を示し，取り組みをサポートするガイドラインが多く存在している。ここでは代表的な3つの例を紹介する。これらのガイドラインはCSRレポーティングのみならず，CSRについての理解を深める手引きとしても有効であり，CSRの実践拡大に果たした役割は大きい。

2-1 GRIスタンダード

　国際的に最も広く採用されているのは，GRIの一連のガイドラインである。GRIとは，UNEPをパートナーとするNGOで，2000年以来サステナビリティレポーティングのガイドラインを発行している。本稿執筆の時点では，2013年に発行された第4版（G4）が使用されているが，2016年10月にGRIはG4に代わる最新版として「GRIスタンダード」を発表した。GRIではこれをサステナビリティ報告に関する世界初の国際基準と位置付けており，2018年7月以降はすべての報告書がGRIスタンダードを参照することを要求している。

　GRIスタンダードはG4の内容をベースとしており，経済，環境，社会のトリプルボトムラインを報告全体の枠組みとする点などを踏襲している。しかし，領域別のモジュラー構成（必要に応じて，分冊を組み合わせる）となった点や，要求事項と推奨事項の表現を明確に区別して分かりやすくした点などにG4との違いがある。

　GRIスタンダードは，**図表5-2**に示すように「基本的な報告原則」など全体に共通する一般基準「GRI 100」と，トリプルボトムラインの各分野に関する特定基準「GRI 200」「GRI 300」「GRI 400」とで構成されている。特定基準はさらに33の領域に細分化されており，それぞれについて報告すべき内容が規定されている。

　GRIスタンダードでは，「報告内容の原則」として，①ステークホルダーの

86 第Ⅰ部　企業からみた CSR

| 図表 5 - 2 | **GRIスタンダードの構成** |

【一般基準】

GRI 100 　（ 3 項目）

・基本的な報告原則

・報告機関の組織概要とガバナンス報告基準

・マネジメントアプローチの情報開示基準

【特定基準】

GRI 200：経済（ 6 項目）

・経済的パフォーマンス

・市場における存在感

・間接的な経済影響

・調達慣行

・腐敗防止

・反競争的行為

GRI 300：環境（ 8 項目）

・原材料

・エネルギー

・水

・生物多様性

・大気への排出

・排水および廃棄物

・環境に関するコンプライアンス

・サプライヤーの環境評価

GRI 400：社会（19項目）

・雇用

・労使関係

第5章　CSRとレポーティング　*87*

- ・労働安全衛生
- ・研修および教育
- ・多様性と機会均等
- ・非差別
- ・結社の自由と団体交渉
- ・児童労働
- ・強制労働
- ・保安慣行
- ・先住民の権利
- ・人権評価
- ・地域コミュニティ
- ・サプライヤーの社会影響評価
- ・パブリックポリシー
- ・顧客の健康と安全
- ・マーケティングおよびラベル表示
- ・顧客のプライバシー
- ・社会経済に関するコンプライアンス

（出所）　*GRI Standards*

包含性（Stakeholder Inclusiveness），②持続可能性の状況（Sustainability Context），③マテリアリティ（Materiality），④網羅性（Completeness）の4項目を定めている。

　①の「ステークホルダーの包含性」とは，企業は報告対象となるステークホルダーを見定めて，報告内容をそれらステークホルダーの期待や興味に応じたものにしなければならないことを意味している。また②の「持続可能性の状況」は，企業の経済，環境，社会の持続可能性に関する活動について報告することを指す。③の「マテリアリティ」とは重要性の意味であり，④の「網羅性」と併せて，報告すべき内容をその重要度に応じて決め，重要と判断された事柄をもれなく報告することを求めている。

　さらに「情報の質に関する原則」として，「正確性（Accuracy)」「バランス

88　第Ⅰ部　企業からみた CSR

(Balance)」「明瞭性（Clarity）」「比較可能性（Comparability）」「信頼性
（Reliability）」「タイミングの適切性（Timeliness）」の 6 項目があげられており，
それぞれの原則に基づいた CSR報告を企業に求めている。

2-2　環境省「環境報告ガイドライン」

　環境省が最初の環境報告書のガイドラインを策定したのは，1997年である。
現在は，2007年に発行された「環境報告ガイドライン（2007年版）」が多くの企
業で使用されている。

　このガイドラインでは，環境報告を「事業者が事業活動における環境負荷及
び環境配慮等の取り組み状況に関する説明責任を果たし，ステークホルダーの
判断に影響を与える有用な情報を提供するとともに，環境コミュニケーション
を促進するためのもの」と定義し，「企業の社会的責任や持続可能性に関する
情報を含む場合であっても，本ガイドラインで言うところの『環境報告書』と
みなします」としている。

　内容を見てみると，まず第 1 章で環境報告書の定義と一般的報告原則などを
示し，続く第 2 章，第 3 章で記載項目の枠組みと具体的な記載項目を紹介して
いる。

　一般的報告原則とは「環境報告書の基本的機能を満たすために必要不可欠な
もの」とされ，次の 4 項目が示されている。

- ・ステークホルダーが期待し，必要とする情報を開示する「目的適合性」。
- ・情報の正確性や中立性，検証可能性を担保する「信頼性」。
- ・幅広いステークホルダーに対して分かりやすく，誤解されないように伝え
　る「理解容易性」。
- ・過去からの経年変化が分かり，他の事業者との間においても一定の範囲で
　比べることができる「比較容易性」。

これらの原則のうちどれか 1 つでも合致しないものがあれば，報告書として
期待される機能は果たせない。

　具体的な記載項目としては次の 5 項目がある。

- ・経営者の緒言（コミットメント）や報告対象範囲，主要指標一覧などの
　「基本的項目」。

第 5 章　CSR とレポーティング　*89*

・環境方針や目標，計画，実績などの「環境マネジメント等の環境経営に関する状況」。
・事業活動全体における物質やエネルギーなどのインプット，アウトプットをもとにした環境負荷量や，その低減対策を示す「事業活動に伴う環境負荷及びその低減に向けた取り組みの状況」。
・事業によって創出される経済価値と環境負荷との関連を示す環境効率指標など「環境配慮と経営との関連状況」。
・コーポレートガバナンスや労働，雇用，人権といった「社会的取組の状況」。

これらについて，個別に具体的な内容を記載していくのである。

近年ではステークホルダーに対する読みやすさや分かりやすさを高める目的から，巻頭に特集記事を組んで重要なトピックを紹介したり，印刷物としてはダイジェスト版のみを発行し，詳細なデータはインターネットで開示したりする企業も多いが，環境報告ガイドラインではこうした創意工夫を推奨している。さらにGRIなど他のガイドラインを紹介して，並行的に参照することを勧めている点も特徴といえよう。

2-3　IIRC国際統合報告フレームワーク

CSRレポーティングの新しいスタイルとして，統合報告がある。これは国際統合報告評議会（IIRC）が提唱した概念で，従来の投資家向け財務報告に盛り込まれてきた財務・経済面の情報に加え，社会面や環境面に関する情報も掲載し，統合的な企業報告として開示しようとするものである。

IIRCが2013年に策定した「国際統合報告フレームワーク」では，統合報告について「組織の外部環境を背景として，組織の戦略，ガバナンス，実績及び見通しが，どのように短中長期の価値創造を導くかについての簡潔なコミュニケーションである」と定義している。

こうした考え方が生まれた背景には，企業が価値を創造し続けるためには，財務的な資本だけではなく，ノウハウなどの知的資源，従業員に代表される人的資本，取引先など社会との関係，さらに自然からもたらされる天然資源や汚染されていない地球環境など，社会・環境面の「資本」も重要であるとの認識

90　第Ⅰ部　企業からみた CSR

がある。企業の活動はこうしたさまざまな「資本」に影響を受け，同時に影響を及ぼしている（詳しくは第6章を参照）。だからこそ企業は，自社が持続的に価値を創造するために，上記の「資本」とどのように相互作用するかを，ステークホルダーに説明する必要がある。

　もう少し具体的に見てみよう。企業は社会のなかでそれぞれが使命やビジョンを掲げて，それらを達成するための戦略を策定し，ビジネスモデルを構築して日々のビジネスを進めている。ビジネスを行うには，前述した「資本」を外部からインプットし，事業活動によってアウトプットに変換する。なおここでのアウトプットには，製品やサービス，研究・開発（R&D）活動によって生まれた特許といったプラス面のものだけではなく，廃棄物，温室効果ガスや環境汚染物質なども含まれている。

　こうしたアウトプットは，企業を取り巻く外部環境に対してプラスとマイナス双方の影響を及ぼす。そして企業自体も外部環境の影響を受けつつ，新たなインプットを取り入れる。このサイクルを日々繰り返すことで企業は持続的に価値を創造し，発展していくのである。

　以上の点を踏まえて，国際統合報告フレームワークでは，企業に対して次の各要素について答えを示すことを求めている。

　　・組織概要と外部環境
　　・コーポレートガバナンス
　　・ビジネスモデル
　　・リスクと機会
　　・戦略と資源配分
　　・実績
　　・見通し
　　・作成と表示の基礎

　統合報告に向けた動きは，欧米を中心に南アフリカやアジア，オセアニア地域にも広まりつつあるが，わが国ではいまだ一般的とは言えないのが現状である。なかには「統合報告」といいながらも，中身は従来の財務報告書とCSR報告書を合本しただけといったものも散見される。しかしIIRCの提示した統合報告の概念は示唆に富んだ有用なものであり，わが国においても今後の展開が

第5章 CSR とレポーティング　*91*

期待されている。

3 マテリアリティを考える

　前節でも触れたように，マテリアリティとは「重要性」を指す。経営資源に限りのある企業がCSRに取り組むには，どんなテーマが自社のCSRの重要課題なのかを見極めたうえで，優先順位を考えて取り組まなくてはならない。

　例えば，世界市場を相手に自動車を販売するA社と，国内で大規模小売店を展開するB社が負うべき社会的責任は，重なっている部分もあるがまったく同じではないはずである。よって当然マテリアリティも，企業によって異なったものになる。

　そこで問題となるのが，マテリアリティの「決め方」である。経営者や企業が独断で決めてしまったのでは，ステークホルダーからの要請に応え，信頼を勝ち得るというCSRの趣旨にそぐわない。こうしたことを背景に，さまざまな組織がマテリアリティを決定するための基準やプロセスを提案しており，多くの企業で採用されている。それらのなかから，代表的な例を見ていこう。

3-1　ISO26000にみるマテリアリティ

　ISO26000では，CSRの課題について「どの課題がその組織にとって最大の意義をもち，最も重要かを判断する基準を策定すべき」とし，判断基準の例として次の4項目を挙げている。
- ・その課題が，ステークホルダーや持続可能な発展に及ぼす影響の程度。
- ・その課題に関して行動をとったこと，または行動をとらなかったことによる潜在的影響の程度。
- ・その課題に対してステークホルダーが抱く懸念の程度。
- ・これらの影響に関して，社会が組織にどんな責任ある行動を期待しているか。

　さらに「課題に取り組むための行動」の優先順位の高さを判断するために考慮すべき点として，以下の6項目を掲げている。
- ・法令や国際規格，ベストプラクティス事例を踏まえた，組織の現在のパ

92　第Ⅰ部　企業からみた CSR

フォーマンス。

・その課題が組織の目的達成能力に著しい影響をおよぼす可能性。

・実施に必要な資源と，潜在的効果の対比。

・望ましい結果を得るためにかかる期間。

・速やかに対処しなかった場合に，コストに重大な影響が生じる可能性。

・実施の容易さ。

　これらを見ると，「課題の重要性」を判断する基準では主に企業の外から，つまりステークホルダーの視点に立った項目が目立つ。一方，「行動の優先順位」に関する考慮事項には，企業のパフォーマンス能力や，許容できる経営資源と効果の関連など，企業の側から検討すべき項目が多い。ここから，ISO26000ではマテリアリティを決定するうえにおいて，ステークホルダーからの視点と企業の内部の視点の双方を基準にしているといえるであろう。

3－2　GRIにみるマテリアリティ

　GRIスタンダードでは，報告を行ううえでの4つの原則のひとつにマテリアリティを位置付けている。企業にとって特に重要である分野を特定して重点的かつ網羅的に報告するとともに，その分野がマテリアルであると判断した理由についても，開示する必要がある。

　GRIスタンダードではマテリアリティを特定するうえで，次の2軸から判断することを要求している。

　①　企業が経済，環境，社会におよぼす影響の大きさ。

　②　ステークホルダーの評価や意思決定におよぼす影響の大きさ。

　ここで注意すべきは，前者において「企業が受ける影響の大きさ」ではなく「企業がおよぼす影響の大きさ」となっている点である。

　①は，企業の事業活動が経済，環境，社会に対しておよぼすプラスとマイナスの影響に関する問題である。影響をおよぼす可能性はどうか，想定される深刻さは，期間は長期にわたるのか，機会となるのかリスクとなるのかといった観点から判定することが重要である。

　①と②に基づく優先順位決定の概念を示したものが，**図表5－3**である。

　マトリックスの横軸に①，縦軸に②の基準を置き，ここに各課題をプロット

第5章 CSRとレポーティング 93

図表5-3 GRIスタンダードによるマテリアリティの優先順位

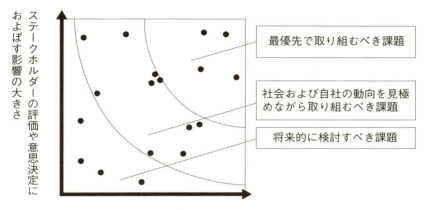

（出所） *GRI Standards*に筆者加筆

した結果，右上に位置付けられたものがマテリアリティの高い課題である。対角線に沿って左下に行くほど，重要性は下がる。優先順位の判定は，図に示したように最重要である右上からの距離に応じて「最優先で取り組むべき課題」「社会及び自社の動向を見極めながら取り組むべき課題」「将来的に検討すべき課題」といった分け方でも差し支えはない。

　このように考えていくと，①の基準は報告原則のなかの「持続可能性の状況」を反映しており，それに対して②は，同じく「ステークホルダーの包含性」に対応していることが分かる。つまり，GRIスタンダードにおける「マテリアリティ」とは，図表5-4に示すように「報告内容の原則」の4つの項目のなかで，「持続可能性の状況」と「ステークホルダーの包含性」2つを受けて，残りの「網羅性」につなぐ重要な位置づけにあることが理解できる。

図表 5-4　GRIスタンダードの「報告内容の原則」におけるマテリアリティの位置づけ

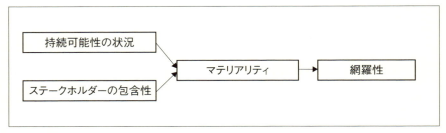

(出所)　筆者作成

4　日本のCSRレポーティング

4-1　企業の取り組み状況

　前述したように，2014年の環境省の調査では，年間売上高1千億円以上の企業では，約90％が環境報告書を作成していると答えており，少なくとも大企業においてはCSRや環境に関するレポーティングが定着していることがうかがえる。ではそれ以外の企業については，どうだろうか。

　東洋経済新報社が毎年発表している「CSR企業総覧　CSR調査　業種別集計結果」から，CSRレポーティングの状況を明らかにしてみたい。この調査は環境省の調査より幅広く，全上場企業と主要な非上場企業を対象としたもので，レポーティングだけでなくCSR活動全体の状況や内容について質問票を送付して，回答を得る方法で実施されている。2015年6月の調査では，3,630社に調査票を送付し，回答した企業1,149社と同社が保有するデータから追加調査を行った176社の計1,325社のデータを集計している。対象となる企業数は異なるが，同様に実施した過年度の結果とともにまとめたものが**図表5-5**である。

　図表5-5からは，環境省の調査と同様にほぼ9割近い企業が，何らかの形でCSRに関するレポーティングを行っていることが読み取れる。またレポーティングの手段としては，紙に印刷する報告書から，ホームページ（WEB）と紙の併用，あるいはホームページのみに主流が移っていることも示されてい

| 図表5-5 | CSR報告実施状況の推移 (2012〜2015年) |

	2012年	2013年	2014年	2015年
紙の報告書のみ発行	17社/2.3%	22社/2.3%	30社/2.9%	25社/2.3%
WEBのみ開示	167社/22.2%	260社/27.5%	291社/28.0%	311社/29.0%
紙とWEBで開示	456社/60.6%	510社/54.0%	556社/53.6%	577社/53.7%
作成予定	87社/11.6%	107社/11.3%	117社/11.3%	122社/11.4%
その他	26社/3.5%	46社/4.9%	44社/4.2%	39社/3.6%
計	753社	945社	1,038社	1,074社

(出所) 東洋経済新報社「CSR企業総覧　CSR調査 業種別集計結果」から筆者作成

る。また図表5-5には示していないが製造業と非製造業の別についても結果が公開されており，両者の実施傾向に大きな差異がないことが明らかになっている。

　調査方法の特性上，CSR活動に前向きな企業からの回答率が高い可能性は否めないが，以上のことからわが国の企業においてCSRレポーティングがかなり普及していることがうかがえる。

　次に，同調査から統合報告の実施状況の推移についても確認してみたい。結果をまとめたのが**図表5-6**である。

　図表5-6からは，「発行している」および「今はないが発行を予定している」と回答した企業の割合は2015年でも20％強と決して多くはないものの，年を追うごとに着実に増加していることが分かる。そしてそれと対照的に「発行していない」と回答した企業の割合が，4年間で10ポイント以上減少していることも読み取れる。ただしこの調査では，統合報告として実質的な内容を伴っているか否かは不明である。あくまでも企業側がそう回答したに過ぎないことに，注意しておかねばならない。

　以上の結果をまとめると，次のようになる。一定規模以上のわが国企業においては，CSRレポーティングはほぼ実践されており，開示のスタイルもステークホルダーの利便性や分かりやすさを配慮して，印刷された報告書とWEBの

96　第Ⅰ部　企業からみた CSR

| 図表 5 - 6 | 統合報告実施状況の推移（2012～2015年） |

	2012年	2013年	2014年	2015年
発行している	100社/11.4%	118社/12.7%	131社/13.7%	162社/16.6%
発行していない	688社/78.4%	680社/73.4%	669社/70.2%	657社/67.4%
今はないが，発行を予定している	33社/3.8%	55社/5.9%	66社/6.9%	68社/7.0%
その他	57社/6.5%	74社/8.0%	87社/9.1%	88社/9.0%
計	878社	927社	953社	975社

（出所）　東洋経済新報社「CSR企業総覧　CSR調査」結果から筆者作成

使い分け，あるいは併用といった工夫が行われている。さらに統合報告についても普及が着実に進んでおり，発行しているあるいは発行を予定している企業が約4分の1を占めるまでになっている。

4 - 2　CSRレポーティングの内容

　ここではわが国のCSRレポーティングについて，その内容の面から考察したい。手がかりは，環境省などが主催する環境・CSRレポートに対する表彰制度「環境コミュニケーション大賞」の入賞作品に対する審査員からの講評である。

　この賞は企業の環境・CSRコミュニケーションを促進する目的で毎年開催されており，第19回となる2016年には302社の応募があった。そのなかから「環境報告書大賞」や「持続可能性報告大賞」など，CSRレポーティングのベストプラクティス98点が選考されている。入賞作にはそれぞれ審査員からの講評が付され，評価された点や改善が望まれる点などが示される。そこで，2015年～2016年の上位作品の講評から現在のレポーティングの最前線の状況を抽出するとともに，今後の発展の方向性について検討を加えよう。

　2年間の上位入賞レポートの講評を見ると，いくつかのキーワードが繰り返し出てくることに気づく。講評には「読みやすい」「分かりやすい」「バランスがよい」など評者の主観に基づく記述が見られるほか，各賞により着目されるポイントが異なっていたりするため，出現数に厳密にこだわる必要はないと思われるが，ほぼ多い順に挙げたのが**図表 5 - 7**である。

第5章 CSRとレポーティング **97**

| 図表5-7 | 「環境コミュニケーション大賞」講評における頻出語（2015〜2016年） |

①	マテリアリティ	⑨	ネガティブ情報
②	長期ビジョン・目標	⑩	ISO26000
③	ビジネス戦略	⑪	CSV
④	統合報告	⑫	ESG投資
⑤	重要評価指標（KPI）	⑬	ステークホルダー
⑥	GRI（G4）	⑭	トップコミットメント
⑦	リスクと機会	⑮	生物多様性
⑧	サプライチェーン	⑯	多言語化

（出所） 環境省『第18回 環境コミュニケーション大賞表彰式パンフレット』『第19回 環境コミュニケーション大賞表彰式パンフレット』から筆者作成

　これまで本章で議論してきた内容をもとに，図表5-7に示した頻出語を検討すると，CSRレポーティングの動向に関するさまざまなテーマが見えてくる。

　まずは，マテリアリティに配慮することの重要性である。IIRCの統合報告の考え方に照らすならば，企業は事業活動を通じて社会やステークホルダーに影響を及ぼすと同時に，企業もそれらからの影響を受ける。この2つの影響が最も顕著に表れてくるテーマが，マテリアリティである。だからこそ，マテリアリティは報告のみならずCSR活動の重要テーマとして，長期ビジョンやビジネス戦略に組み込まれる必要がある。講評においてもマテリアリティの決定プロセスや，どのように実践に活かしているかが多く問われている。

　社会の多様な課題の解決に対して事業を通じて貢献し，社会と企業の双方に共通価値をもたらそうとするのがCSV（第3章を参照）の概念である。この視点に立てば，例えば地球環境の大きな変化はリスクであると同時に，事業上のチャンス（機会）にもなりうる。CSVを果たすにはビジネス戦略を通じて社会課題を見つめ，浮かびあがる「リスクと機会」を冷徹に分析することが重要である。その結果をビジネス戦略に組み込み，活動を実践してゆく。この繰り返しによって企業は共通価値を創造し，ステークホルダーの信頼を勝ち得ていくことができる。またCSRに対するトップの関与の重要性も，ここでは示唆されている。

98 第Ⅰ部　企業からみた CSR

「環境コミュニケーション大賞」の講評から見えてくるのは，こうした持続可能な発展の推進力たるCSRの基本である。ここに立ち返る姿勢を，常に忘れてはならないであろう。

4-3　CSRレポーティングの課題

いうまでもないがCSRレポーティングは，企業のCSR活動についての単なる報告に過ぎない。まずは実践ありきで，報告はいわばその“写し絵”に過ぎないともいえる。しかし，時に影は実体よりも鮮明にその輪郭を映し出すことがある。同じようにCSRレポーティングの検討を通じて，CSRの現状がよりよく把握できる可能性がある。

本章では，CSRレポーティングの意義から議論を起こし，ガイドラインの指し示す事柄およびマテリアリティの考え方について学んできた。そしてレポーティングの先進事例に付された講評から，CSRレポーティングの内容と今後のCSRに求められる姿勢に触れた。

本章をまとめるにあたり，CSRレポーティングの課題について整理する。これまでに指摘したように，CSRレポーティングは一定規模以上の企業では広く実施されている。しかし，前述の環境省の調査では非上場や売上高の低い企業では実施率が低くなる傾向が如実に現れている。ましてこうした調査の対象にならない中堅・中小企業などでは，レポーティング以前にCSRそのものがさほど一般的ではないこともうかがえる。大手企業からサプライチェーンへの展開も見られるようになったが（第7章参照），依然として環境面が主で，社会面となると発展途上にあるといわざるを得ない。まずCSRそのもののすそ野を拡大し，CSRの実践企業の拡大を図ることが望まれる。

また「マテリアリティが適切に策定できており，その過程が記述されている」が環境コミュニケーション大賞での受賞理由となることを勘案するなら，マテリアリティの策定についても，まだ拡大の余地は大きいといえそうである。

さらに，統合報告はCSRレポーティングの新しい波として今後も広まっていくことが期待される。しかし課題は，その実質である。単なる財務報告と環境・社会報告の合本では意味がない。社会とのかかわりのなかで，長期的に価値創造が図れるガバナンスやビジネスモデルが構築できていることが重要であ

第 5 章　CSR とレポーティング　*99*

る。

　ガイドラインとの関連から述べるならば，日本企業は海外から輸入してきた
ガイドラインには比較的従うが，それらに取り上げられていない日本独自の社
会課題，例えば少子高齢化や過疎化，経済格差の拡大による貧困や教育問題な
どに目が向きにくい傾向がある。自社のビジネスを活かした自主的な活動とし
て，こういった社会課題にどうコミットするのか。レポーティングには直接関
連しないが，この点も今後考えてゆくべきであろう。

　さらにたとえ立派な報告書を作っていても，自社にとって都合の悪いネガ
ティブ情報を意図的に隠したり，製品の環境データを改ざんするなど基本的な
誠実さに欠ける企業であれば，もはやCSRレポーティングは意味をなさない。

　最後に，これから皆さんが企業研究を行う際には，有価証券報告書やパンフ
レット類だけでなくCSR報告書にも目を通すことを強くお勧めしたい。本書で
学んだ論点を思い出しながら報告書を丹念に読むことで，その企業についての
理解がより深まるであろう。

参考文献■ ────────────

越智信仁（2015）『持続可能性とイノベーションの統合報告─非財務情報開示のダイナミク
　スと信頼性─』日本評論社。

グレイ，R.，オーエン，D.，アダムス，C.（2003）『会計とアカウンタビリティ─企業社会環
　境報告の変化と挑戦─』（監訳　山上達人），白桃書房。

國部克彦編著（2013）『社会環境情報ディスクロージャーの展開』中央経済社。

宝印刷総合ディスクロージャー研究所編（2014）『統合報告書による情報開示の新潮流』同
　文舘出版。

（藤近雅彦）

第6章

CSRと会計・保証

◆

●Point●

　本章では，おもにCSRと会計との関係について学ぶ。会計とは，一般的には決算書によって，一定期間の取引の結果（売上や利益はいくら計上されたのか）や，ある時点の財務状態（預金や借入金はいくら残っているのか）を金額で示すものである。これは日々の取引を複式簿記によって記録・集計した結果であり，企業の業績や財務状態が分かる。会計は，今日では，小さな個人商店から世界的な大企業に至る全ての経済主体において，なくてはならないものになっている。会計は企業をうまく運営するためのツールであり，また，企業と日常的に関わりを持つ株主や取引先などにとっては，企業の状態を知るための重要なツールとなっている。

　本章では，このすでに多くの人に利用されている会計というツールをCSRの分野でどのように用いることができ，またそれはどのような意味をもつのかについて考えていく。一方で，会計が多くの人に利用されると，その内容の信頼性にも関心がよせられるようになる。このため，その内容が信頼できるものかどうかについて第三者が保証するという行為が求められるようになってくる。そこで，保証の考え方とその内容についても考えていく。

102　第Ⅰ部　企業からみた CSR

1　会計の役割

　CSRと会計について考えるにあたり，まずは「会計」そのものの役割について考えることから始めよう。

1-1　アカウンタビリティ（説明責任）の促進

　自分のお金の運用を他人に託した場合，お金を委託した人（委託者）は，どのようにお金が運用されているか，その結果を知りたいと思うだろう。また，お金の運用を請け負った人（受託者）は，そのことをきちんと説明しないと，今後，信頼してお金を預けてもらえなくなるだろう。そこで，委託者の納得を得るために，会計情報を用いて，利益がいくらでたとか借入金がいくら残っているといったことを説明することが有益であると考えられてきた。

　委託・受託の関係においては，受託者から委託者への説明責任が生じるが，この説明責任のことをアカウンタビリティ（accountability）という。アカウンタビリティとはアカウンティング（accounting）からきているが，アカウンティングとはまさに「会計」という意味である。このことから，アカウンタビリティは会計責任とも呼ばれている。つまり，会計の大きな役割として，アカウンタビリティを促進するということがあげられるのである。

　株式会社は，17世紀の東インド会社がその始まりといわれているが，その後多くの国で発展してきた。株式会社では，企業に自らのお金を託す（出資する）人のことを株主と呼ぶ。通常，株主は企業経営には携わらず経営は経営者が行う。このように，株主は資金の出し手（委託者）であり，経営者は資金の運用者（受託者）となることから，経営者は，資金の運用結果について一事業年度が終了すると，株主に決算書を用いて報告をし，その承認を受ける。今日の株式会社における経営者から株主への会計報告は，まさにこのアカウンタビリティの実践なのである。

1-2　意思決定の支援

　ところで，上場会社などの大規模な株式会社では，自らの資金の運用を経営

第6章　CSRと会計・保証　*103*

者に委託していると考える株主は少ないかもしれない。上場会社の株主は，いつでも自由に市場で株式を売買できるため，企業を自らの資金の投資対象の1つと捉え，業績が向上し株価が上昇すれば，株式を売却して投資の回収を図ろうと考えるだろう。このように，現在では，多くの投資家が企業の業績動向などを評価して投資を行っている。

　ここで，投資の際の意思決定に役立つのが，利益や財務状況を示した決算書などの会計情報なのである。現在，上場会社などの大企業の決算書は，誰もが見ることのできる形で一般に公開されている。投資家とは，現在の株主だけでなくこれから投資をしようと考えている人たち全般をさすことから，このように，広く社会に会計情報を開示し意思決定を支援することで，資本市場が円滑に機能するのである。

　また，現在の企業活動は多くのステークホルダーに影響を与えている。例えば取引先や従業員などは，企業の業績によっては大きな経済的影響を受けかねない。このため投資家以外の多くのステークホルダーにとっても会計情報は意思決定を行う際に有用なものとなっている。

　以上のように，会計には，アカウンタビリティの促進と意思決定の支援という大きく2つの役割が存在するが，現実には両者を完全に切り離すことはできない。一般的な会計情報には，両者の役割を併せ持つ機能が備わっているのである。

2　CSR会計の内容

　会計には2つの役割があると説明したが，CSR情報も同じように捉えることができる。第5章では，CSRレポーティングの定義において，この2つの役割が示されていた。ここでは，それぞれの役割において，会計というツールをCSR情報の開示にどのように活用できるのかについて考えてみよう。なお，会計は，主に外部の利用者に対して情報を伝達する財務会計と，企業内部の経営者の意思決定のための情報を伝達する管理会計に分けることができるが，本章では主に財務会計との関わりで考える。

104 第 I 部 企業からみた CSR

2-1 会計情報とは

　これまで「会計情報」の内容について具体的には定義してこなかった。会計情報について考える前提として，まずは次の3つの情報の提供内容について比較してみよう。

- ・定性的情報：温暖化を防止するための取り組みを行い，地球環境の改善に貢献した。
- ・定量的情報：温暖化を防止するための取り組みを行い，CO_2排出量は1,000トン（昨年よりも10％削減）となった。
- ・金額情報：温暖化を防止するため，1億円の投資を行い，CO_2排出量は，1,000トン（これを市場価格で換算すると50万円）となり，昨年よりも10％削減した。

　これらの違いについてどう感じただろうか。会計情報のメリットは具体性と客観性にある。定性的な説明では具体性がないため，どの程度のことが実施されたのか明確ではなく，「貢献した」の意味は多様に捉えられる。現実には昨年よりわずかな改善であっても読み手は大幅に改善したと考えるかもしれないし，逆のケースもありうるだろう。これに対して定量的な説明では具体性が増しているため，客観的に判断しやすくなる。さらに，金額で説明すると，その価値はよりイメージされやすくなる。また，物量では様々な単位（t-CO_2，m^3，ℓ など）があり比較が難しいが，金額表示では全て円などの通貨で統一的に表示されるため比較がしやすくなる。

　会計情報とは，一般的には金額で示される情報のことをさすが，ここではもう少し広く，定量化された情報（定量的情報と金額情報）として捉える。したがって，CSR会計情報は「定量化されたCSR情報」と定義することができる。

2-2 アカウンタビリティとCSR会計

　先ほど，企業活動は株主以外にも多くのステークホルダーに影響を及ぼしていると説明した。これは単なる経済的な影響だけにとどまらない。例として，環境への影響と従業員への影響について考えてみよう。ちなみに，環境も広い意味ではステークホルダーに含まれると考えられる。

第6章　CSRと会計・保証　*105*

事例1

・資源の有効活用や環境に悪影響が出ないような商品の開発は，環境を改善
　させる。他方，環境への配慮を無視した事業活動は，公害の発生や地球温
　暖化の進行，生態系の破壊などの地球環境の悪化をもたらす。

事例2

・働きやすい職場環境を提供し，多くのスキルを習得させることができれば，
　従業員の能力や働く意欲を高めることにつながる。他方，長時間労働や労
　働事故の多発などの労働環境の悪化は，従業員の健康やモチベーションに
　悪影響をもたらす。

　このように，企業行動の内容次第で，ステークホルダーはプラスの影響もマイナスの影響も受けることになる。このため，特に大企業になれば，そのもたらす影響力の大きさから，ステークホルダーに対する責任ある行動が求められるようになる。このことから，企業にはCSRの実践について，ステークホルダーへの説明責任（アカウンタビリティ）が生じると考えることができるのである。

　それでは，CSRに関するアカウンタビリティの実践を示すのに有用な会計情報とはどのようなものだろうか。企業が責任ある行動を実践しているかどうか，ステークホルダーに対して悪影響を及ぼすような活動を行っていないかどうかを示すことが，ここでは重要となってくる。**図表6-1**には，CSRの主要なテーマである環境，労働，消費者問題について，重要と考えられる会計情報を示した。

　例えば，上記【事例1】の環境保全の取り組み状況を示すには，環境保全のためにどれだけコストをかけたのか，環境法規への違反はなかったのか，エネルギーの使用量やCO_2の排出量はどの程度あり，またこれらの数値が過去からどれだけ削減できているのか，といった会計情報が有用となるだろう。また【事例2】の労働環境の改善状況を示すには，労働安全のためにいくらコストをかけたのか，労働法規への違反はなかったのか，労働事故の件数や残業時間はどれだけあったのか，といった会計情報が有用となるだろう。

106 第Ⅰ部 企業からみた CSR

| 図表6-1 | 主要テーマ別CSR会計情報 |

	環 境	労 働	消費者問題
定量 情報	・エネルギー使用量 ・CO_2排出量 ・水の使用量 ・化学物質の排出量 ・廃棄物排出量 ・資源の循環的な利用 　量 ・環境法規への違反件 　数	・労働時間，残業時間 ・労働事故の件数 ・有給休暇の消化率 ・育児・介護休暇の取 　得率 ・研修時間 ・労働紛争の件数 ・労働法規への違反件 　数	・商品事故件数 ・クレーム件数 ・問い合わせ件数 ・消費者関連法規への 　違反件数
金額 情報	・省エネ対策コスト ・公害対策コスト ・土壌汚染の浄化コス 　ト ・廃棄物処理・リサイ 　クルのコスト ・森林保全・植林のコ 　スト ・環境管理のコスト ・自然資本価値 ・損害賠償・罰金額	・賃金の支給状況（最 　低賃金との差） ・研修のコスト ・労働安全訓練のコス 　ト ・安全衛生管理のコス 　ト ・損害賠償・罰金額	・製品安全のコスト ・品質管理のコスト ・アフターサービスの 　コスト ・顧客プライバシー保 　護のコスト ・損害賠償・罰金額

(出所) 各種ガイドラインを参考に筆者作成

　このように会計情報を用いて定量的・金額的にCSRの実践を示すことは，ア
カウンタビリティを高いレベルで遂行することにつながるのである。

2-3　意思決定支援とCSR会計

　会計情報は，企業をとりまくステークホルダーが企業の経済的な面（収益性
や安全性など）を評価する際の意思決定に役立つものであった。

　ところで，現代の企業経営は，一般的な景気変動だけでなく，規制の強化，
グローバルな政治的動向，環境問題の深刻化によるリスク（温暖化による災害
の多発，農作物への影響など）等々，多様な影響にさらされている。このため，

第6章　CSRと会計・保証　*107*

企業の将来にわたる収益性や安全性などを評価するときに，売上や利益などの財務情報だけでは不十分となってきた。つまり，企業を評価する際に非財務情報の重要性が増してきたのである。非財務情報には，ガバナンスや環境，社会的な側面が含まれる。このことは，CSRの実践内容が，将来の企業価値に影響を与えることを意味している。

　ここでは，従業員と環境への取り組みを例に考えてみよう。

事例3

・従業員が働きやすくなるように職場環境を充実し，能力を引き出せるような支援を行うことは，新製品や新技術を生み出す源泉となり，企業価値を高めることにつながる。

事例4

・地球温暖化の原因となる化石燃料に依存した経営を行っていた場合，将来規制が入って使用が制限されたならば，企業経営に大きな制約となり，将来の利益を減少させる可能性がでてくる。

　これらの事例は，CSRの実践によって将来の企業価値が左右されることを示している。このことは，CSR情報の開示が，企業評価を行うステークホルダーの意思決定に有用な役割を果たすことを意味する。

　また最近では，利益の増加といった企業価値だけでなく，地域社会への貢献や地球環境の改善など，社会にとっての価値の向上やリスクの低減につながる行動を実践している企業に，投資や取引をしたいと考えるステークホルダーもでてきた。このようなステークホルダーには，社会に対してどのような価値を提供し，リスクを低減したのかについて説明することが有用となる。

　それでは，企業評価に有用なCSRに関連する会計情報にはどのようなものが考えられるだろうか。ここでは，企業の実践するCSR活動が将来の企業や社会の価値やリスクに影響を及ぼすような内容が該当するだろう。**図表6-2**には，価値とリスクに影響を及ぼしうる会計情報を示した。価値やリスクへの影響は直接的というよりも間接的，短期よりも長期の視点で考えてみることが有用である。

108　第Ⅰ部　企業からみた CSR

図表 6-2　価値・リスクに影響するCSR会計情報

	価　　値	リ　ス　ク
企業	（定量情報） ・再生可能エネルギーの使用量 ・女性・外国人の雇用・昇進状況 ・特許取得件数 （金額情報） ・新たな環境配慮商品への開発コスト ・従業員のスキル向上のためのコスト ・ブランド・特許等への投資・収入	（定量情報） ・CO_2排出量 ・再生可能エネルギーの使用量 ・環境汚染物質の排出量 ・労働事故件数，病気休業者数 ・製品事故件数 （金額情報） ・再生可能エネルギーへの投資額 ・従業員の労働・安全のためのコスト ・損害賠償・罰金額
社会	（定量情報） ・森林保全・植林の面積 ・障がい者の雇用率 ・環境・安全性能の高い商品の開発割合 （金額情報） ・森林保全・植林のコスト ・自然資本価値 ・社会的弱者のための商品開発コスト ・エコ商品・フェアトレード商品の売上 ・寄付，地域貢献の金額 ・地域経済への波及効果	（定量情報） ・CO_2排出量 ・環境汚染物質の排出量 ・残業時間 ・労働事故件数，病気休業者数 ・製品事故・クレーム件数 （金額情報） ・環境汚染の浄化・処理コスト ・従業員の労働損失金額 ・損害賠償・罰金額

（出所）　各種ガイドラインを参考に筆者作成

　例えば，上記の【事例3】について評価するには，従業員のスキル向上のためにいくらコストをかけたのか，特許の取得件数はどれだけあるのか，といった情報が有用と考えられる。また【事例4】について評価するには，再生可能エネルギーの使用量やそのための投資額，CO_2排出量といった情報が有用とい

えるだろう。

　また，これらの情報は，他の企業との比較で判断することが有用である。会計情報の特徴は，比較がしやすいという点にあったが，CSR会計情報を開示することは，企業間比較を容易にし，企業評価のための意思決定を促進することにつながるといえるのである。

　ところで，単に一覧表などの形でCSR会計情報を開示するだけでは，その内容を十分に伝えることはできない。定性的な内容を裏付ける形でCSR会計情報を開示することが重要である。

　なお，一般的な会計情報と同様，CSR会計情報もアカウンタビリティと意思決定支援のどちらか一方の役割に明確に区分されるものではなく，多くの情報は，両者の役割を併せ持っているといえる。

3　CSR会計に関するガイドライン

　CSRの実践内容について会計を用いて示すことは，多くのガイドラインで示されている。ここでは代表的なガイドラインにおいて，会計情報がどのように規定されているのかについて紹介しよう。

3-1　環境会計ガイドライン

　環境会計ガイドラインは，環境省によって策定されたもので，「環境会計ガイドライン2005年版」が最新版となっている。これは，CSR全てを包含するものではないが，環境部分については包括的に会計としての枠組みを規定しており，日本における環境会計の普及に大きな影響を与えた。

　ガイドラインでは，環境会計を「企業等が持続可能な発展を目指して，社会との良好な関係を保ちつつ，環境保全への取組を効率的かつ効果的に推進していくことを目的として，事業活動における環境保全のためのコストとその活動により得られた効果を認識し，可能な限り定量的（貨幣単位または物量単位）に測定し伝達する仕組み」と規定している。環境会計は，企業の環境保全の取り組みの促進や，アカウンタビリティの実現にとって重要な役割を果たすものである。

110 第Ⅰ部　企業からみた CSR

　ガイドラインでは，開示すべき内容として，以下の3つの項目を示している。

　・環境保全コスト：環境負荷の発生の防止，抑制または回避，影響の除去，
　　発生した被害の回復またはこれらに資する取り組みのための投資額および
　　費用額。貨幣単位で測定。

　環境負荷とは，環境に与える影響であり，それをなるべく低くするための取り組みや，すでに悪影響を及ぼしているならばそれを回復させるための取り組み（これらの取り組みを「環境保全」と呼ぶ）についてどれだけお金を投じたのかを示すものである。長期に利用できる設備などへの投資額と短期に費消される経費的なものへの費用額からなる。

　・環境保全効果：環境負荷の発生の防止，抑制または回避，影響の除去，発
　　生した被害の回復またはこれらに資する取組による効果。物量単位で測定。

　環境保全活動の結果としてどのような環境改善があったのかを示すものである。環境が改善したとは，空気や水がきれいになったということであるため，具体的には，環境負荷物質の物量が減少したことを効果として示す。

　・環境保全対策に伴う経済効果：環境保全対策を進めた結果，企業等の利益
　　に貢献した効果。貨幣単位で測定。

　環境保全活動は環境を改善するために行うもので，企業の利益のために行うものではない。ただし，省資源に努めた結果，原材料代が節約できたなど，企業利益に貢献する例も多くある。このような利益は，環境保全活動を推進するモチベーションを高めることにもなるし，株主などの納得を得るためにも役立つといえる。

　具体的な事例を使って説明しよう。

事例5

　当年度，省エネルギーおよび温暖化の防止を目的として，省エネ機器を1,000万円で購入した。これによって電気の使用量が100,000kWhから90,000kWhに減少し，このためCO_2の排出量が50トンから45トンに減少した。さらに電気の使用量が減ったことで電気代が30万円削減できた。

　この場合，環境会計としては，**図表6-3**のような情報が開示される。なお，実際のガイドラインでは，一体型ではなく，それぞれ独立した表として示され

第6章 CSRと会計・保証 *111*

図表6-3 【事例5】環境会計の開示例

環境保全コスト		
分類	主な取り組みの内容	投資額（円）
地球環境保全コスト	省エネ機器の購入	10,000,000
環境保全効果				
	環境パフォーマンス指標（単位）	前期（基準期間）	当期	基準期間との差
事業活動に投入する資源に関する環境保全効果	電気使用量（kWh）	100,000	90,000	10,000
事業活動から排出する環境負荷に関する環境保全効果	CO_2排出量（t-CO_2）	50	45	5
環境保全対策に伴う経済効果		
効果の内容		金額（円）
費用節減	省エネルギーによる電気代の節減	300,000

(出所) 環境省「環境会計ガイドライン2005年版」をもとに筆者作成

ている。

　環境保全コストは，環境保全のためにかけた金額（10,000,000円）が示される。そして，これによって環境への影響はどの程度改善されたのかが，環境保全効果として物量で示される。ここでは環境負荷を示す指標として，電気使用量とCO_2排出量が選択され，それが前年から減少した量（電気の使用量は10,000kWh，CO_2は5トン）が環境保全効果として示される。さらに，このような活動によって企業の利益に貢献した内容として，経済効果が金額で示される。ここでは電気の使用量の減少に伴い，電気代（企業の費用）が減少し，利益の増加に300,000円貢献したことが示される。

　このように，環境会計は，環境保全の取り組みがもたらす企業と社会（環境そのもの）への影響を，金額と物量で示すことができる。また，一覧表の表示様式を示していることから，簡潔で見やすく企業間の比較がしやすいというメリットがある。

3-2 GRIスタンダード

第5章で学習したように，GRIは，サステナビリティ報告のための世界的なガイドラインであるGRIガイドラインを2016年にGRIスタンダードとして改訂した。この中の特定のトピックに関する基準（200，300，400）では定量的・金額的な指標が示されていることから，これはCSR会計情報を取り扱ったものと考えられる。基準は，自社にとってマテリアルであると判断したトピックについて，これらの指標を用いて説明することを求めている（マテリアリティについては，第5章3-2参照）。このうち，特に金額的な指標について，**図表6-4**に示している。

ところで，GRIスタンダードのいう「経済」は，ステークホルダーの経済状況や地域・国家・グローバルなレベルの経済システムに対する経済面での影響に焦点をあてており，企業に対する経済的影響である財務情報（決算書など）とは異なるものである。

例えば，「創出，分配した直接的経済価値」（No.201-1）は包括的な金額情報で，創出した直接的経済価値（収入）と分配した経済価値（事業コスト，従業員への賃金と福利，資本提供者に対する支払い，政府に対する支払い，コミュニティへの投資），留保している経済価値（差額）を示すものである。これは，企業がどのくらい経済価値を生み出し，またそれをどのようにステークホルダーに分配したのかを示すもので，財務会計の利益とは異なる見方を示している。つまり，財務会計では，従業員のため，地域や環境保全のためにお金をかけたとしても，これらは費用として利益を減少させてしまうため，CSRを実践している企業の方が利益面でみると評価を下げてしまうことがある。これは，財務会計の利益計算が，会社の法的な所有者である株主の持分の算定を目的とすることに起因している。株主は企業にとって主要なステークホルダーではあるが，他にも重要なステークホルダーは存在している。企業をとりまくステークホルダー全体からみた場合，従業員や環境保全にお金をかけたということは，それぞれのステークホルダーに対して経済的な貢献をしたことを示しており，CSRの面からは評価すべき点であると考えることができるのである。この関係を示したのが**図表6-5**である。

これをみると，財務会計では費用としてマイナスされた項目は，経済価値の

第 6 章　CSR と会計・保証　*113*

図表 6 - 4　GRIスタンダードの金額指標

基準 No.	基準タイトル	開示 No.	内　　　　容
201	経済パフォーマンス	201- 1	創出，分配した直接的経済価値
		201- 2	気候変動による財務上の影響，その他のリスクと機会
		201- 3	確定給付債務と他の退職金制度
		201- 4	政府から受けた財務援助
202	市場での存在感	202- 1	地域最低賃金に対する標準最低賃金の男女別比率
203	間接的な経済的影響	203- 1	インフラ投資および支援サービス
		203- 2	著しい間接的な経済的影響
204	調達慣行	204- 1	地元サプライヤーへの支出の比率
307	環境コンプライアンス	307- 1	環境法規制の違反（重大な罰金の額）
401	雇用	401- 2	派遣社員とアルバイト従業員には支給せず，正社員に支給する給付
405	多様性と機会均等	405- 2	女性の基本給と報酬の対男性比
415	公共政策	415- 1	政治献金
419	社会経済コンプライアンス	419- 1	社会・経済分野における法規制違反（重大な罰金の額）

（出所）　*GRI Standards*をもとに筆者作成

創出と分配ではステークホルダーへの分配を示しており，また，株主への配当は従業員へ支払った給料などと同レベルで表示されていることが分かるだろう。なお，純粋に企業が生み出した価値は，売上から外部からの仕入などを控除した部分（図表 6 - 5 では 10,000 マイナス 4,000 の 6,000 ）であり，これを一般的には付加価値と呼ぶ。この付加価値の創出と分配を示す会計は付加価値会計と呼ばれており，CSR会計においては中心的な会計と考えられている。

114　第Ⅰ部　企業からみた CSR

| 図表6-5 | 財務会計と経済価値の創出と分配 | （単位：百万円） |

外部組織 —仕入・経費 4,000→ 企業活動 —売上 10,000→ 外部組織

財務会計	
売　上	10,000
仕　入	-3,000
賃金給料・福利厚生	-3,000
環境保全活動	-500
地域への寄付	-200
その他経費	-1,000
利　息	-300
税　金	-800
利　益	1,200
株主への配当	700
内部留保	500

経済価値の創出と分配	
（創出した直接的経済価値）	
売　上	10,000
（分配した経済価値）	
仕入・経費	4,000
従業員	3,000
環境保全	500
地域社会	200
資本提供者（債権者）	300
資本提供者（株主）	700
政府・地方自治体	800
（留保している経済価値）	
残額	500

出所：筆者作成

3-3　IIRC国際統合報告フレームワーク

　第5章で学習したように，新たなCSRの報告スタイルとして，企業の長期に
わたる価値創造について説明することを目的とした統合報告が注目を集めてい
る。本章2-3では，近年，企業評価の面で非財務情報の重要性が増してきた
と説明したが，IIRCの国際統合報告フレームワークはこの点を重視したもの
となっている。ここでは，以下のように，伝統的な財務会計上の資本以外にも
多様な資本を示している。

　　・財務資本：組織が製品を生産し，サービスを提供する際に利用可能な資金。
　　　借入，株式，寄付などの資金調達によって獲得される，または事業活動も
　　　しくは投資によって生み出された資金。

　　・製造資本：製品の生産またはサービス提供にあたって組織が利用できる製
　　　造物。

　　・知的資本：組織的な，知識ベースの無形資産。

　　・人的資本：人々の能力，経験およびイノベーションへの意欲。

　　・社会・関係資本：個々のコミュニティ，ステークホルダー・グループ，そ

の他のネットワーク間またはそれら内部の機関や関係，および個別的・集合的幸福を高めるために情報を共有する能力。

・自然資本：組織の過去，現在，将来の成功の基礎となる物・サービスを提供する全ての再生可能および再生不可能な環境資源およびプロセス。

フレームワークでは，企業活動によってこれらの資本が増減することで，企業の価値が影響を受けるという関係を示している。また，これらの資本は企業そのものの価値に影響するだけでなく，社会的な価値（他者に対する価値）にも影響する。そして社会的な価値は，将来の企業価値にも影響を及ぼす可能性があるため，企業価値だけでなく企業価値に関連する社会的価値に関してもその影響を示すことが必要となる。従って，多様な資本がどのように，企業活動と関連して，企業や社会の価値創造に影響するのかを説明することが重要となってくる。

　第2節2-3の【事例3】は，人的資本を高めるための取り組みが企業価値につながると言い換えることができる。また【事例4】は，自然資本を劣化させるような行動により直接的には社会的価値に影響を及ぼすが，これは将来的には企業価値にも影響を与えることを示している。

　フレームワークでは，統合報告書の全般的な内容についての原則や記載内容を規定し，それらの基礎となる概念を説明している。ここでは，特定の指標やその測定方法，具体的なテーマについては示していない。このような規定の方法を原則主義と呼び，逆に細かく開示内容を規定する方法を細則主義と呼ぶ。原則主義では，基本となる考え方のみ示し，具体的な開示項目やその測定（計算）方法については自らで判断することを求めている。このため，フレームワークでは，多様な資本についての考え方のみを示し，これを具体的にどのように開示するかは企業にその判断を委ねているのである。なお，資本とは，もともと会計上の用語であるため，金額的な開示が求められているようにも読めるが，必ずしも定量的・金額的に示すことは求められてはいない。しかしながら，定量的・金額的な会計情報で示すことの有用性は先に述べたとおりである。

　上記に示したガイドラインは，その目的が異なることから，求める開示内容も異なっている。対象範囲としては，環境会計ガイドラインはあくまで環境に

116 第Ⅰ部　企業からみた CSR

関する内容を，GRIスタンダードと国際統合報告フレームワークは，環境以外も含めたCSR全般を対象としている。また，環境会計ガイドラインとGRIスタンダードは主としてアカウンタビリティの履行を第一義的な目的としているのに対して，国際統合報告フレームワークでは，企業評価のための意思決定支援を第一義的な目的としている点からも相違が生じている。

4　CSR会計の開示

　CSR会計を，CSRに関する金額情報だけでなく定量的情報を含めて定義すると，CSR報告を行っているほぼすべての企業がこれを開示していることになる。一方，これを金額情報に限定すると，開示している企業は大きく減少する。この中でも，環境に関連した環境会計（図表6-3）の開示割合は大きいものの，環境以外の開示は非常に少ないのが現実である。

　このような中で，環境以外の分野も含めて金額情報を長年にわたり開示しているのが，富士フイルムホールディングスである。ここでは，実際の開示例を**図表6-6**に示した。

　富士フイルムホールディングスでは，ここに示した労働環境・社会会計と，環境会計ガイドラインを参考にした環境会計をあわせて「サステナビリティ会計」と呼んでいる。労働環境・社会会計は，労働環境の整備や社会貢献に要した支出をステークホルダー別に集計したものである。

　先に示した経済価値の分配や付加価値会計も，ステークホルダー別の支出を示すものであるが，両者の内容は異なっている。つまり，経済価値の分配では各ステークホルダーに対する支出を基本的にはすべて集計しているのに対して，労働環境・社会会計では労働環境の改善や社会貢献のために特別に支出した部分だけを集計しているのである。このため，給料や税金，利息といった，特にCSR活動と直接的には関係しない部分は入っていない。これは環境会計の集計方法と類似している。

　経済価値の分配や付加価値会計は，支出の内容よりも，企業の生み出した経済価値の分配のバランスを見るのに有用である。特に，経済環境が変化したときに，分配バランスがどのように変化しているのかを分析することで，企業が

第6章 CSRと会計・保証 *117*

| 図表6-6 | 富士フイルムホールディングスのサステナビリティ会計 |

労働環境・社会会計の内訳 （単位：百万円）

ステークホルダー	目　　　　的	コスト合計	
		2014年度	2015年度
従業員	労働安全衛生	1,567	1,903
	人材育成	2,655	3,011
	多様性の確保	1,088	829
	働きやすい職場づくり	1,323	1,194
お客様	お客様対応・安全確保	282	258
将来世代	将来世代への教育活動	3	12
コミュニティ（地域社会・行政）	地域社会との調和	62	94
	社会への文化芸術振興（国内）	813	902
国際社会	国際社会の文化・社会への配慮	8	103
NGO・NPO	NGO・NPOとの協働	19	17
調達先	製品への配慮	59	57
合　　　　計		7,880	8,382

（出所） 富士フイルムホールディングス「サステナビリティレポート2016」

どのステークホルダーを重視しているのかを知ることができる。

　一方，労働環境・社会会計はCSRの実践に直接的に関連する支出のみを集計していることから，CSRについてのアカウンタビリティを具体的かつ客観的に示すことができるとともに，企業価値への影響を判断するうえで有用な情報を示すことにもつながっている。

5　CSR情報の保証

5-1　保証の意義

　CSR情報がアカウンタビリティの実践や意思決定に役立つといっても，その情報が信頼できるものでなければ意味がない。また，開示される内容が自社に都合の良いものばかりであっても問題である。情報が本来の役割を果たすため

118 第Ⅰ部 企業からみた CSR

には，必要な情報が過不足なく開示され，その情報に重要な誤りがないことが必要である。誤りには，単純ミスだけでなく，意図的に誰かを騙すための誤りも含まれる。そして，このような問題に対処するために実施されるのが「保証」と呼ばれる行為である。

　保証とは，ある情報や行為について，情報作成者（行為者）とは独立した第三者がその信頼性を確かめ，その結果を報告する行為のことで，代表的なものに「監査」と呼ばれるものがある。現在では，会計監査，環境監査，行政監査，システム監査など，法律でその実施が強制されるものから，任意に行われるものまで多様な監査が行われている。監査は外部の専門家に依頼して実施されることから，当然コストがかかる。では，なぜわざわざコストをかけてまで，監査といった保証行為を行う必要があるのだろうか。ここでは，歴史的な監査の成立とも関連の深い決算書の監査（会計監査）について考えることから始めよう。

　すでに説明したように，決算書はもともと，経営者が資金の出し手である株主に対して資金の運用状況を説明するツールとして使われてきたもので，会計のアカウンタビリティとしての役割を果たすものである。ところで，この時，実際は赤字なのに，それを良く見せようと決算書をごまかして利益が出ているかのように開示し（これを粉飾と呼ぶ），あとになって，会社が倒産してしまったような場合，誤った決算書を信じて資金を投資した株主は大損害を被ることになる。このような粉飾事件は歴史的に何度も繰り返されてきた。経営者は業績が悪化すると，解任されたり報酬が減らされたりするため，業績を良く見せたいと思うことが多い。このため，必ずしも誠実な報告を行うとは限らないのである。そこで，経営者とは独立した専門家である会計士が，決算書が信頼できるものかどうかを保証する監査という行為が法律などで規定されてきたのである。

　このように，情報の作成者である経営者と利用者である株主との間に利害対立が存在する場合，監査などの保証行為が求められるようになる。また，その情報の重要性が高く，もし内容が誤っていたら，利用者に多大な損害をもたらすような場合で，その内容を利用者が自分で調べることが難しい場合（内容が複雑など）には，社会的な制度として保証行為が求められるようになるのであ

る。このような構図はあらゆる情報開示において成立する。つまり，情報の作成者と利用者との間に利害対立があり，その情報の重要性が高く，また情報が複雑であればあるほど保証という行為が必要となってくるのである。

　ここで，CSR情報について考えると，持続可能な社会の実現の要請の高まりや，企業評価の点で，今後ますますその重要性が高まってくるといえる。そして，その重要性が増せば増すほど，作成者には，その内容を良く見せたいというインセンティブが働くことから，保証が重要性を持つことになるのである。

5-2　保証の基準

　ところで，保証行為はその成立条件が整ったからといって，どのようなケースでも実施できるわけではない。保証は客観的なものでなければならず，保証を行う人が専門家であるからといってその人の判断にすべてを委ねているわけではない。一定の能力を有するAさんとBさんが保証行為を行った場合に，基本的には同じ結論に達する必要がある。このため，保証を実施するのに最低限必要な条件として，一般に受け入れられる作成（行為）基準と保証基準の存在がある。つまり，保証を行う人は，その情報が作成基準に従って適正に作成されているかどうかを，保証基準に従って客観的に立証していくのである。

　ここで，作成基準とは，決算書であれば会計基準であり，CSR報告であれば，CSR報告の作成基準が該当する。先ほど紹介したGRIスタンダードはこれに該当する基準といえるであろう。

　また，保証を行う際の保証基準としては，国際保証業務基準3000（ISAE3000）「過去財務情報の監査又はレビュー以外の保証業務」，「AA1000保証基準2008」（AA1000AS）といった国際的な基準がある。ここでは，簡単にこれらの内容を紹介しよう。

(1)　ISAE3000

　国際的な公認会計士の団体である国際会計士連盟（IFAC）の中の国際監査・保証基準審議会によって策定された基準で，主として会計士向けに，非財務情報の保証行為全般を実施する際の指針を示したものである。このため，一般的な会計監査に類似したアプローチをとっており，開示された情報の信頼性について保証することが主な目的となる。なお，CO_2などの温室効果ガスの保証に

120 第Ⅰ部　企業からみた CSR

特化した保証基準であるISAE3410「温室効果ガス報告に対する保証業務」も策定されている。

(2) AA1000AS

AA1000ASは，世界的なCSRのコンサルティング組織であるAccountAbilityによって策定されたサステナビリティ報告のための保証基準である。そのベースとして，サステナビリティについての説明責任を果たすための原則である「AA1000 AccountAbility原則基準2008」（AA1000APS）が策定されている。AA1000ASは，AA1000原則を充足しているかどうかの保証をベースに，開示情報の信頼性についての保証の基準を示している。このため，開示された情報だけでなく，その作成プロセスにも重点を置いた内容となっている。

5-3　保証の実務

CSR情報の保証を実施するのはどのような人たちなのだろうか。保証を実施する人には何らかの資格が必要なのだろうか。

現在のところ，CSR情報の開示が任意であるため保証実施者についても法律などで定められてはいない。ただし，保証の結果を情報の利用者が信頼しなければ意味がないため，専門的知識や倫理観を有していること，保証対象となる企業との間に利害関係がないことなどが必要な条件となる。実際には，会計事務所（グループ会社が実施することが多い），ISOの認証機関，CSR関連のコンサルタント会社などが業務を行っている。

それでは，保証業務とはどのような内容なのだろうか。

多様な機関が保証を実施していることから，その内容は一様ではないものの，保証とは開示された情報が正しいかどうかを検証する業務である。このため，保証業務には，開示情報とその作成根拠となる資料とを突き合わせて，それが正確かどうかを確かめるイメージがあるかもしれない。確かにそのような作業も重要な手続ではあるが，保証対象とするすべての情報について，根拠資料と突き合わせる作業では，情報量の増大に対応できない。つまり，時間やコストがかかりすぎて現実的ではなくなってしまうのである。またこのような作業だけでは「木を見て森を見ず」という結果にもなりかねず，全体的に問題がないかどうかという視点がおろそかになりがちである。そこで，通常はリスクベー

スの視点で保証業務を行う。これは，どこに誤りが起きやすいのか（リスク）を最初に検討しておいて，リスクの大きいところに集中的に資源を投入するように業務の実施を計画するのである。リスクを判断するには，企業がおかれている環境を理解するとともに，企業の内部管理状況を確かめる必要がある。この内部管理状況を確かめることは，保証を受ける企業にとっても意義がある。CSR報告を行うには，その前提としてCSR活動の実践があり，その活動が適切に管理され，報告につながっていることが重要である。内部管理上の問題は，企業が効率的・効果的な仕組みを構築できていないことを意味する。したがって，このような問題点を外部の目を通して把握し改善につなげることで，CSR活動の実効性が高まっていくのである。

　日本では，多くの企業がCSR情報を開示しているが，それに対して保証を付しているケースはそれほど多くはない。ただし，大企業を中心に保証を付すケースが見られる。そこでは，CSR報告全体を対象とするよりも，その中の一部の情報を対象としていることが多い。例えば，環境情報の中のCO_2排出量に対する保証である。CO_2排出量は，温暖化防止への関心の高まりとともに，情報の重要性が高くなっていることや，具体的な計算の基準や保証の基準が整備されており，客観的に適正性を確かめやすいことなどから，保証を付すケースが多いものと思われる。

　現在，CSR情報の開示自体が任意のものが多く，保証も制度化されてはいないが，CSR情報の重要性の高まりとともに，保証の重要性も高まってくるものと思われる。

参考文献■────────────────────
青木脩・後藤幸男・山上達人（1977）『付加価値会計』中央経済社。
國部克彦・伊坪徳宏・水口剛（2012）『環境経営・会計（第2版）』有斐閣。
桜井久勝（2016）『財務会計講義（第17版）』中央経済社。
柴田英樹・梨岡英理子（2014）『進化する環境・CSR会計』中央経済社。
山浦久司（2015）『監査論テキスト』中央経済社。

（牟禮恵美子）

第 7 章

ＣＳＲとサプライチェーン

●Point●

　経済の急速なグローバル化が進み，企業は世界各地から資源を調達し，組み立てた製品やパッケージ化したサービスを世界中の顧客に提供している。同時に，資源調達の川上から消費者に至る川下まで，そのサプライチェーンはますます広大に，かつ複雑になっている。このような状況の中，企業にとって自社のサプライチェーン全体を把握することが困難であることは想像に難くない。しかし近年，企業は，CSR調達やGHGプロトコルスコープ３に準拠したCO_2排出量の算定など，サプライチェーンにおける取り組みを積極的に拡大している。また，より低炭素な企業活動を支援する金融の枠組み整備を目的とした機関投資家のためのモントリオール・カーボン・プレッジのほか，グリーン経済や循環経済といったサプライチェーンにおける取り組みを基本とした国際的なイニシアチブや戦略も拡大傾向にある。本章では，今なぜサプライチェーンにおける取り組みが必要なのか，そして，企業が社会の課題を改善していく戦略的なCSR活動を行うためには，サプライチェーンにおけるどのような取り組みが必要なのかを実際に行われている具体例を取り上げながら考察する。

124　第Ⅰ部　企業からみた CSR

1 CSRのためのサプライチェーンマネジメント

　私たちが普段，手にする様々な製品やサービスは，製品やサービスごとの企業1社によって製造され，提供されたものではなく，原材料や部品の調達から始まり，製品の製造，在庫管理，販売から配送をそれぞれに担当する膨大な数の企業を経て，初めて私たちの手元に届けられる。サプライチェーンとは，まさにこの原材料の調達から始まる製造，在庫管理，販売，配送までの全プロセスの流れであり，私たち消費者の手元に製品・サービスが届くまでに介在するすべての企業活動を含む。したがって，サプライチェーンマネジメントとは，サプライヤー（供給企業）や製造業者，工場，倉庫や物流業者，店舗，小売業者のすべてを考慮に入れたマネジメントとなる。D.スミチ-レビ他（2002）では，サプライチェーンマネジメントとは，「供給，生産，倉庫，店舗を効果的に統合するための一連の方法であり，適正な量を，適正な場所へ，適正な時機に生産・配送し，要求されるサービスレベルを満足させつつ，システム全体の費用を最小化することを目的とする」と定義づけられている。

　これに対し，CSRのためのサプライチェーンマネジメントとは，バイヤー（調達企業）がサプライヤーに対して，CSRに関する調達基準（行動規範）を提示し，遵守状況をモニタリングし，問題があれば是正措置を講じて改善を積み重ねていくという一連のプロセスを通して，サプライヤーのCSRに対する意識を高めるとともに，サプライチェーンに潜在するリスク（環境，人権，労働，安全衛生などに関わる）を低減することを目指すものである。そして最終的には，バイヤーとサプライヤーとの継続的な協働によって，製品やサービスの社会的信頼性を高め，サプライチェーン全体の価値を向上させることを目的としている。特に，環境の視点を取り入れたグリーンサプライチェーンマネジメントについては，近年注目を集めており，國部他（2015）では，日本企業の低炭素型サプライチェーンマネジメントの現状について分析し，バイヤーとサプライヤー間の取引関係の特徴を明らかにしつつ，購買部門の部門目標における環境パフォーマンスの重要度が低炭素型サプライチェーンマネジメントに大きな影響を及ぼすことなどを指摘している。

第7章　CSRとサプライチェーン　*125*

　藤井・海野（2006）は，CSRを大きく次の3つに分類している。1つには企業活動のプロセスに社会的公正性や環境への配慮を取り入れ，社会（ステークホルダー）や地球環境に与える「負」の影響を限りなくゼロに近づける取り組み。2つには，より積極的に「正」の影響を拡大する取り組みを行い，地球全体の持続性を確保する活動である。3つには，さらに取り組みの課題，成果などをステークホルダーに開示し，対話と連携により活動の改善を図り，企業価値そのものも上げていくプロセスである。

　では，なぜこの「負」影響を限りなくゼロに近づけつつ，「正」の影響を拡大し，サプライチェーン全体の価値を向上させるCSRを複雑なサプライチェーンで取り組む必要があるのであろうか。

2　CSR調達

　まず，CSR調達とは何かを知るために，CSR調達と共によく使われるグリーン調達との違いを明らかにする。そして，CSR調達のプロセスが，サプライチェーン上のリスクと事業機会にどのように適応していくのかを示し，バイヤーとサプライヤーがCSR調達に取り組む動機を考察する。

2-1　CSR調達とグリーン調達

　環境への負荷ができるだけ少ない商品やサービスを優先的に調達することを「グリーン調達」という。これは，1980年代にイギリスで始まったグリーン・コンシューマー運動がルーツであり，消費者が購買行動を変えることによって，生産・消費活動を循環型にすることを目的とする。モノづくりの世界では，最も重視されている品質（Q=Quality），コスト（C=Cost），納期（D=Delivery）のQCDに，環境配慮を組み込み，QCDE（E=Environment）のもとで，グリーン調達が進展してきた（環境を最優先させる考え方の場合にはEQCDとなる）。

　CSR調達は，このような環境への配慮を組み込んだグリーン調達に，人権や労働，安全衛生問題への配慮などの社会的側面を調達の条件として加え，取引先に求めたものである。グローバル・コンパクト・ネットワーク・ジャパンは，CSR調達を，「バイヤー（企業）が製品・資材・原料などを調達するにあたり，

126 第Ⅰ部 企業からみた CSR

サプライヤーと協働して従来の品質・性能・価格・納入期間などに環境・労働環境・人権などのCSR要素を加えて，サプライチェーン全体でCSRを推進する活動」と定義している[1]。グリーン調達を包含する上位概念と考えてよい。

　なお，この「グリーン」と「CSR」の違いは，調達以外にも同様に当てはまる。前述の，「グリーンサプライチェーンマネジメント」は，従来のサプライチェーンマネジメントに環境の視点を取り入れたものであり，CSRのためのサプライチェーンマネジメントは，環境視点を取り入れたグリーンサプライチェーンマネジメントの概念に社会的要素（人権や労働問題の視点）を加えたものである。

2-2　CSR調達のプロセス

　経済の急激なグローバル化により，途上国の天然資源や農作物が急速に開発され，先進国の企業によって採取される中，環境が破壊されたり，就労年齢に満たない児童が労働を強いられるなど，開発の「負」の問題が途上国を中心に顕在化した。この開発の「負」の問題を取り巻く途上国と先進国の関係に深く関わっているのが「調達」である。グローバル企業におけるCSR調達の取り組みは，このような開発の「負」の問題を引き起こす要因となった先進国の消費者の需要を優先して行われている企業活動が批判されたことがきっかけとなり始まった。

　CSR調達のプロセスは，CSRに関する調達基準（行動規範）を提示し，遵守状況をモニタリングし，問題があれば是正措置を講じて，改善を積み重ねていくことである。その運用については，第1章で，CSRを具体的に進めるためのPDCAサイクルを回すことの重要性が言及されているが，CSRのためのサプライチェーンマネジメントにも同様にPDCAサイクルを回すことが有効である。具体的には，バイヤーが，まず自社でCSR調達の基本方針を策定した上で，サプライヤーの現状の取り組み状況を把握し，CSRに関する調達基準（行動規範）を策定する（Plan）。サプライヤーはバイヤーの要請に従い，行動規範に沿って企業活動を行い（Do），バイヤーがサプライヤーの活動状況をモニタリングし（Check），問題があれば是正措置を講じて改善を積み重ねる（Act）。この一連のPDCAサイクルを回すことによって，サプライヤーのCSR意識を啓

第7章　CSRとサプライチェーン　127

発し，サプライチェーンに潜在するリスクを低減することを目指す。一般に，行動規範とは，人が何を根拠にして仕事に取り組むか，あるいは，自分たちの組織が社会に奉仕すべきときの精神のよりどころとなるものである。したがって，サプライヤーの行動規範は，バイヤー企業自身の経営理念に深く根差したものであるべきである。

　ここでいうCSR上のリスクとは，具体的にはどのようなものが考えられるであろうか。藤井・海野（2006）は，CSR調達を行わないことによるリスクとして次の4つを挙げている。

(1)　ブランドリスク：1990年代にあるスポーツ用品メーカーに対して，開発途上国にあるサプライヤーの工場で児童労働が行われていたとして，世界中から非難の目が向けられた。自社工場ではないサプライヤーの工場での労働問題がこのような大きな問題に発展したことは，CSR調達が一般化する大きな契機となった。

(2)　IR（投資家）リスク：投資家は，サプライチェーンのCSR問題を株価に影響を与える大きなリスク要因と見ている。

(3)　調達リスク：サプライヤーにおけるCSRへの配慮が不十分なことが顕在化することによって，納入されるべき品物が必要なタイミングで調達できない事態に陥る可能性がある。

(4)　販売リスク：有害物質規制で禁止された物質がサプライヤーの製品に混入している場合，製品の販売ができなくなる。

　かつては，バイヤーによるモニタリングが，サプライヤーを取り締まるかのように行われていたり，バイヤーの作成した改善策を一方的にサプライヤーに実施させるという一方向のプロセスであった。しかし近年は，改善策を講じる段階から，さらにはバイヤーの基本方針やサプライヤーの行動規範を策定する段階からサプライヤーの意見を聞き，共に考えていくというサプライヤー参加型のプロセスを取り入れる方向に移行してきている。つまり，CSR調達においても，ステークホルダー・エンゲージメントが重視されてきているのである。

　改善策を話し合う際に，バイヤーは，サプライヤーが自ら問題を解決していけるような仕組みを連携して作っていくことに焦点を当てることが重要である。

128　第Ⅰ部　企業からみたCSR

そのためには，バイヤーがトレーニングや研修を行い，サプライヤー企業を支援していく仕組みは欠かせない。そして，このようにサプライヤーと協働して改善を積み重ねたことは，最終的にサプライチェーンの外部のステークホルダーに開示することが重要であり，これにより，自社製品やサービスの社会的信頼性の向上につながっていくのである。

　本節では，CSR調達の一連のPDCAサイクルを具体的に見てきたが，サプライヤーによる行動が，企業活動に大きな打撃を与えることになるような前述の4つのリスクを生み出す可能性がある状況で，企業がCSR調達に取り組まないのは，非常に危険なことであり，企業にとって，CSR調達は持続可能な経営のための生命線とも言えるだろう。また，企業がCSR調達に取り組むことによって，4つのリスクを防ぐことのみならず，事業機会に変えることもできる。例えば，サプライヤーと協働してCSR調達において改善した結果を消費者や投資家などのサプライチェーン外部のステークホルダーに開示することによって，彼らステークホルダーの理解を得ることができ，バイヤーとサプライヤー双方のブランドイメージの向上に貢献し，ひいては企業の競争優位性につながっていくのである。また，気候変動による変化に伴い，資源利用の効率化を目指した製造プロセスを取り入れることによって，コスト削減にも寄与するであろう。サプライヤーがバイヤーの行動規範に則り，CSR活動を協働で進めていくメリットとしては，サプライヤーがバイヤーの幅広い選択肢を持てるようになることである。なぜならそれは，サプライヤーがどのようなグローバル企業から仕事の依頼が来ても，対応できる能力を養うことができるからである。

　一方，バイヤーにとっては，サプライチェーンにおけるリスクを防止する他に，信頼できる工場や事業所と取引をすることで自信を持って顧客に安全・安心な製品・サービスを提供できる，といったメリットがある。バイヤー，サプライヤーが共に，このようなメリットを享受し，サプライチェーンにおけるリスクを回避し，事業機会を創出するためには，ステークホルダー・エンゲージメントを活用し，様々な場面で協働していくことが重要である。

3 サプライチェーンにおける環境負荷低減

　サプライチェーンにおけるステークホルダー・エンゲージメントの中には，環境負荷低減活動も含まれる。本節では，環境配慮を行いながら，コスト合理化も実現させることを目的としたパナソニックのECO-VC活動の具体的な事例と，デファクトスタンダード（ISOなどの標準化機関が定めたものではないが，市場で広く採用された事実上の標準化した基準）となっているGHGプロトコルのスコープ３の情報評価・開示を行っているCDPの取り組みが投資家に影響を与え，近年の投資家行動の変化と共に，環境と経済性の統合する仕組みとなって機能している事例を紹介する。

3-1　パナソニックのECO-VC活動

　パナソニックでは，2009年よりサプライヤーとの協働でECO-VC活動を行っている。ECO-VCとは，ECO Value Creationのことであり，パナソニックの「エコアイディア・レポート2011」によると，ECO-VC活動は，「当社の調達部材で，省エネルギー，省資源，リサイクル材の使用などの環境配慮を行いながら，同時にコスト合理化も目指す取り組み」と定義されている。パナソニックは，業界に先駆けてサプライチェーンでの環境配慮を行っており，1999年３月に「グリーン調達基準書」を発行・公開し，それに続いて2007年度にはエコアイディア宣言を発表し，サプライチェーン全体でのCO_2削減を重視するようになった。そして，2009年度から，サプライヤーとの新たな環境負荷低減のための活動として，ECO-VC活動を開始している。当初は，日本中心で行われていたが，2012年より中国をはじめとするアジア地域へと拡大し，2014年にはグローバルレベルに拡大している。

　ECO-VC活動は，パナソニックが環境配慮とコスト合理化の観点から選んだ９項目からなる「着眼点」（①省電力化，②小型化・軽量化，③標準化・共有化，④省資源，⑤リサイクル材，⑥素材代替化・単一素材化，⑦新素材使用，⑧部品点数削減，⑨その他）にすぐれた製品を，サプライヤーがパナソニックに提案，応募し，パナソニックはその提案を，独自に作成した基準にもとづい

130　第Ⅰ部　企業からみたCSR

| 図表7-1 | ECO-VC活動の応募による環境側面の成果 |

項目	2012年度	2013年度	2014年度	2015年度
提案件数	866件	1,077件	1,445件	933件
提案によるCO_2削減量	41万2,000トン	48万3,387トン	51万2,675トン	48万4,532トン
提案による再生資源活用量	1万7,011トン	1万9,353トン	2万1,323トン	2万1,243トン
提案による投入資源活用量	1万8,431トン	2万1,211トン	2万4,311トン	1万9,153トン

(出所)　パナソニック「サステナビリティデータブック2016」

て算出されたCO_2削減率とコスト合理化比率の合計指数によって審査するという形で進められる。そして1,000件前後の応募の中から審査で選ばれたサプライヤーには，ベストパートナー賞やECO-VC賞などの賞が与えられる。**図表7-1**は，2012年から2015年のECO-VC活動への提案件数と，その提案によって削減されたCO_2量，再生資源活用量，投入資源活用量を示したものである。2015年を例にとると，ECO-VC活動への提案によって削減されたCO_2削減量は48万4,532トンである。これは福井県の全世帯が1年間に排出するCO_2量の約半分である。

　受賞したサプライヤーは，「パナソニックとサプライヤーが一体となって地球環境に貢献した成果として大変栄誉ある賞を受賞した」として自社のホームページ等で公表している。ECO-VC活動は，コスト合理化による売り上げ増加を目指すという目的をサプライヤーと共有しつつ，環境への意識をサプライヤーに浸透させ，サプライヤーを動機づけることに成功した好事例となっている。

3-2　GHGプロトコルスコープ3

　米国のシンクタンクである 世界資源研究所（WRI）と，事業者の世界的ネットワークである 世界環境経済人協議会（WBCSD）によって，1998年に温室効果ガスプロトコルイニシアチブ（GHGプロトコル）が共同設立された。そして，

第7章　CSRとサプライチェーン　131

図表7-2　スコープ1〜3概念図

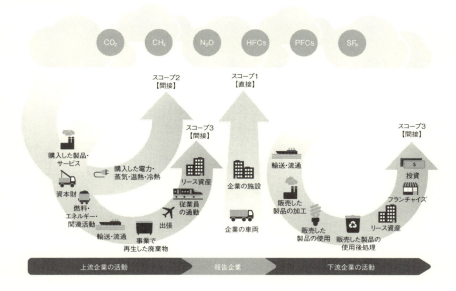

（出所）　GHG Protocol Scope3, *Corporate Value Chain（Scope 3）Accounting and Reporting Guideline*（2011）をもとに筆者加筆修正

　GHGプロトコルが2011年10月に発行した事業者のGHG排出量算定および報告についての標準化ガイドラインが、スコープ3スタンダードである。効率よく温室効果ガスを削減するためにサプライチェーンでのCO_2排出量の報告・管理を目的としている基準であり、デファクトスタンダードとなっている。

　企業自体が直接排出するCO_2（スコープ1）や、電力会社などから供給された電力エネルギーを使用することによって間接的に排出されるCO_2（スコープ2）ではなく、企業が直接管理できないサプライヤーや消費者など、サプライチェーンの中にありながら、自社の企業活動範囲外で排出されるCO_2がスコープ3になる。図表7-2は、スコープ1からスコープ3の概念図である。図中の【直接】は、直接的な温室効果ガスの排出を意味し、【間接】は、間接的な温室効果ガスの排出を意味する。

　つまり、自社のCO_2排出量の管理・報告だけでなく、サプライチェーンの

132　第Ⅰ部　企業からみた CSR

上流（購入した製品やサービス）と下流（販売した製品やサービス）で発生するCO_2を含めた幅広い「管理・報告の責任」が求められているのである。前項で見てきたパナソニックのECO-VC活動におけるCO_2排出量の算定範囲は，原則的にはこのスコープ3に該当している。

　同じようにサプライチェーンにおけるCO_2排出量の算定を求めているものに，カーボンフットプリントがある。カーボンフットプリントは，製品やサービスの原材料調達から廃棄・リサイクルに至るまでのライフサイクル全体を通して排出される温室効果ガスの排出量をCO_2に換算して，製品やサービスに分かりやすく表示する仕組みであり，LCA（ライフサイクルアセスメント）手法を活用し，環境負荷を定量的に算定するものである。「見える化」された情報により，消費者がより低炭素な消費生活へ自主的に変革していくことを目指している。一方のスコープ3もサプライチェーンを通じたCO_2排出量を算定するものであるが，様々な企業活動を通じて排出されるCO_2量を算定の対象としており，製品やサービスではなく，組織のCO_2排出量を把握するものである。

3-3　CDP[2]

　このスコープ3の情報評価・開示を行っている組織が，2000年にイギリス政府の支援を受けて設立されたCDPである。CDPは，「事業・投資・政策において必要な情報を提供することにより，危険な気候変動を防ぎ，天然資源を尊重するグローバルなエコノミック・システムへと移行することを目指す」ことをミッションに掲げる国際NGOである。CDPは，機関投資家が投資を行う際に，環境への取り組みを評価基準にしたいという意思を代表した取り組みを行っており，2015年時点で，822の機関投資家がCDPに署名をし（運用資産総額95兆米ドル），気候変動に関しては，世界の6000社以上の企業に質問書を送付し，5000社以上の回答を得ている。多くの企業に質問書を送付しているが，企業からの回答率が高いことも注目に値する。

　CO_2排出量の情報開示質問書は，2002年より始まったが，それが2008年にはサプライチェーンに拡大され，2013年には，CO_2排出量および水の情報についても情報開示を要請する質問書がメンバー企業のサプライチェーンにわ

第7章 CSRとサプライチェーン 133

たって送付された。機関投資家やステークホルダーの企業のCSRのためのサプライチェーンマネジメントに対する関心が年々高まってきていることがうかがえる。また，CDPでは，企業だけではなく，世界の自治体に対してもCO_2排出量や水の情報について2011年から質問書の送付を開始した。森林に関する質問書の送付も2013年から始まっている。これらの経年変化を見ると，環境情報の開示が一社の情報だけでなく，サプライチェーンにわたって要請されてきていること，CO_2排出量の情報だけでなく，水や森林といったその他の環境情報の開示も要請されてきていること，そして，環境情報の開示が企業だけではなく，自治体にも要請されてきており，より多くのステークホルダーを巻き込みながら，より広範な環境情報の開示が求められていることがわかる。

さらに，注目すべき出来事は，2015年よりアメリカ政府の一般調達局がCDPサプライチェーンプログラムに参加し，調達企業にCDP質問書への回答を求めていることである。2015年は，CDPがアメリカ政府一般調達局の115のサプライヤーに質問書を送り，63社から回答を得ている。回答企業の85％によって，117億ドルの投資が行われ，10億ドルのコスト削減，1,590万トンのCO_2削減が実施された。2017年からは，大統領令13693（次の10年の連邦の持続可能性計画）によって，アメリカ政府内の7大調達局が，年間最低5契約について，サプライチェーンの排出管理をすることが命じられている[3]。CO_2排出量については，アメリカと中国の2か国で世界の40％以上を排出している状況だが，これまでは両国とも気候変動に関する国際的枠組みへの参加には消極的で，1997年に採択された京都議定書では，アメリカは批准せず，中国を含む途上国には削減義務がない状況であった。このような背景を鑑みると，アメリカ政府がCDPのサプライチェーンプログラムに参加したことは，世界の気候変動問題改善への大きな一歩である。同時に，CDPの取り組みがデファクトスタンダードとして世界的に支持されていることを示す証左でもある。

さて，環境情報の開示を行っているCDPであるが，その情報開示評価には2つの軸がある。1つはパフォーマンス評価で，気候変動への取り組みの度合いやパフォーマンスの改善度などが採点される。気候変動の抑制，適応，透明性に寄与する活動など，気候変動に対して期待される対策を取り，効果を上げている場合に評価される。2つには，ディスクロージャー評価で，CDP質問

134 第Ⅰ部　企業からみたCSR

書に対する情報開示の程度を評価するものであり，気候変動対応として，投資家の評価に必要な情報を，たとえネガティブな情報であっても網羅的に開示することが評価の対象となる。

　つまり，いかに優れた環境対策を行い，高いパフォーマンス評価を得ているかもさることながら，機関投資家は，企業が持続可能性に関する課題にどのように対応しているのかに関心を持っているのである。そして，現在の取り組みのみならず，より長期的な視点で，開示されている情報から今後の企業の取り組みの方向性を読み取り，投資行動につなげていることがわかる。したがって，CDPのディスクロージャー評価の指針が示しているように，たとえ現時点での環境の取り組みが十分なものでないとしても，開示していくことに大きな意味があるのである。

　一方，投資家たちは，自分たち自身にも透明性や情報開示を求める原則を適用するため，100以上の機関投資家がモントリオール・カーボン・プレッジに署名している。モントリオール・カーボン・プレッジとは，2014年9月に国連環境計画金融イニシアティブ（UNEP FI）と責任投資原則の後援で，資産家や機関投資家に呼びかけた公約で，投資ポートフォリオのCO_2排出量を毎年測定し，公開することに賛同する投資家に署名を求めている。またこの署名により，投資先企業・事業による利益を確保しつつ，より低炭素な活動を支援する金融の枠組みを整備することを目的としている。

　環境を考慮した投資を志向する機関投資家の意思を代表してサプライチェーンにおけるCO_2情報の評価と開示を行っているCDPの活動と，投資ポートフォリオのCO_2排出量を公開することに投資家が同意するモントリオール・カーボン・プレッジ。この2つが車の両輪となって，環境と経済を結び付ける仕組みとなり，今後はさらにそれぞれの取り組みが拡大されていくことが期待される。

4　グリーン経済と循環経済

　このように責任投資が世界的に拡大している背景には，国際的なイニシアチブや戦略の存在がある。そしてこれらのイニシアチブや戦略も，サプライ

第7章 CSRとサプライチェーン　*135*

チェーンにおける取り組みを基本としている。

4-1　グリーン経済（Green Economy）

　国連環境計画（UNEP）は，2008年の世界経済金融危機を背景に，グリーン経済イニシアチブを立ち上げた。グリーン経済は，これまでの支配的な経済モデルの行き詰まりに警鐘を鳴らし，持続可能な開発と貧困撲滅を再検討する中で，国際社会の議論として持ち上がってきたものである。

　2011年に発行されたUNEPの報告書では，「グリーン経済は，環境問題に伴うリスクと生態系の損失を軽減しながら，人間の生活の質を改善し，社会の不平等を解消するための経済のあり方である」と定義している。

　急増する世界人口は，地方から都市への人口流出と都市の人口増によって環境にインパクトをもたらし，食物の安定供給を脅かし，雇用機会の不足を招くなど，持続可能な開発目標（SDGs）に掲げられている貧困撲滅をより困難なものにしている。そして，これらの問題の根底に共通しているのは，「資源の不適切な配分」という公平性に関わる課題である。このような問題に取り組むには，政策立案者の先を見越した計画が必要となる。グリーン経済イニシアチブの目的は，持続可能な開発を達成するための方法の１つとして，環境に対する投資を支援するよう政策立案者を動機づけることにある。そのため，2011年のUNEPの報告書では，以下の３つの方法で，政策立案者への動機づけを図っている。１つには，公的投資と民間投資の双方を，環境保全のために重要なセクターへの投資にシフトしていくための経済的な正当性を示している。２つには，農業，林業，淡水部門，漁業，エネルギー部門という重要なセクターでどのようにグリーン経済が貧困を減少させることができるかを示している。３つには，環境に負の影響を与えるような補助金の削減や外部性や不完全な情報によって生み出された市場の失敗への指摘，市場ベースのインセンティブの創出や適切な規制のフレームワークの実施，環境に配慮した公的調達の推進や投資刺激策によって，このシフトを達成するための政策上のガイダンスを提供している。投資に関しては，公的支出や政策の刷新，法制度の改革によって支援される必要があることも指摘している。

　こうして，2012年の国連持続可能な開発会議（通称「リオ+20」）では，グ

136 第Ⅰ部　企業からみた CSR

リーン経済は，持続可能な開発と貧困撲滅の文脈で，持続可能な開発を達成するツールとして認識された。その後，UNEPは，グリーン経済は，より広範な資源や人々，自然を包含し，公平性を強調したものであるべきとし，「包括的グリーン経済（Inclusive Green Economy）」を提唱している。また，グリーン経済は，経済指標であるGDPについて，環境ロスを考慮に入れたものに改善する必要があることにも言及している。

4-2　循環経済（Circular Economy）

　日本では，2000年は「循環型社会元年」と呼ばれ，循環型社会形成推進基本法（以下「循環基本法」）をはじめとした各種リサイクル法が制定された。循環基本法で明示されている循環型社会とは，廃棄物等の発生を抑制し，資源の循環的な利用および適正処分によって，天然資源の消費抑制，および環境負荷の低減を図る循環型社会の形成を目指して，廃棄物処理の優先順位を初めて法制化し，３R（リデュース・リユース・リサイクル）と熱回収，適正処分の順位で廃棄物の処理を推進することとなった。

　一方，国外においては，2015年12月にEUの報告書である「EU新循環経済政策パッケージ（以下「新CEパッケージ」）」が採択された。新CEパッケージでは，これまでの，資源を使って製品を作り，それを消費し，廃棄するという直線的なバリューチェーンに沿った経済モデルの限界を指摘し，「循環」をキーワードとして，廃棄物の発生を最小限に減らし，製品や資源の価値をできるだけ高く維持する経済社会の構築を目指すものである。欧州議会は，循環経済を，「常に，製品や部品および資源の高い実用性と価値を維持することを目指し，ほとんどの資源が循環している状態，とりわけ，共有し（Sharing），リースし（Leasing），再利用し（Reuse），修理し（Repair），改修し（Refurbishment），そしてリサイクル（Recycle）している状態に基づいた経済モデル」と定義している。注目すべきEUの提唱する循環経済の特徴は，環境保全というよりは，むしろ経済成長戦略としての位置づけが強いことである。EUは，その経済成長戦略によって，資源の不安定な供給による価格変動からビジネスを保護し，新しいビジネスチャンスを生み出し，雇用も創出するといったEUの競争力強化を目指している。

図表7-3　EUが提唱する循環経済

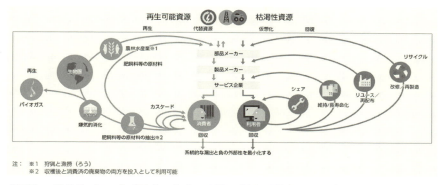

（出所）　環境省（2016）『平成28年度　環境・循環型社会・生物多様性白書』

図表7-3はEUが提唱する循環経済のモデルである。この生産と消費のモデルは，2つの補完的な循環の輪によって形成されている。1つは，生物学的にみて分解されうる資源の循環（「再生可能資源」側の輪）と，もう1つは，生物学的に分解されない資源の循環（「枯渇性資源」側の輪）である。どちらの輪も，サプライチェーンにおける各段階での資源の循環を高めることによって，無駄を防ぎ，廃棄物を最小限に留めることを目的としている。したがって，取り組みの効果を最大限に高めるには，サプライチェーンにおける実践が鍵となる。グリーン経済は，この循環経済を包括する概念となっている。

5　サプライチェーンにおけるCSRの高まり

本章では，企業が社会の課題を改善していく戦略的なCSR活動を行うためには，サプライチェーンにおけるどのような取り組みが必要なのかを考察してきた。近年の経済の急速なグローバル化に伴い，自社の直接的な管理下にあるものではなくても，自社のサプライチェーンについて，バイヤーは説明責任を求められるようになってきた。こうした背景のもと，企業はサプライチェーン上に起こりうる様々なリスクに対応する活動を，CSR調達を通して拡大しており，これは社会（ステークホルダー）や地球環境に与える「負」の影響を限りなく

138　第Ⅰ部　企業からみたCSR

ゼロに近づける取り組みとなっている。また，こうしたサプライチェーン上の
リスクを事業機会に変えるためには，サプライヤーと協働した資源利用の効率
化を目指した製品開発や，生産性向上のための製造工程の見直しなどを行うこ
とによって，バイヤー 1社で行うより，より大きな成果を上げられることに
着目し，そのような仕組みを構築して取り組むべきである。さらに，サプライ
ヤーとのステークホルダー・エンゲージメントを行動規範策定などの早期の段
階から始めることで，バイヤーとサプライヤーの協働がより建設的なものとな
り，効果的な結果につながっていく。これは，「正」の影響を拡大する取り組
みである。そして，こうしたサプライヤーとの協働の成果をサプライチェーン
外部のステークホルダーに開示していくことによって，対話と連携により活動
の改善を図り，企業価値そのものも上げていく取り組みとなる。このような 3
つのCSRを目指し，実質的な取り組みを行っているCDPのサプライチェーンに
おけるCO$_2$排出量の算定の評価・開示の活動は，機関投資家の意思決定に影
響を与えるものとなっている。また，投資家自身も，透明性や情報開示を求め
る原則に自分たち自身が応えるため，モントリオール・カーボン・プレッジの
署名を行い，より低炭素な活動を支援する金融の枠組みを整備することを目指
す取り組みを行っている。このようなCDPと機関投資家の取り組みは，車の
両輪として機能し合い，環境と経済性の統合を目指した仕組みとなっており，
今後の相乗効果が期待される。

　国際社会の動きとしては，グリーン経済や循環経済など，サプライチェーン
を軸としたイニシアチブや戦略が国連やEUから発信され，2015年のG 7エル
マウ・サミットでは，安全で持続可能なサプライチェーンを促進する「責任あ
るサプライチェーン」が提唱される一方，CSR調達を国際標準規格とする
ISO20400の議論も進んでおり，2017年の発行を目指している。こうして企業
が行うCSRのためのサプライチェーンマネジメントを促進する活動と，その企
業活動を促進する国際社会のイニシアチブや戦略，国際標準規格化が進められ
ているのである。

　サプライチェーンの形成については，ステークホルダー・エンゲージメント
を積極的に取り入れたCSR調達を行うことにより，経営理念を同じくするサプ
ライチェーンの形成にシフトしつつあり，長年こうしたサプライチェーンを形

成してきた日本企業にとっては，自らの経験と知識が国際社会に寄与できる分野であり，グローバル化の中での日本企業の発展の可能性を秘めた分野でもあろう。

注■

1　一般社団法人グローバル・コンパクト・ネットワーク・ジャパン　サプライチェーン分科会（2015年度）「持続可能な世界実現のためのお役立ちシリーズ　CSR調達入門書 ― サプライチェーンへのCSR浸透 ―」

2　本節のデータは，CDP「気候変動レポート2015：日本版」，2016年5月20日CDP 2016ワークショップで使用されたCDP事務局発行「CDPサプライチェーンプログラムの概要」資料，2016年2月9日（東京）2月15日（大阪）サプライチェーン排出量　活用セミナーで使用されたCDP事務局発行「サプライヤー連携の動向と重要性― CDPサプライチェーンプログラム ―」によっている。

3　アメリカ政府の対応はオバマ政権下での決定であり，2017年以降の政権の考え方によって変更される可能性がある。

参考文献■

岩尾康文（2011）『企業戦略に活かす！サプライチェーンのCO_2管理―「スコープ3」のカーボンマネジメント』日刊工業新聞社。

スミチ-レビ, D., カミンスキ, P. & スミチ-レビ, E.（2002）『サプライ・チェインの設計と管理―コンセプト・戦略・事例―』（久保田幹雄監修・伊佐田文彦他訳）朝倉書店。

國部克彦・伊坪徳宏・水口剛（2012）『環境経営・会計（第2版）』有斐閣。

國部克彦・伊坪徳宏・中嶌道靖・山田哲男（2015）『低炭素型サプライチェーン経営―MFCAとLCAの統合―』中央経済社。

藤井敏彦・海野みづえ（2006）『グローバルCSR調達』日科技連出版社。

（大田倫子）

第Ⅱ部

社会からみた CSR

第8章

ステークホルダーとCSR

●Point●

　本章では，企業の社会的責任を考えるうえで最も重要なキーワードの1つであるステークホルダーの概念について，どのようにして発生してきたのか，そしてCSRに対してどのような意義を有しているのかについて考える。

　本章の構成は以下の通りとなっている。まず，第1節においてステークホルダーとは誰なのかについて確認をした後，第2節でステークホルダーの概念の起源について振り返る。そして，それが企業の社会に対する影響力の増大によってもたらされた負の面へ対応を求めるCSRの概念の萌芽とともに生じていたことを明らかにする。続く第3節では，CSRとステークホルダーの概念の進展に伴って展開された議論の内容を概観する。それは1つには影響力を増したステークホルダーへの対応という企業のマネジメント上の課題としての議論であり，もう1つは株主とその他のステークホルダーの関係がどうあるべきかの議論である。そして第4節において，企業とステークホルダーの関係がステークホルダー・エンゲージメントという形態に進化したことを確認した後，第5節では企業とステークホルダーとの現在の関係の多様な実践について概観する。さらに，第6節においてはその意義と課題について考える。そして，最後の第7節では，当初は主にリスク管理やレピュテーションの問題として捉えられていた企業とステークホルダーとの関係が，価値創造に関わるものとなってきていることを指摘する。

1 ステークホルダーとは誰か

　企業は社会の中に，様々な人々の活動を通じて存在している。製品やサービスを生み出す従業員，それらを購入してくれる顧客，産出物の原材料を提供してくれる供給業者，資金を提供してくれる投資家，金融機関，こうした人々の存在が企業の活動に不可欠であることは容易に想像できるだろう。もう少し考えれば，企業が立地している地域社会，政府・行政機関も重要な関係を有しているし，環境や人権などのテーマで活動をしているNGOなどの組織も企業にとって顧慮すべき対象としての存在感を，年を追うごとに増してきている。図表8-1は，現在に至るステークホルダー論を本格的に展開したR.E.フリーマン（1984）[1]が示したステークホルダーである。

　CSRの議論において企業が果たすべき責任は，常にこれらのステークホルダーに対するものとなる。このようなステークホルダーという概念はどのよう

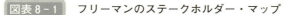

図表8-1　フリーマンのステークホルダー・マップ

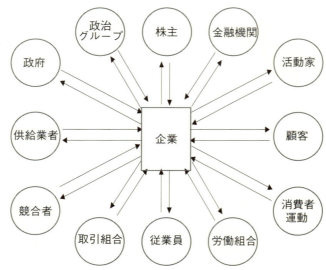

（出所）　Freeman（1984）

第 8 章　ステークホルダーと CSR　*145*

にして発生してきたのであろうか。ISO26000が3.1節で「社会的責任の様々な側面は，19世紀後半，場合によってはそれ以前から，組織および政府による行動の対象となっていたが，企業の社会的責任という用語が広く用いられるようになったのは1970年代前半からである」と指摘しているとおり，CSRに関連する問題は，CSRという用語が生まれる前から認識されていた。ステークホルダーという概念も同様に，ある時期に突然発生したわけではなく，CSRに関わる問題の議論の発生と同時に現れている。次節では，CSRとステークホルダーをめぐる議論の経緯を改めて概観し，その議論が何を解決しようとしてきたのか，そして現時点でそれはどこまで進展してきているのかについて検討する。

2　資本市場モデルからステークホルダー・モデルへ

　企業と社会の関係について主に合衆国における状況を議論したG. A. ステイナー ＆ J. F. ステイナー [2]によれば，植民地時代から1930年の不況の時代に至るまで「資本市場モデル」と呼ばれる考え方が社会において一般的に受け入れられていた。この「資本市場モデル」の中核をなしているのは，「見えざる手」の働きによって企業家による経済活動はそのままで社会にとって有益であるという，アダム・スミスが最初に提唱し，古典派から新古典派の経済学へと引き継がれていった考え方である。そして，企業は政治的，社会的な力の直接的な影響からは保護されて経済活動に集中しているものとされ，市場以外からの介入は否定的に捉えられる。そして，このモデルにおいては，企業は株主の所有財産であり，企業の目的は株主の利益を最大化することである。しかし，1930年代の初頭に市場への信頼は，高い失業率，独占，非倫理的な行動，収入格差，公害といったことを含む目に見える企業のシステムの失敗によって失墜することになる。この時期に急速に進行した企業の巨大化が社会に及ぼす影響について問題提起を行った議論として1932年に発表されたA. A. バーリ＆G. C. ミーンズの『近代株式会社と私有財産』[3]がある。

　この研究がまず示したのは，急速に存在感を増した巨大株式会社である。1930年1月1日現在のものとして取り上げられた200社の非銀行業会社は合衆国における全非銀行業会社の財産のほとんど半分を有していた。このように巨

146　第Ⅱ部　社会からみた CSR

大化した株式会社はまた同時に株主数も膨大な数に達していた。200社のうち，71社では株主数は 2 万人以上であり，そのうち32社では 5 万人以上で，そのうち20万人以上も 3 社あった。そのように多数になった株主の中にはもはや会社の意思決定に影響力を持つような有力な株主は存在せず，委任状制度によって実質的には経営者が支配権を有する状態となっていた。バーリ＆ミーンズの研究が問題視したのは，この所有と経営の分離である。バーリ＆ミーンズは，これをスミスが描いた資本主義経済の前提の崩壊であると捉えた。（これは，本章の文脈からすれば「資本市場モデル」の前提の崩壊であるといえるであろう。）スミスが想定していたのは所有者自身が経営を行う小規模な企業であり，所有者は自らの財産を増やすために経営に励むことになる。しかし，現実は所有者と経営者は別々で，所有と経営が完全ともいえるほど決定的に分離した状態になっており，スミスの理論ではもはや説明することは不能であるというのがバーリ＆ミーンズの主張となる。そして，株主の権利の絶対的な強化と経営者の権限の絶対的な強化を比較したうえでそのどちらも退けて「第三の可能性」を提示する。それは「近代的株式会社は所有者だけでもなく，また支配者だけでもなく，全社会に対して役務を提供すべきものであると要求する」（訳書，p.449）という考え方である。

　バーリ＆ミーンズがこうした考え方に至った背景にあるのは，巨大化した株式会社が，社会に対してそれまでとは比較にならないほど大きな影響力を持つに至り，もはや社会的組織となったという認識である。そしてこの考え方においては「会社の指導者達が，公正な賃金，従業員の保全，その公衆への合理的な役務，及び，事業の安定化，などを包含した計画を樹立した時には，（中略）所有者の利害はこれに道を譲らねばならない」（訳書，pp.449-450）とされる。ここに示されているものは，ステイナーらが，いわば「資本市場モデル」に対置する形で提示することになる「ステークホルダー・モデル」のコンセプトである。一方で，バーリ＆ミーンズは，こうした考え方をあくまでも「次の世紀の歴史を先見すること」（訳書，p.447）であるとし「社会義務の確信的な制度が作り出された時，そして，これが一般的に承認された時に」（訳書，p.449）実現するものであると位置づけた。

　このように，バーリ＆ミーンズにおいては，「ステークホルダー・モデル」

の考え方ともいえるものは示されたものの，その実現に向けては具体的な方法に言及はされていない。しかし，社会に大きな影響を及ぼすほど巨大化した株式会社はもはや社会的組織になったのであり，企業を取り巻く様々な人々に対して責任を有しているという認識が示されたことは重要であろう。

その後，企業の影響力の増大による負の面に対する批判の高まりに伴って，1970年代にはCSRの概念が一般化することになるが，これに対して反対の立場を鮮明にしていたのが，ノーベル経済学賞受賞者のM.フリードマンである。フリードマンは政府による経済への必要最小限を超える介入に対して否定的な立場をとる新自由主義の経済学者であり，市場の機能の有効性を積極的に評価し最大限に活用しようと考える点で「資本市場モデル」に通じる視点を持っているといえる。フリードマンはこうした基本的な認識に立って「企業の唯一の社会的責任は利潤を最大化することである」[4]という有名なテーゼを発し，CSRを重要視する論者との対立を深めることとなる。

3 ステークホルダーをめぐる議論の展開

CSRの議論の高まりに呼応するようにしてステークホルダーという用語を伴った「ステークホルダー・モデル」が現れることになる。ステークホルダーという用語が企業の活動を考える議論の中に初めて現れたのはいつであるのかとことについては諸説があるが，後に経営学の議論においてステークホルダーという用語の重要性を広めた論者であるフリーマンによれば，それは1963年のスタンフォード研究所（後のSRIインターナショナル）の内部文書においてであるとされている（注1参照）。そして，そこでは企業経営幹部は株主以外のステークホルダーのニーズや利害を考慮に入れなければ，企業が目標を達成するために必要な支援を受けることができないことが議論されていると説明している。フリーマンはさらに，株主，顧客，従業員，供給者，政府，競合者，消費者運動家，環境運動家，その他の社会運動家，メディアというそれぞれのステークホルダーの影響力の変化と増大に触れ，改めて企業の意思決定におけるステークホルダーの重要性について訴え，企業のステークホルダーへの対応についての議論を展開することになる。

148　第Ⅱ部　社会からみた CSR

　ここまで概観してきた推移を経て企業経営に関する議論の表舞台に立つこととなったステークホルダーについては，大きく分けると２つの議論が進展することになる。１つは経営実践の中で重要性を増したステークホルダーに対してどのように対応するかについての議論であり，もう１つは，株主とその他のステークホルダーの関係をどのように考えるかの議論である。

　フリーマンが指摘した通りステークホルダーの影響力は増大し，企業は好むと好まざるにかかわらずその対応について検討する必要に迫られていたことから，企業はステークホルダーとどのように接するべきかの議論が活発になる。当初は，フリーマンが「ステークホルダー管理能力」という概念を提示したように「管理する」という側面が強調された。

　そうした議論において中心的な関心となったのは，まず，誰がステークホルダーなのかを特定することである。D.ウィーラー & M.シランパア[5]は，企業を取り巻く様々なステークホルダーを，企業活動との関係が直接的か間接的かによって第一次と第二次，さらに自らの意思を主張する能力をもっているか否かによって社会的と非社会的の２軸で分類する考え方を提示している。社会的第一次ステークホルダーは，株主と投資家，従業員と経営者，顧客，地域社会，供給業者とその他のパートナーであり，組織とその成功に直接的な利害を有しており最も影響力が強い。社会的第二次ステークホルダーは政府と規制者，市民団体，社会的圧力集団，メディアと学術コミュニティ，同業組合，競合者である。彼らの組織への利害は非直接的であるが，評判と公的評価に同様に強い影響を及ぼす。非社会的第一次ステークホルダーは自然環境そのもの，未来の世代の人々，人間以外の生物である。そして非社会的第二次ステークホルダーは環境関連団体（フレンズ・オブ・ジ・アース，グリーンピースなど），動物愛護団体（PETA，ASPCAなど）である。

　それでは，株主とその他のステークホルダーの関係については，どのような議論が展開されてきたのであろうか。K.E.グッドパスター[6]は「戦略的ステークホルダー総合（Strategic Stakeholder Synthesis）」と「多重受託型ステークホルダー総合（Multi-fiduciary Stakeholder Synthesis）」と呼ぶ，２つの概念を提示する。

　前者においては，企業はステークホルダーに配慮するもののその動機は倫理

的関心ではなく，戦略的目標の達成に対する潜在的な障害についての関心である。この考え方に沿うとすると，株主以外の比較的力の弱いステークホルダーへの影響は意思決定の過程で無視されたり軽視されたりする可能性が高くなる。

　後者においては，経営者は多様なステークホルダーに対して株主と同程度の受託義務を負っていると考える。そのために，株主の経済的利益と同じくらいの配慮が，従業員，顧客，地方のコミュニティといったステークホルダーにも与えられる。グッドパスターは，こちらの考え方に対しても「ステークホルダー・パラドックス（Stakeholder Paradox）」と呼ぶ問題が生じることを指摘する。すなわち，経営者は株主に対して利潤の最大化という受託義務を有しており，株主以外のステークホルダーへの配慮が株主に対する受託義務に相反する可能性があるということである。グッドパスターは結論として，企業の経営者は（株主以外の）ステークホルダーに対して受託義務を負っているわけではないが，株主の利益に注意を払いながらも，他のステークホルダーに損害を与えたり欺いたりすべきではないという法的規制外の責任を忘れてはならないとしている。

　こうしたグッドパスターの議論に対してJ. E. ボートライト[7]は，「株主たちにはいかなる特権性もない」と批判している。ボートライトの考え方の基盤となっているのはバーリの主張である。ボートライトはバーリの主張を「企業が株主のために運営されるべきであるのは，株主たちが企業の所有権者であるからとか，契約関係や代理関係といったことのためではなく，その方が結果的に株主以外のすべての関係者がもっと幸福だからである」（p.145）と理解している。ボートライトはこの認識の下で，株主の現在の地位は，原理ではなく公共の利益を考える議論の中で決定されてきたのであるから，今後，それがどのようなものになっていくのかについても，同様な議論によって決められるべきであると主張した。

　N. E. ボウイ（2005）[8]は，フリードマンの考え方を実践する者を株主以外のステークホルダーへの配慮によって2つに分類している。すなわち，そうした配慮に鈍感なフリードマン主義者と，鋭敏なフリードマン主義者である。鈍感なフリードマン主義者は，フリードマンの主張の負の部分が全面に現れる行動をとる。すなわち，短期的な利益のみを追い求めてそのためには株主以外のス

テークホルダーを犠牲にすることも厭わない。これに対して，鋭敏なフリード
マン主義者は従業員，顧客，取引業者，地域社会といった株主以外のステーク
ホルダーの利益にも十分配慮して価値創造を図る。鈍感なフリードマン主義者
は短期的利益追求の姿勢のために株主以外のステークホルダーの離反に会って
結局長期的利益を失うことになる。一方の鋭敏なフリードマン主義者は株主以
外のステークホルダーの支持を得ることで長期的な利益を実現することになる。
これは，現在，一般的には「啓発された自己利益」という概念で説明されるも
のであるといえる。

　このように，株主とその他のステークホルダーの関係については様々な議論
が展開されてきたが，現在では，株主の絶対的な優位を退けて，その他のス
テークホルダーに対する配慮が求められている点は広く共有されているといえ
るであろう。

4 ステークホルダー・エンゲージメント ─管理から包含へ─

　CSRにおけるステークホルダーの重要性を指摘しているISO26000において，
組織とステークホルダーの関係のあり方の指針とされているのがステークホル
ダー・エンゲージメントである。

　イギリスのNGOであるAccountAbilityとUNEPが共同で発表した『ステーク
ホルダー・エンゲージメント・マニュアル』によれば，ステークホルダー・エ
ンゲージメントとは，企業の意思決定へのステークホルダーの参画によってそ
のニーズを企業活動に反映させようとするものである。そして，その手法とし
ては，コミュニケーション，コンサルテーション，ステークホルダー・ダイア
ローグ，パートナーシップがあるとされている。

　急激に企業への影響力を増したステークホルダーに対応するために，前節で
触れたようなツールが提案された。ステークホルダー・エンゲージメントもま
た，実践の対応の中から生じてきたが，それまでのステークホルダーへの対応
との違いは，「管理」よりも「包含」，「参画」がより強調されていることであ
る。

　それでは，ステークホルダー・エンゲージメントはどのようにして発生し，

第8章　ステークホルダーとCSR　*151*

進展してきたのであろうか。『ステークホルダー・エンゲージメント・マニュアル』はこの推移を以下に記すとおり3つの時期に分けてより詳細に分析を行っている。

　第1の時期は，「気付き」（Awareness）の時期と名付けられ，その始まりは1980年代にさかのぼる。株主，顧客，従業員，操業地域のコミュニティといったいわゆる中心的なステークホルダー，さらに，それらよりも低い位置づけがなされていたその他のステークホルダーからも企業に対する抗議から生じてくるのがこの時期である。ステークホルダー・エンゲージメントの萌芽の時期であるといえよう。こうした動きが本格化してくるのが「謹聴」（Attentive）の時期と名付けられた第2番目の時期であり，1992年の国連リオデジャネイロサミットのころに始まるとされている。第1番目の時期にはローカルな環境課題に焦点が当てられていたが，この時期には地理的に拡大されるとともに，環境と社会の両面の課題を扱うものへと変わってきた。国連などの国際機関においてもオゾン層破壊や気候変動が大きな脅威として取り上げられるようになった。また，ナイキやGAPのような企業が，ステークホルダーからサプライチェーンにおける労働条件について問題提起されたのもこの時期である。多くの企業が，その操業によるインパクトの責任に注意を払い，事前のアプローチを主体に対策を行い，その進捗を社会環境報告書などで報告するなどの変化もみられるようになった。

　第3番目の時期は，「参画」（Engagement）の時期と名付けられ，2002年の「持続可能な開発に関する世界サミット」の準備期間に表れてきたとされる。多くの先進企業が政府やNGOとともに，何者もグローバルな持続可能性の課題に対して単独では立ち向かえないことを認識し始め，業界団体や政府，国連グローバル・コンパクトやUNEPなどの国際機関によって主催されるマルチ・ステークホルダー・ダイアローグとパートナーシップに取り組み始めるようになった。

5　企業とステークホルダーとの関係の多様化

　現在では，ステークホルダー・ダイアローグの他にも，ステークホルダーが

152　第Ⅱ部　社会からみたCSR

企業の意思決定に参画する多様な形態が実践されている。ここでは，そうした取り組みについて整理をしてみよう[9]。

　企業とステークホルダーの関係が多様なものとなる大きな理由としては，両者が異なる性質を有していることがあげられる。それゆえに対立する局面が現れることもあるし，一方で，異なる点を補完することでお互いをパートナーとすることもできる。既にみてきたとおり，対立が顕著であったステークホルダー・エンゲージメントが多くの協働の形態をとりつつあるのも，両者の性質の違いがそうした二面性を有しているからである。それでは，企業とステークホルダーはどのように異なっているのであろうか。主たる目的と保有している資源という観点から考えてみよう。

　まず，第5章で示されたトリプルボトムラインという観点から，企業とステークホルダーの主な目的の違いを考えてみよう。企業は元来，経済的側面を主な活動領域としてきた。それに対してステークホルダーは主に社会的および環境的側面に関わることを主な活動領域としている。

　それでは，企業とステークホルダーがそれぞれ保有する資源については，どのように異なるであろうか。一般に企業は，ステークホルダーに比べて「ヒト」「モノ」「カネ」「情報」を多く有している。一方近年存在感が増している国際NGOのようなステークホルダーが勝っている資源は「情報」「社会からの信頼」である。S.ザテック[10]は，ステークホルダーがそうした資源を活用して企業に影響力を及ぼす行動として，圧力，正統性の付与，ソリューションの提供の3つを挙げている。

　以上の点を踏まえて企業とステークホルダーの関係を大まかに分類すると，次の3つの形態が存在する。第1章で議論されているステークホルダーによる企業のガバナンス，第2章での議論と関係する企業とステークホルダーの協働による価値創造，そしてフィランソロピーの3つである。

　1つ目の企業のガバナンスに関わるものは，すでに第1章で議論されていたとおりステークホルダーによる企業の行動基準や評価基準の策定がある。これは，ステークホルダーの正統性の付与とソリューション提供という機能を活かして企業の社会，環境のパフォーマンスの向上を目指す活動である。第1章において国連グローバル・コンパクト，ISO26000について触れられているので，

第 8 章　ステークホルダーと CSR　*153*

ここではその他の枠組みについて説明しよう。そうした活動の端緒となったものとしては，セリーズ原則やサリバン原則がある。セリーズ（CERES）は，アラスカ沖でタンカー・バルディーズ号が座礁した事件に対応するために1989年に設立された団体であり，投資家，その他のステークホルダー，企業から構成されている。セリーズは，持続可能な企業活動の拡大と健全なグローバル経済の確立を目的として設立されて以来，様々な提言を行ってきているが，セリーズ原則（発表当初はバルディーズ原則と呼ばれていた）はその最初のものである。セリーズ原則は持続可能な企業活動を実現するために企業が守るべき10項目の判断基準を示しており，企業に遵守を求めている。

　サリバン原則は，アフリカ系アメリカ人であったレオン・サリバン牧師が南アフリカのアパルトヘイト（人種差別）政策撤廃を目的として提唱したものである。この原則は，従業員を人種によって差別することなく公平に処遇することを求める7つの項目（その後8つに拡大）から構成され，アパルトヘイト政策をとる南アフリカ政府に対してその撤廃を迫ることを目指して策定された。セリーズ原則が主に企業が社会に対して害をなさないことを求めていたのに対して，サリバン原則は企業が自らの活動の外側の社会課題に取り組むことを求めているという点でCSRの概念を拡張しているといえよう。

　ステークホルダーによる企業のガバナンスについては，これらの他にも，世界の労働者の尊厳を守ることを目的とするための基準であるとされるSA8000がある。SA8000は，マルチステークホルダーの非政府組織であるSAIが1997年に発表した，労働環境に焦点をあてた社会的責任についての基準である。SA8000は，児童労働，強制労働，健康と安全，結社の自由と団体交渉権，差別，懲罰，労働時間，報酬，管理システムの9つの項目を網羅しており，第三者の監査が必要な認証基準となっている。

　これまでに触れたものの他にもさらにAccountAbilityによる企業のアカウンタビリティについての基準であるAA1000，そして，第5章で説明したGRIスタンダードなど世界中の企業に活用される数多くの仕組みが存在している。

　2つ目の企業とステークホルダーの協働による価値創造に関わるものは，ステークホルダーのソリューション提供能力を活用して経済的価値創造のプロセスに持続可能性の視点を加味することによって，ステークホルダーが企業の社

154 第Ⅱ部 社会からみたCSR

会，環境パフォーマンス向上を支援するものである。第3章でも触れている コーズリレーティッドマーケティングが代表的なものであるが，ここでは，さらに，製品認証制度についても触れておく。持続可能性を目的とする製品認証制度としてはフェアトレードが最も著名であろう。国際的なフェアトレード認証機関であるFLO，WFTO，EFTAの3つの団体による定義において，フェアトレードは「対話，透明性，敬意を基盤とし，より公平な条件下で国際貿易を行うことを目指す貿易パートナーシップ」（フェアトレード・ラベル・ジャパンwebサイトより）である。相対的に弱い立場にある開発途上国の生産者，労働者を擁護することを主な目的としているが，安全な労働環境，人権の尊重，人種差別・児童労働・強制労働の禁止などILO条約を守ること，対象地域の持続的な発展を目指すこと，さらには地球環境にも配慮することが基準に取り入れられている。コーヒー，カカオ，コットンをはじめとして様々な産品が，認証の対象となっている。

　フェアトレード以外の製品認証制度としてはFSCの森林認証制度，MSCの漁業認証制度がある。FSCは森林から産出される製品の持続可能性を確保することを目的とする認証機関であるが，「環境保全の点から見ても適切で，社会的な利益にかない，経済的にも継続可能な森林管理を世界に広めることをミッション（使命）」（FSCジャパンwebサイト参照）としており，森林という自然環境のみならず，作業者の権利，コミュニティーと先住民の権利を尊重するとともに，市場創出などの方法を通じて経済的な持続可能性にも追及している。FSCの認証の対象となっているのは家具，木工品，蜂蜜，メープルシロップなど多岐にわたっているが，木材由来の紙も認証の対象となっている。FSCの認証を受けた紙は，企業の持続可能性についての報告書などにも使用されており，認証マークが裏表紙に印刷されている。

　MSCは，水産資源や海洋環境に配慮した製品と認められた水産物に与えられる認証であり，漁獲する漁業の現場はもちろんのこと，水産物の加工・流通の過程でも審査が行われる。こうした製品認証制度は，本質的にはステークホルダーによる企業の評価といえるが，企業からは製品の差別化を実現するという側面もあり，協働による価値創造であると考えることができる。

　3つ目のフィランソロピーは，ステークホルダーのソリューション提供能力

を企業の有する資源を活かして支援するものである。これは，ステークホルダー・エンゲージメントの概念と実践よりもはるかに長い歴史を有している。主に企業による寄付という形態をとるフィランソロピーは，古くはCSRの中核的な取り組み項目であったが，最近では大きくその性質を変えてきている。第1の変化は，寄付という金銭的な支援以外の方法がより広まってきていることである。社員による植樹活動のようにヒトという資源を活用する方法や，企業の製品・サービスなどのモノを活用する方法に取り組む例が増えてきている。また，最近，注目を集めている手法としては，プロボノが挙げられる（第15章参照）。これは嵯峨（2011）によれば，「社会的・公共的な目的のために，自らの職業を通じて培ったスキルや知識を提供するボランティア活動」であるが，最近では企業が社内でプロボノ希望者を募る活動も行われており，これは企業による社会貢献活動といえるであろう。第2の変化は，CSVの概念の浸透によって企業の戦略との整合性が重要視されるようになってきたことである。第3章でも触れられているCSVを提唱したポーター＆クラマーによると，ステークホルダーによる社会課題の解決の取り組みが企業の操業環境を向上させるとき，企業はそのステークホルダーの活動を支援することで自社の戦略推進という成果を得る。第3章で取り上げられたネスレの取り組みなどは，その典型であるといえる。

6　ステークホルダーの能動的な役割

　CSRにおけるステークホルダーと企業の関係について考えると，それが現在ステークホルダー・エンゲージメントを中心とする形態に辿り着いていることは前節までに見たとおりである。その意味するところを考えると，相互に深く関係する3つの意義が挙げられる。

　1つ目は「資本市場モデル」の負の面の過度の広がりに対抗できる手段が見いだされたということである。ステークホルダーは，もはやそうした状態の犠牲者になることを易々とは受け入れない。「資本市場モデル」の暴走に対して声をあげ，それを伝える方法を見いだしているのである。

　2つ目は，ステークホルダーがパートナーシップという方法を通じて企業の

156　第Ⅱ部　社会からみた CSR

価値創造に直接的な影響を及ぼす存在となる潜在力を見いだしたことである。これは，ステークホルダーをめぐる議論の流れからすれば，不自然に見えるかもしれない。なぜなら，企業の社会的責任とステークホルダーについての議論は，企業の唯一の社会的責任は利益を上げることと断じたフリードマンへのアンチテーゼであったからである。しかし，この点は，トリプルボトムラインという概念によって説明できるであろう。トリプルボトムラインは，通常CSRの重要性の根拠として取り上げられる。当然のことながらこの考え方は，企業が「株主のため」のものであるという資本市場モデルに対するアンチテーゼである。しかし逆の見方をすれば，社会，環境と同様に経済もまた企業にとっての重要な「責任」であるという大前提が，改めて確認されているともいえる。「株主のため」という言葉が企業が社会に対して本来負っているはずの「経済的な責任」という言葉に変化することによって，ステークホルダーの価値創造への参画を当然のこととして理解できるだろう。

　3つ目は，こうした変化が政治や法という既存の社会システムの作動の外で生じてきたということである。バーリ＆ミーンズは，巨大化して社会的制度となった株式会社は全社会に役務を提供すべきであるという考え方を示しながら，それが実現されるためには様々な社会の制度の整備が必要であると指摘した。これに対してステークホルダー・エンゲージメントを中心とする実践は，法や政治という社会システムの判断を待つことなくステークホルダーの働きかけによって企業のステークホルダーへの配慮を促すことを可能にしている。

　ステークホルダー・エンゲージメントを中心とする活動によるステークホルダーの意思の企業活動への浸透により，以上のような意義が期待できる一方で，それらの裏側には新たな課題も生じている。

　意義の1つ目に，ステークホルダーは企業に対してその声を届ける方法を見いだしたと述べた。その代表的な手法が，企業とステークホルダーとの直接面談による対話であるステークホルダー・ダイアローグである。これは元々，ステークホルダーから企業に対して疑問への回答を求めたり抗議の意思を伝える目的で始まった。そして，その有効性が認められ，各種のガイドラインでも推奨されることになる。しかし，このステークホルダー・ダイアローグが企業の側からの招へいによって実施される場合，当該企業にとって都合のいいステー

クホルダーを選択する形で企業の恣意が働くという批判がある。もちろん全てが恣意的なものとは言えないが，そうなる危険性をはらんでいることも事実である。

2つ目にあげているパートナーシップについては，グリーンウォッシュ，ブルーウォッシュという問題が指摘されている。グリーンウォッシュとは，必ずしも地球環境に最適の意思決定だけを行っているとは言えない企業が，広告やラベリングなどの手法でイメージアップのみを図ろうとすることを指す。環境保護団体とのパートナーシップを組むことがそのように利用される可能性があることに問題があるとされる。ブルーウォッシュとは，人権をはじめとしたサステナビリティに関する課題について必ずしも好ましい意思決定だけを行っているとは言えない企業が，実質的な活動を伴わないイメージアップのみを図る行動をとることである。国連グローバル・コンパクトをこのように利用することがその典型であり，国連旗の青色が語源となってブルーウォッシュと呼ばれる。これらの行為は，企業とステークホルダーとの協働が本来目指す方向とは異なり，むしろ社会に誤解や弊害を及ぼす行為となってしまう。

3つ目にあげた既存の社会システム外の活動であるという点に関連する課題は，ともすれば非効率な活動となり取り組みを行う企業とステークホルダーの両者に大きな負担を強いる可能性があげられる。政治や法律という社会システムは，広く社会でコンセンサスを得ているルールが基盤となって機能している。これに対して，ステークホルダー・エンゲージメントは新たに生まれてきた実践であり基盤となるルールが確立されていないために摩擦が起こることが少なくない。これが当事者の負担となるということである。

これらのほかに，ステークホルダー・モデルそのものが内包する課題もある。その最も大きなものは，第1章においても指摘されているとおり，ステークホルダー間の利害をどのように調整すれば最も倫理的で価値創造につながるのかの判断が難しいという点である。例えば給料を上げてほしいという従業員の要求を聞き入れるために，製品・サービスの価格を上げることになれば顧客の負担が増えるかもしれない。場合によっては，そのために業績が悪化し，株価が下落するかもしれない。最悪の場合は当該企業が倒産の危機に見舞われて従業員の解雇を行わざるを得ない状況となるかもしれない。こうした課題に明確な

158　第Ⅱ部　社会からみた CSR

回答がないということも，事実である。

　このように，ステークホルダー・エンゲージメントを中心とする実践は「ステークホルダー・モデル」を実現するための潜在力を有している一方で，これを最適なものとするためには多くの課題が存在していることにも留意しなければならない。

7　ステークホルダーと価値創造

　現在の企業が肝に銘じておくべき重要な点は，ステークホルダーとの関係が価値創造に影響を及ぼすということである。株主か他のステークホルダーかの二項対立の構図でステークホルダーに関する議論が始まったころには，主に企業倫理との関係が深いテーマであった。そのため，この問題への対処を誤ったことで生じる企業のリスクは，主に評判（レピュテーション）に関わるものであった。もちろんレピュテーションの毀損が企業の業績に悪い影響を与えることは充分にあり得る。しかしこれまでに見てきたように，現在ではステークホルダーとの関わりがより直接的に価値創造の機会に関わるようになっている。ステークホルダーとの関係を誤ると，企業の中心的使命である経済的責任を果たすことに直接的に支障が生じるのである。例えば，グリーンウォッシュやブルーウォッシュが発生すると，企業のみならず関係したステークホルダーにも最も重要な資産である社会の信頼を毀損するリスクをもたらす。そのため，そうした選択をしたことのある，あるいは選択しそうな企業とはステークホルダーは協働しない。国際的に活動する様々なNGOの中には，内部で有している基準に基づいて慎重にパートナー企業の選択を行っている団体もある。

　こうした状況において，企業は倫理の観点からだけにとどまらず，本来の存在意義である経済的価値創造のためにも，ステークホルダー・ダイアローグによる対話をはじめとした様々な手段によって，ステークホルダーとの関係構築を実践すべきであろう。

注■

1 Freeman, R. E. (1984) *Strategic Management : A Stakeholder Approach*, Pitman Publishing.

2 Steiner, G.A. and Steiner, J. F. (2003), *Business, Government and Society*, 10[th]ed., McGraw-Hill Irwin.

3 Berle, A. A. and Means, G. C. (1932), *The Modern Corporation and Private Property*, Commerce Clearing House. (北島忠男訳『近代株式会社と私有財産』文雅堂銀行研究社, 1958年)。

4 Freedman, M. (1962), *Capitalism and Freedom*, University of Chicago Press. (熊谷尚夫・西山千明・白井孝昌訳『資本主義と自由』マグロウヒル好学社, 1975年)。

5 Wheeler, D. and Sillanpaa, M. (1997) *The Stakeholder Corporation : A Blueprint for Maximizing Stakeholder Value*, Pitman Publishing.

6 ビーチャム＆ボウイ (2005) 所収

7 同上

8 同上

9 本節の実例については長坂 (2011) を参照している。

10 Zadek, S. (2007) *The Civil Corporation*, Earthscan.

参考文献■

嵯峨生馬 (2011)『プロボノ　新しい社会貢献　新しい働き方』勁草書房。

谷本寛治 (2013)『責任ある競争力―CSRを問い直す―』NTT出版。

長坂寿久 (2011)『NGO・NPOと「企業協働力」CSR経営論の本質』明石書店。

ビーチャム, T. L. ＆ボウイ, N. E. (2005)『企業倫理学1』(加藤尚武他訳) 晃洋書房。

(野口豊嗣)

第 9 章

金融とCSR

●Point●

　金融とは，経済主体がそれぞれの目的に応じて資金の調達や運用を行う活動であり，資金の需給を調整する場が広い意味での金融市場である。金融市場では，金融機関（銀行や証券会社など）が介在し，資金の移転を仲介したり，預金，株式や債券，投資信託などさまざまな金融手段を生産し金融取引に必要な情報を提供して，資金の流れを円滑にする役割を果たしている。

　しかし現代において金融機関は，規模や安心感だけで世間の信頼を得られるとは限らない。つまり，それぞれの金融商品が有するユニークな特徴や投融資活動における取り組みの意味を預金者等に正しく理解してもらわなければ，金融市場での競争を有利に展開することは難しい。金融機関にとってCSRが重要とされる理由はここにある。金融機関はさまざまな情報を対外発信しつつ，ステークホルダーの認知度や理解度を高めていく必要がある。

　本章では，金融機関による「本業を通じた社会的課題の解決」としてのCSRを中心に論じる。具体的には，まず金融がもつ各種仲介機能や社会の中で果たされる役割に関する基本的な知識を説明する。そしてこれを切り口に，金融におけるCSRの意義や領域について理解してもらい，金融機関からの情報開示の重要性についても解説する。その後に，金融機関によるCSR活動の柱といえる環境金融とESG投資について整理する。

162 第Ⅱ部 社会からみた CSR

1 社会における金融の役割

1-1 金融仲介機関の必要性

　金融が発生するためには，まず資金の余剰主体と不足主体が存在しなければ
ならない。そしてこの両者間の資金移転の仕組み（金融市場）には，直接金融
と間接金融とがあり，間接金融においては預金証書などを発行する金融仲介機
関が介在している。ところが，この金融を円滑かつ効率的に実行するのは，決
して容易なことではない。次のケースを考えてみよう。資金の貸し手は，借り
手が確実に利子を支払い，資金を返済できるか懸念し，このような懸念が解消
されなければ，たとえ資金が余っていても貸そうとしない。他方，資金の借り
手のなかには，確実に利子を支払い，返済期日に確実に資金を返済する能力を
もった者が存在したとしても，自分が優良な借り手であることを貸し手に説得
できなければ，資金を借りることができない。

　資金を余剰主体から不足主体に円滑に移転できないのは，貸し手である余剰
主体が借り手である不足主体のことを十分に知らないからである。一般に，借
り手は自らの資金の返済能力等についてよく自覚しているのに対し，貸し手は
借り手について満足に知識を持ち合わせていない。このような状況を「情報の
非対称性」が存在すると表現する。

　情報の非対称性が存在する場合に，起こりうる2つの弊害について考察して
みよう。1つは，返済能力の高い借り手に優先的に貸そうとしている貸し手の
意に反し，実際には返済能力の低い借り手だけに貸す事態となってしまう「逆
選択」という現象である。これは，不良な借り手のほうが，万一成功すれば大
きな富が得られる事業に資金を投じようと，高い利子率でも借りようとする傾
向があるために起こる。貸し手は個々の借り手が優良か不良かわからないので，
どの借り手に対しても同じ利子率を提示すると，優良な借り手であるほどその
利子率を高すぎると感じ，資金を借りずに手を引いてしまうのである。

　もう1つの弊害は，取引を開始した後に発生する可能性がある「モラル・ハ
ザード（倫理の欠如）」という現象である。これは借り手が資金をいったん借
りてしまうと，貸し手にとり望ましくない，リスクの大きい事業に資金を投入

第9章　金融とCSR　*163*

してしまうような行動を指す。これを防ぐ手段がない場合，貸し手はモラル・ハザードの発生を懸念して資金を貸そうとしなくなり，円滑な資金移転が行われなくなるというものである。

　情報の非対称性により発生する逆選択とモラル・ハザード問題を解決もしくは緩和するためには，どのような対策を講じることができるだろうか。容易に思いつくのは，貸し手が借り手の返済能力を事前に十分に審査し，また事後には取引条件が履行されているか，しっかり監視することである。だが，これらの活動にはすべてコストがかかる。金融取引に伴うコストは，取引を大規模かつ専門的に扱う機関のほうが大きく削減することができる。何故ならば，第1に専門的な機関が個々の貸し手（預金者等）に代わって，借り手の信用度を長期的・継続的に審査し，行動を監視することで，貸出額1単位当たりの取引費用を削減できるからである（規模の経済性）。第2に，審査・監視に専門的に従事することでその能力も向上し，取引が長期間にわたれば，借り手に関する情報を蓄積することでさらに審査・監視の費用を引き下げることができるからである（専門化の利益）。このように，情報の非対称性を緩和しうる金融仲介機関の仲介により，それがなくては成立しない可能性の高かった資金の貸借取引が成立する余地が生まれるのである。

1-2　間接金融における金融仲介機関の機能

　ここで，間接金融における代表的な金融仲介機関である銀行を例にとって，銀行の持つ重要な金融仲介機能の1つひとつについて理解しておこう。間接金融における資金等の流れを示したのが，**図表9-1**の【間接金融】の部分である。

　第1に，借り手に関して情報を収集して信用度を審査し，貸出後には借り手がモラル・ハザードを起こさないように，契約した条件通り資金が使用されているかどうか監視する機能を，総称して「情報生産機能」という。情報の非対称性に伴う弊害を克服するために最も重要な機能であり，銀行はこの機能を発揮するために，借り手と長期間にわたる継続的な取引を志向する。

　次に「資産転換機能」は，借り手と取り交わす借入証書などを預金者に発行する預金証書などに変換して，大量の資金の調達と融通を行う役割を示す。つ

図表9-1　直接金融と間接金融

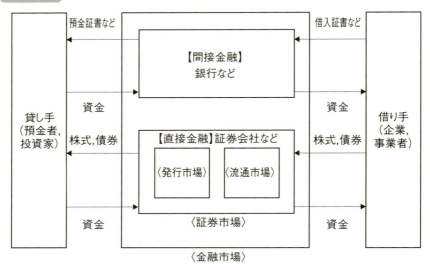

(出所)　岩田（2000）より筆者修正

まり，銀行は集めた預金を1つにまとめて貸し付けることができ，借り手は借りたい期間だけお金を借りることができる。借入証書などとは，借り手である赤字主体が資金調達のために発行する借入証書や手形などを指し，直接証券とも呼ばれる。銀行は，預金者へ預金証書などいわゆる間接証券を発行して個人から大量の資金を集め，企業が発行する直接証券と引換えに貸付を行っている。つまり，直接証券を間接証券に変換することで，大量の資金の調達と融通を行う。このようにして，いつでも引出可能な普通預金を最終的貸し手に提供しつつ，借り手に対しては1年を超える長期間の貸出を行うことができるのである。

　最後に，「リスク負担機能」とは，借り手が債務を返さないというリスクを金融機関が負うことをいう。貸し手側からみると，「借入証書など」はハイリスク・ハイリターンの金融資産である。一方，「預金証書など」は金融機関が発行する預金証書や保険証書を指し，貸し手側からみると，借入証書などに比べてより安全な金融資産である。例えば個人間で貸し借りを行った場合，借り手がお金を返さないリスクは貸し手が負うため，預金証書を保有する場合に比

第9章　金融とCSR　*165*

べて貸し手のリスクは高くなる。しかし，金融機関が借り手と貸し手の仲介を行えば，貸し手に代わって金融機関がリスクを負担する。したがって，お金を運用したいと考える個人は，銀行に預金という形でお金を貸すことで安全に運用することができる。銀行は，貸し手（預金者）としてのリスクを低減する役割を果たしているのである。

　間接金融は，銀行だけが独占しているわけではない。最終的貸し手と最終的借り手の資金の貸借を仲介するという切り口で見るならば，損害保険会社（以下，損保）や生命保険会社（以下，生保）も，同様の機能を果たしている。しかしそれらは，保険加入者に対して，銀行とは異なるリスク回避手段を提供している。例えば，ドライバーが自動車事故を起こしたときに損保が代わって損害賠償金を被害者に支払うことで，ドライバーは莫大な賠償金を支払わなければならないリスクを回避することができる。また生保は，被保険者が死亡した場合に，その被保険者が維持してきた家族等の生活が経済的危機にさらされるリスクを回避する手段を提供していることになるのである。

1−3　直接金融における証券会社（市場仲介者）の機能

　直接金融においては，貸し手が借り手の発行する株式や債券を直接購入することにより，前者から後者へ資金が移転する。例えば，上場企業が発行する株式を，最終的貸し手である個人が証券会社等の窓口を通じて購入する場合がこれに該当する。金融市場の中では，このように株式や債券など有価証券の発行が行われる発行市場と，それが流通する流通市場があり，これらを総称して証券市場と呼ぶ。直接金融における資金等の流れを，図表9−1の【直接金融】の部分に示した。

　証券市場には，発行体（企業），機関投資家，一般投資家，ファンド等の投資家といったさまざまなプレーヤーがアクセスするが，必ずと言っていいほど市場仲介者たる証券会社が，間に入る形で取引が行われる。証券会社は，自己売買やプリンシパル投資（自己資金による投資）等を行う市場プレーヤーとしても，市場に流動性や厚みをもたらし，資金調達方法の多様化に貢献している。ただし市場プレーヤーとしての証券会社は，売買・投資により自己の利益を追求する際に，市場仲介者としての信頼を損なわないよう，高い自己規律の下で

166　第Ⅱ部　社会からみた CSR

健全かつ適切な業務運営を行うよう求められている。市場仲介者としての証券会社は，どのような市場仲介機能を有しているのか，具体的に見ていこう。

　証券会社は市場仲介者として，高い公共性を持っている。例えば，発行市場において企業などが新たに発行する新株や債券などを一括して引き受け，その企業に代わって投資家に販売する業務（アンダーライティング）を行う。これにより，企業は株式や債券の発行を行いやすくなり，資金調達に関わるリスクを回避することができる。また証券会社は，企業からの委託を受けて株式や債券の販売を行う売捌業務（セリング）も行っており，これにより企業側は，販売に応募する購入者の探索コストを削減することができる。

　証券の発行市場がスムーズに稼働するためには，十分に整備された流通市場も存在しなければならない。証券会社は，流通市場において証券の公正な価格形成と円滑な流通を促進する役割を担う。具体的には，売買対象やその時期に関する助言を行う業務であり，迅速かつ適切な取引を執行する業務である。前者には，これを専業とする投資顧問業者もある。また後者の機能を果たすものとして，投資家から株式などの売買注文を受け，それらを証券取引所へつなぐ委託売買業務（ブローカー）がある。流通市場における証券会社のこれらの業務によって，証券売買に伴う取引コストは企業側も投資家側も直接証券を売買するより大幅に削減される。これらの機能を総称して，「市場円滑化機能」と呼ぶこととしよう。

　また証券市場では，金融商品取引法や各証券取引所が定めたルールが存在し，公正性や健全性が損なわれるようなルールに違反した取引がないか，しっかりチェックすることも証券会社の重要な仕事である。例えば，投資家による不公正取引として相場操縦やインサイダー（内部者）取引というものがあり，証券会社は，不公正取引等が疑われる注文について，投資家に対する注意喚起や注文の受託停止等を行うことが求められている。同じく企業に対しても，上場して間もなく財務内容，ガバナンス等に問題のある事例が過去に散見され，引受審査の適切性が指摘されるようになった。そこで特に新興企業に対して，コーポレート・ガバナンスの状況や，企業の成長性，資金使途の適切性，適時開示に向けた体制の整備，あるいは財務に関するデータの整備状況について，証券会社は確固たる審査体制を構築することが重視されるようになった。証券会社

第9章　金融とCSR　*167*

は，このような「チェック機能」の発揮によって投資家と企業双方に影響力を持ち，証券市場では不可欠な存在となっている。

1-4　金融の社会的意義

本章の冒頭で，金融とは「経済主体がそれぞれの目的に応じて資金の調達や運用を行う活動」であると述べた。しかし，その社会的意義を踏まえより具体的に定義づけるならば，「その結果として，経済活動が質・量の両面で向上し，より豊かな社会の実現に繋がる（活動）」という内容を付加すべきであろう。このような金融の特性を理解した上で，金融機関は今後どのような役割を果たすべきか，もう一度考えてみよう。

1つには，高度化し複雑化している金融市場を，常に透明性が高く公正で信頼のおける市場に育てあげ整備していく役割である。例えば，預金者や投資家が判断材料とする情報の質のレベルを高く維持しなければならない。それには，先に述べた「情報生産機能」や「市場円滑化機能」の高度な発揮が必須となろう。また全市場参加者にとって公正なルールを作り，金融機関自らがこうしたルールを尊重するのは勿論のこと，その「チェック機能」を駆使し，市場参加者に対してルールの徹底と遵守を働きかけることが必要である。

2つめは，金融取引が実体経済・社会に与える影響を適切に把握，評価しつつ，望ましい方向に社会を導いていく役割である。つまり，ある金融取引において反対に社会的に望ましくない影響が確認されたならば，それを回避する手段を考え実行しなければならない。後に述べるSRIに通じる考え方であり，金融機関は常に高次の感度と慎重さを兼ね備えることが求められているのである。

3つめは，CSRの重要なテーマとして，広く社会・地球環境の「持続可能な発展」に寄与する役割である。持続可能な発展とは，「将来世代のニーズを損なうことなく，現在世代のニーズを満たす発展」と定義される。今日の金融は，環境問題に起因するさまざまなリスクを考慮する必要があり，実際に金融の持つさまざまな機能が環境保全に活用されている。国際社会における環境意識の高まりとともに，金融への期待はますます高まっている。

168 第Ⅱ部　社会からみた CSR

2 金融CSRの意義

2-1 CSR活動の枠組みと情報発信

　金融機関は，さまざまな手段を用いてCSR活動を実践することができる。例えば，顧客満足度の向上，働きやすい職場づくり，社会貢献活動，環境保全活動，地域密着型金融などがその代表的なものである。金融機関はそれらの取り組みについて，冊子やホームページ上のCSRレポート等を経由し，株主・投資家，顧客，地域社会といったステークホルダーに対し積極的な情報発信を行うことができる。

　これら情報発信を行うことの意義や目的には，どのようなことが考えられるであろう。金融機関は，CSRに関するさまざまな考え方や活動を発信することで，ステークホルダーになんらかのメッセージを伝えることができる。例えば，CSRにおいて高い評価を受けている地方銀行のひとつである滋賀銀行は，CSRを「社会の持続可能な発展のために，社会の一員である当行が果たすべき責任」と位置づけ，環境・福祉・文化を3本柱としたCSR活動を展開している。そして「CSR憲章」と称し，地域社会・役職員・地球環境との「共存共栄」を同行の経営理念に掲げている（滋賀銀行Webサイト参照）。

　独自の環境方針を表明することも，重要なメッセージを伴うCSR活動の1つである。例えば筑波銀行は，「地域の皆さまの信頼をもとに，存在感のある銀行を目指し，豊かな社会づくりに貢献します」という基本方針の下，環境保全活動をCSRの根幹として位置づけ，「かけがえのない環境を未来に引き継ぐために積極的かつ継続的に取り組みます」との環境理念を標榜する（筑波銀行Webサイト参照）。金融機関は，このような環境理念を自らの事業で実践に移すことで，社会に対しその姿勢を示すことができる。金融機関による環境保全への取り組みは，ひとつに自らが省エネや環境負荷の少ない商品等を優先的に購入するグリーン購入等に取り組む「環境負荷低減」と，もうひとつに次節で述べる環境融資やESG投資など事業活動を通じた「環境ビジネス」の2つに大別される。日本の多くの地方銀行は，顧客に環境保全の実施を促していく観点から，その双方の取り組みを積極的に実施している。

第9章　金融とCSR　*169*

さまざまなイニシアチブへの署名とその公表も，コミュニケーション要素として重要なCSR活動となろう。例えば，環境省が主導する「21世紀金融行動原則」は，日本における金融機関等によるESG（E：環境，S：社会，G：ガバナンス）を考慮した金融行動のイニシアチブである。同原則は，前文で「持続可能な社会の形成のために必要な責任と役割を果たしたいと考える金融機関の行動指針として策定された」として，7つの原則を示している。また，金融業界全体から幅広い参加（署名）を促すため，「運用・証券・投資銀行」，「保険」，「預金・貸出・リース」の業態ごとのガイドラインを設け，業態ごとに持続可能な社会の形成に寄与するための参照すべき諸基準，取り組み事例の主な切り口などを示していることが特徴となっている。「21世紀金融行動原則」への署名は，2011年11月15日から開始され，2016年7月29日時点で，銀行，信用金庫，保険，証券など計247社に達するさまざまな金融機関が署名している。

2-2　金融CSRの本質

　ここで改めて，金融機関のCSR，すなわち金融CSRの意義や目的について考えてみたい。金融機関と一般の事業会社（以下，企業）とでは，求められるCSRは同じなのか。それとも異なるのであろうか。企業の場合，原材料や部品の調達，モノの製造，輸送，販売など各業務プロセスにおいて使用する資源やエネルギー，労働者の雇用環境，操業地のコミュニティ，消費地のライフスタイルなど，本業を通じた社会や環境に対する直接的な影響の部分に注目が集まる。一方，金融機関の場合，銀行，証券会社，保険会社のいずれであっても，前節で述べたとおり企業の資金調達やリスク管理をその業務としているため，「取引先企業各々の事業が社会や環境に配慮するよう導く方向に，投融資など金融サービスを行っていくこと」が重視される。言わば，企業を経由する形で社会や環境に対する間接的な影響力にCSR上の期待が集まる。したがって，金融機関のCSR，すなわち金融CSRは，メーカーや流通，商社など一般事業会社のCSRとは異なる次元で経済社会全体へ影響を及ぼし，社会の質を高めていく潜在力を持っている。その意味で金融CSRは，数ある業界のCSRのなかでも特別な存在であると言えそうである。

　金融機関は，企業に対してその事業性を見てリスクを判断し，リスクに見

170　第Ⅱ部　社会からみたCSR

合った金利を設定して貸出を行う。それぞれの企業について，本業の持続性はどれほどであるか，社会のなかで求められる存在として収益を上げ，社会に貢献しているのかなどを見ながら，お金という経済社会の血脈を扱っている。そして単に自らが収益を上げるだけでなく，企業を育成するという使命がある。つまり金融機関は，企業から資金を確実に回収するだけでなく，「このように経営を行って下さい」「こうすれば経営はもっと良くなります」といった提言も行う。そこまで行うのは，最終的貸し手である預金者の信頼を受けた資金を運用しているからである。したがって，「投融資を焦げ付かせないだけでなく，経済社会に活かす形で運用し，その成果としての経営実績，事業実績を社会に情報発信していくこと」が，金融機関の役割であり金融CSRそのものということになるのである。

2-3　金融CSRに必要な条件

　ここで，優れた金融CSRを展開するために欠かせない要件や能力について考えてみよう。

　それには，預金者（投資家）側の立場から「意思あるお金」という概念を忘れてはならない。昨今では，自らの金融資産に対して経済的リターンの追求のみに満足せず，自分の資金がどこに使われるかを見届けて運用したいという資金の出し手が増えている。例えば企業が新たに立地して収益を上げ雇用を増やすのを資金面で支え，地元の活性化に寄与していく動きを仲介する存在として，金融機関の役割を重視する層が厚くなっている。欧米に比較すればまだ少ないものの，自分の預けるお金を，地元の成長や環境・社会の改善など経済社会全体の活性化に有効に活用してくれる金融機関を選別する意識が，日本の個人の資産運用においても芽生えている。この流れの結実が，SRIや環境金融ということになるのだが，これについては次節で詳述する。

　「意思あるお金」の資金運用ニーズの高まりに，既存の金融機関が対応しきれない場合，どのようなことが起きるであろう。これには，直接資金を融通する仕組み（プラットフォーム）を作ればよいという発想から，不特定多数の人がインターネット経由で他の人々や組織に財源の提供や協力などを行う「クラウド・ファンディング（crowd funding）」という手段がすでに実際に生まれて

第9章　金融とCSR　*171*

おり，一般に既存金融機関からの資金調達が困難とされるベンチャー企業や
NPO法人（非営利団体・組織）など幅広い分野への出資に活用されつつある
（詳細は第15章参照）。クラウド・ファンディングの市場規模の着実な成長には，
既存の金融機関への不信が背景にあるとの見方もある。一般市民の「意思ある
お金」が集まらなくなると，社会における金融仲介機能として金融機関の存在
意義が薄まっていくことになりかねず，金融CSRの観点からも「意思あるお
金」の動向には慎重な目配りが必要である。

　言い換えれば，一定の収益を確保しつつも社会的に意義のある金融商品を買
いたい，環境・社会に良い企業に融資をする金融機関に自分の預金を預けたい
と願う層の預金者に選ばれる存在であり続けるため，金融機関はそのような資
金運用ニーズに応えられる能力の確保が必須である。そのための能力とは，ど
のようなものであろう。具体的には，「意思あるお金」の投融資先が抱えるリ
スクに対する審査力，リスクマネジメントの巧拙，そしてそれらを適切に行う
ための情報収集力・分析力ということになろう。これらはどれも，前節で述べ
た金融（市場）仲介における各種の機能，すなわち金融業本来の力の発揮にほ
かならない。極端な表現をすれば，金融（市場）仲介機能のすべてが金融CSR
を下支えしていると見ることができる。そして，リターンを出しつつ預金者の
期待に応え続けることこそが信頼につながり，それが金融機関としての最終的
な競争力につながっていくという見方が可能となるのである。

2-4　金融CSRとステークホルダー

　他の業界のCSR同様，金融CSRにおいても，金融機関に対し影響力を持つさ
まざまなステークホルダー（利害関係者）があり，そのステークホルダーごと
にさまざまな活動がある。ステークホルダーは多岐に亘る立場の人々で構成さ
れているが，各々のステークホルダーと偏りなく良好な関係を築いていくこと
が，金融CSRを向上させ金融機関の持続的な成長を促す。したがって，金融機
関は各ステークホルダーと十分なコミュニケーションを図り，金融CSRとして
どのような活動が求められているのかを具体的に理解することが必要不可欠と
なる。立場を異にする金融機関とステークホルダーで，情報や考え方を共有す
るのは必ずしも容易なことではない。金融機関側から一方的に情報を開示する

172　第Ⅱ部　社会からみた CSR

だけで，直ちにその情報がステークホルダー側に受け入れられ，共有され，コ
ミュニケーションが円滑に行われるという単純な図式が成立するとは限らない。
この問題を克服するため，金融機関としては自らとステークホルダーの双方の
視点から，CSR活動の重点課題や取り組みについて公正性・妥当性に関する説
明責任を果たすのみならず，各方面からの意見に迅速に対応することで，ス
テークホルダーからの信頼の構築とCSR活動自体の質の向上を図っていく努力
が求められる。

　図表9-2では，金融CSRにおける代表的なステークホルダーとして「顧
客」「株主・市場」「地域社会」「従業員」の４つを挙げ，それぞれに対するメ
ガバンクグループのCSR活動の内容について，その一部を紹介しておく。

　このように重要なステークホルダーは，必ず各行のCSR方針（目標）におけ
る重点課題（マテリアリティ）として活動対象に設定され，具体的な施策が盛
り込まれていることが分かる。また，どの施策においても，ステークホルダー
から直接的にフィードバックを得て，取り組みのさらなる改善を図っていこう
とする意欲が示されている。しかし，フィードバック活用の巧拙によっては，
その後のCSR活動の実力レベルに格差が生まれる可能性があることを忘れては
ならない。

3　環境金融とESG投資

3-1　環境金融とは

　これまで述べてきたように，「環境」は，金融CSRにおいてきわめて重要な
活動対象である。企業は，従業員が働くオフィスや営業活動を通して，電気，
ガスや水道等を使用し，CO_2や廃棄物を排出する。金融機関の場合，それに加
え各種金融サービスや投融資の提供を通じ，投融資先の事業から環境負荷に与
える間接的な影響力が大きい。そこで本節では，グリーン経済への転換，すな
わち持続可能な社会の形成を実現するため，環境分野へ投資を促す「環境金
融」の役割とその重要性について考察する。

　環境金融には，２つの具体的な役割がある。ひとつには，環境負荷を低減さ
せる事業に資金が直接使われる投融資である。例えば，環境に多大な影響を与

第9章 金融とCSR **173**

図表9-2 主要ステークホルダーに対するメガバンクのCSRの取り組み（抜粋）

	取組み内容（方針・実績）
顧客	＜三菱UFJフィナンシャルグループ＞ ３つのCSR重点領域を設定。その一つ目として，「お客様本位の品質追求」と定め，以下の３施策を具体的に展開している。 ① お客さまの声を収集するモニタリング態勢の構築 ② 高齢者・障がい者ニーズへの対応 ③ お客さま視点に沿った商品・サービスの品質管理の徹底
株主·市場	＜三井住友フィナンシャルグループ＞ CSRの定義及びCSRにおける共通理念である「ビジネス・エシックス」を定め，株主・市場に対しては以下の取り組み実績がある。 ① CSR開示基準に基づく情報開示 ② CSR広報ツールの拡充 ③ ステークホルダーとのダイアログ実施 ④ 統合報告の情報収集
地域社会	＜みずほフィナンシャルグループ＞ CSRにおいて８つの重点的な取り組みを推進している。その内，地域社会に対し以下の取組み計画がある。 ・『本業』：「地域経済活性化」策として，ファンド等と連携した６次産業化支援や復興支援・地方創生に関するアドバイザリー推進 ・『社会貢献』：本部施策としての被災地支援活動，拠点活動としての地域貢献活動
従業員	＜りそなホールディングス＞ 「グループCSR方針」に基づき，４つの重点課題（マテリアリティ）を設定。その一つに「ダイバーシティ」を掲げ，特に女性が活き活きと活躍する社会を目指す。 ・女性従業員を中心に女性の視点で商品開発やサービス提供を企画展開する『りそな「私のチカラ」プロジェクト』が始動（2006年）。 ・女性従業員の意見を経営に反映させることを目的に，経営直轄の諮問機関「りそなウーマンズカウンシル」が発足（2005年）。

（出所） 三菱UFJ FG，三井住友FG，みずほFG，りそなホールディングス各社Webサイトを参照して筆者作成

える可能性のある設備投資にはほとんどの場合金融が必要であり，その資金調達が事業成功の鍵を握るといっても過言ではない。金融機関は，環境問題への配慮を融資の条件にしたり，環境改善投資を優遇したりすることで，投資行動

174 第Ⅱ部 社会からみた CSR

に一定の影響を与えることができる。もうひとつは，企業行動に環境への配慮を組み込もうとする経済主体を評価・支援することで，そのような取り組みを促す投融資である。環境等の要素を投資判断に組み込む「ESG投資」（後述）が代表的な手段とされ，グリーン経済の実現に向け機関投資家への速やかな普及が求められている。

　国際機関や先進国の公的金融機関は独自の環境ガイドラインを持っているほか，日米欧，中国などの有力な民間金融機関は，「赤道原則（エクエーター原則）」に参加（2016年8月末時点，邦銀4社含む84社）している。赤道原則とはプロジェクトにおける環境・社会リスクを特定評価，管理するための金融業界基準であり，当初はシティバンク，ABNアムロ銀行，バークレイズ銀行，ウエストエルビー銀行の4行が枠組みづくりに着手し，2003年6月国際金融公社（IFC）と連携して初版が策定された（2016年12月末時点では，2013年6月に発効した第三次改定版が最新）。環境ガイドラインも赤道原則も，銀行などがプロジェクト融資（対象は総額10百万ドル以上）をする際に社会・環境リスクを低減することを目的として設けられたガイドラインであり，公害対策，自然環境保護や少数民族への配慮などについて十分でないと金融機関が判断すれば，融資を行わないとの考え方に基づいている。

3-2　ESG投資とは

　ESG投資とは，長期的視点に立って，環境（Environment）・社会（Social）・ガバナンス（Governance）に関連する企業活動の非財務的要因を投資決定プロセスに組み込む投資を総称し，ESGインテグレーション投資とも言われる。これに近い考え方として「社会的責任投資（SRI）」と呼ばれ，投資基準にCSR評価を組み込む投資手法がある。しかし，SRIの先進国である欧米においても，SRIのコストと投資パフォーマンスに関する問題が繰り返し指摘されてきた。環境や社会問題への取り組みには選別コストがかかる上に投資対象を狭めてリターンを制約し，社会的には望ましくとも投資パフォーマンスと両立する保証がないというのである。もし投資リターンが優れなければ，資産運用機関である機関投資家（投資信託や年金基金など）は「受託者責任」を問われかねず，日本の年金基金は小規模基金ほどSRIに消極的であった。受託者責任とは，資

産運用を委ねられた受託機関が投資成果をあげるために最大限の努力と注意を払う義務を履行する責任のことを指す。

しかし昨今では,「責任投資原則（PRI）」（後述）の発足を契機に，これに署名した機関投資家を中心として，ESG投資がその概念ともども世界的に拡大している。もとは企業に対する社会の期待を反映させた投資行動として，SRIという概念があったが,時代の変遷につれ内容に変化が生じ,現在ではその課題がESGとなった。しかも,ESG投資の考え方の根底には,長期的な視点と理解や賛同の得られやすさがある。そうしてESGは,国連環境計画イニシアチブなどが受託者責任と持続可能性の関連について策定した「21世紀の受託者責任」で,「投資実務において,ESGの問題など長期的に企業価値向上を牽引する要素を考慮しないことは,受託者責任に反することである」と表現されるほどに,その重要性を高めていったのである。

3-3 責任投資原則（PRI）

責任投資原則は,2006年4月に公表された金融業界に対するイニシアチブである。2000年に発足した「国連グローバル・コンパクト」が企業などを対象に策定された（詳細は第1章を参照）のに対し,これは投資家に対する原則と見なすことができる。

図表9-3の通り,責任投資原則は6原則で構成されている。原則1はESGインテグレーションについて,原則2はエンゲージメントについて明示している。原則3は投資先に対してESG情報開示を求めており,ESG情報はインテグレーションの実施に必須で,情報開示が不十分な場合は開示を求めるエンゲージメントが検討される。原則4は投資運用業界での促進を経て市場全体での普及を考察したものであり,原則5は市場関係者同士が協力することで効果を高めることができると考え,協働エンゲージメントを実施する。原則6は,機関投資家自身が活動を報告することで機関の活動や市場全体の透明性が高まり,情報共有が進むことで,さらに市場が成熟すると考えている。以上のとおり,原則全体として,ESGインテグレーション,エンゲージメントの促進につながる内容となっている。

PRIは2006年発足後,2007年の金融危機いわゆるリーマンショックを経て,

176 第Ⅱ部　社会からみた CSR

| 図表 9 - 3 | PRI 6 つの原則 |

【署名機関のコミットメント】

　私たち機関投資家には，受益者のために長期的視点に立ち最大限の利益を最大限追求する義務があります。この受託者の役割において，（ある程度の会社間，業種間，地域間，資産クラス間，そして時代毎の違いはあるものの）環境，社会，企業ガバナンス（ESG）課題が投資ポートフォリオのパフォーマンスに影響する可能性があります。また，これら 6 つの原則を適用することにより，投資家がより広範な社会の目的を達成できるであろうことも認識しています。

　したがって，受託者責任と一致することを条件に，私たちは以下にコミットします。

1．私たちは投資分析と意思決定のプロセスにESG課題を組み込みます。

2．私たちは活動的な所有者となり，所有方針と所有習慣にESG問題を組み入れます。

3．私たちは，投資対象の企業に対してESG問題についての適切な開示を求めます。

4．私たちは，資産運用業界において本原則が受け入れられ，実行に移されるよう働きかけを行います。

5．私たちは，本原則を実行する際の効果を高めるために，協働します。

6．私たちは，本原則の実行に関する活動状況や進捗状況に関して報告します。

（出所）　https://www.unpri.org/download_report/18940

　投資の信念や投資戦略を見直す機関投資家の署名参加が増加し始めた。発足当初は68に過ぎなかった署名機関数は，2015年12月28日時点で計1,446機関（運用資産合計59兆ドル超）まで増加している。このPRI署名機関数の増加は，ESG投資活動の増加にほかならない。

3－4　ESG投資の普及

　次に，SRI市場全体の現況を通して，ESG投資の成長の過程を見ておきたい。世界のSRIの市場規模を投資手法別にみると，「特定ビジネス排除」の市場規模が約14.4兆ドルで最大となっている（GSIA, *2014 Global Sustainable Investment Review*）。SRIは，教会の資産運用で酒やたばこなど特定の企業を投資対象から除外すること（ネガティブ・スクリーニング）から始まったとされるが，今も世界のSRI市場の主流を占めている。次に，市場規模が大きいのがESG投資で，2012年の約5.9兆ドルから2014年には約12.9兆ドルへと2倍以上に拡大している（**図表9－4**）。

　ESG投資は，投資の意思決定に財務データだけでなくESG情報も考慮する投資手法である。実際には，財務情報による評価とESG情報による評価とを合わせて，企業に対する投資ウェイトを定める方法や，財務情報で投資対象を絞り，そのなかでESGの評価が優れた企業に投資する方法などさまざまな投資手法が考えられるが，いずれにしてもESG投資の市場規模拡大は，ESG情報に対するニーズの高まりを表しているといえる。

　ところで，ESG情報とは具体的にどのようなものを指すのであろうか。SRIの投資家は，企業に投資する際，財務情報だけでなく，その企業の経営方針，

図表9－4　SRI投資のアプローチ別資産残高（世界全体）

（単位：10億ドル）

	2012	2014	伸び率
国際規範によるスクリーニング	$3,038	$5,534	82%
ネガティブ・スクリーニング	$8,280	$14,390	74%
ポジティブ・スクリーニング／ベストインクラス	$999	$992	－1%
ESGインテグレーション	$5,395	$12,854	117%
サステナビリティ・テーマ投資	$70	$166	136%
インパクト投資	$86	$109	26%
エンゲージメント／株主行動	$4,589	$7,045	54%

（出所）　GSIA, *2014 Global Sustainable Investment Review*

178　第Ⅱ部　社会からみたCSR

ビジネスモデル，知的資産，人材などの非財務情報を用いて将来の収益性やリスクを分析し，企業価値の評価を行う。企業価値の構成要素を「物的および財務的資産」と「無形要因」の２つに分けたところ，2009年時点で市場価値の構成要素として，無形要因が約８割を占めるとの分析結果が示された（国際統合報告協議会：IIRC）。すなわち，企業価値に対する財務情報の説明力は年々低下し，反対に非財務情報の重要性が高まりつつある。非財務情報にはさまざまなものがあるが，その中でも企業価値との関連性が高いものをESG情報と見なすことができる。昨今では，SRIの投資家のみならず，大半の投資家が企業価値を評価するためESG情報を必要とする時代になっているのである。

　このような状況において次代の情報源として期待されているのが「統合報告書」であり，2013年12月，前出のIIRCから報告書を作成する際の指針として，「国際統合報告フレームワーク（The International Integrated Reporting Framework）」が公表された。統合報告書では，企業における価値創造に焦点をあて，財務情報と非財務情報の区別なく，企業価値に影響する情報が簡潔に示されることになる。ただし，年次財務報告書に非財務情報も合わせて開示するなど開示の方法は多様であり，いまだ国際統合報告フレームワークに基づく開示が主流となるまでには至っていない（詳細は第５章を参照）。

　日本のSRI（ESG投資）の状況についても触れておきたい。まず先進諸国と比較すると，日本の普及度は大きく立ち遅れている事実を指摘せざるを得ない。例えば，2014年の欧州のSRI市場の規模は約13.6兆ドルで，運用資産額の58.8％に相当する。また，米国のSRI市場の規模は約6.6兆ドルで，運用資産総額の17.9％に相当する。一方，日本を含むアジアのSRI市場の規模は約530億ドルで，運用資産総額の僅か0.8％の規模に留まっている（**図表９−５**）。調査データが不十分との事情があるにせよ，日本のESGの取り組みは概して鈍いとの評価で，海外の年金投資家は日本株への投資に二の足を踏みがちであった。

　しかしここにきて，100兆円を大きく上回る運用資産を有し，世界最大規模の年金基金である年金積立金管理運用独立行政法人（GPIF）がPRIに署名するなど，わが国でもESG重視の裾野の拡がりや，海外マネーの呼び寄せ効果の期待が高まっている。ただしそれには，これまで述べてきたように，企業側のESG情報開示の積極化や，それを評価する手法の充実や定着が不可欠であるこ

第9章 金融とCSR 179

図表9-5 運用資産に占めるESG投資の比率と投資残高

	①運用資産に占める ESG投資の比率（%）		②ESG投資残高・地域比率 （億ドル，%）		③ESG投資残高 成長率（%）
	2012年	2014年	2012年	2014年	2012-2014年
欧州	49.0	58.8	87,575 （66.0）	136,076 （63.7）	＋55.4
米国	11.2	17.9	37,400 （28.2）	65,720 （30.8）	＋75.7
カナダ	20.2	31.3	5,891 （4.4）	9,449 （4.4）	＋60.4
豪州	12.5	16.6	1,341 （1.0）	1,800 （0.8）	＋34.2
アジア	0.6	0.8	402 （0.3）	529 （0.2）	＋31.7
合計	21.5	30.2	132,609 （100）	213,575 （100）	＋61.1

（出所） GSIA, *2014 Global Sustainable Investment Review*,
豪州の残高はニュージーランド含む。

とを忘れてはならない。

3-5 ESG投資の展望と課題

　ESG投資は，現在も変動の只中にある。すなわち，市場要因や持続可能性問題に対するESG投資関係者の見解が変化しつつあり，これに伴ってESGに関連する期待や意思決定基準のさらなる高度化が促されている。2015年は，世界的に重要かつ長期にわたって企業や投資家に影響を与える可能性の高い規範の制定や目標設定があったので，ESG投資への影響や今後の展望につき，簡単に触れておこう。

　第1は，2015年9月に国連で採択された，「持続可能な開発目標（SDGs）」である。SDGsには17のゴールがあり，従前の「ミレニアム開発目標（MDGs）」の後継として，残された課題や新たに顕在化した課題についての目標である（詳細は第10章参照）。ジェンダー，水，気候変動，エネルギーをはじめ多くのESG要因を包含しており，企業のみならず機関投資家も目標や活動に取り込んでいく必要がある。今後，このSDGsに関連してESG投資やエンゲージメントが増加していくであろうことは，想像するに難くない。

　第2は，2015年12月にCOP21（第21回国連気候変動枠組み条約締約国会議）で採択された「パリ協定」である。内容は，産業革命前からの気温上昇を2℃

未満に抑制するという従前の目標に加え，1.5℃未満という努力目標を併記し，気候変動に脆弱な国々にも配慮する内容となっている。さらにこれを補完すべく，21世紀後半に人為的温室効果ガスの排出を実質ゼロにするという長期目標と，2020年以降5年毎に国別の削減目標をより高く設定するという短期目標も盛り込まれた。

　しかしこれらの目標は，各経済主体の漸進的な取り組みだけでは達成が困難である。目標達成には，産業構造の大がかりな変動が不可避であり，それには金融機関が鍵を握るとの見方が有力である。なぜなら，投融資でお金の流れが変われば，低炭素経済・社会への移行の推進力となるからである。一方でこうした変化を見誤ると，金融機関はいわゆる「経済移行リスク」にさらされることになる。経済移行リスクとは，低炭素経済・社会への移行を見誤り投資回収が困難化するリスクを指し，石炭や油田開発に伴う座礁資産（stranded assets）がその代表例である。金融機関が経済移行リスクをしっかりと把握するには，信頼性の高い投融資先の情報開示と金融機関自身の情報生産が必要不可欠である。しかし，そもそも環境を含めた非財務情報開示原則が400前後も乱立しており，金融機関と投融資先である企業の双方にとって望ましくない状況が続いている。

　こうした事情を背景に2015年12月に金融安定理事会（Financial Stability Board：FSB）によって設立されたのが，「気候変動に関する財務情報開示タスクフォース（Task Force on Climate-related Financial Disclosure：TCFD）」である。FSBは，各国中央銀行の政策・国際協調支援機構である国際決済銀行（Bank for International Settlements：BIS）に事務局を置く機関で，国際的な金融システムの監督機構である。今後，TCFDは企業による銀行や保険会社，投資家やその他のステークホルダーに向けた気候変動関連の財務情報開示の一貫性および信頼性，明確性の向上に向けた一連のガイダンス策定に取り組んでいく。つまり，金融機関や企業が，気候変動に関連する財務リスクや潜在的な影響に関して，首尾一貫した情報を開示するための明確な提言を示すことを目指しており，金融の安定性という文脈から気候変動問題を議論する初めての国際的なイニシアチブである。気候変動関連の情報開示を巡っても，すでに世界中でさまざまな規制や取り組みが行われているが，既存の開示原則とは3つの

第9章　金融とCSR　*181*

点で一線を画している。すなわち，①権威ある機関による主導であること，②金融市場の安定化への対応という視点にあること，③リスク開示促進を目的としていることである。今後，同タスクフォースによる議論や提言，さらには新原則策定後の動向が，金融機関にとって新たな投融資の判断材料を提供していく可能性がある。さらに今後のESG投資，あるいはそれに代わる金融CSRの新機軸を指し示す先導役としても，強い関心の下でその経過を注視していく必要があると言えそうである。

参考文献■ ────────

岩田規久男（2000）『金融』東洋経済新報社。

金融調査研究会編（2007）『金融機関におけるCSR活動や環境配慮行動のあり方』金融調査研究会事務局。

シュミットハイニー，S.＆ゾラキン，F.J.L.　世界環境経済人協議会（WBCSD）（1997）『金融市場と地球環境─持続可能な発展のためのファイナンス革命─』ダイヤモンド社。

谷本寛治（2007）『SRIと新しい企業・金融』東洋経済新報社。

藤井良広（2013）『環境金融論─持続可能な社会と経済のためのアプローチ─』青土社。

水口剛（2013）『責任ある投資─資金の流れで未来を変える』岩波書店。

（柳田浩孝）

第10章

人権とCSR

●Point●

　本章では，人権がCSRにおいてどのように問題になるのか，そして企業はどのように対応すればいいのかについて学ぶ。CSRは一般に「企業の社会的責任」と訳されるが，人権について言えば，現在の国際的にスタンダードな考え方では，企業は「人権を尊重する責任がある」とされる。この一見単純なことを深く理解するため，まずCSRの基本的なキーワードである「影響」について考えたあと，企業の人権尊重責任とは事業活動において「人権にマイナスの影響を与えない」ことであることを，国連「ビジネスと人権に関する指導原則」を中心とする「ビジネスと人権」の考え方を通じて学ぶ。

　その際，ここでいう人権とは何かについても掘り下げた理解が必要になるため，この「ビジネスと人権」のベースにある世界人権宣言などの「国際人権基準」についても詳しくみていく。さらに，主なCSR基準で人権がどのように表れているかについても学んでいく。

　人権とCSRは結びつきにくいと思われがちなテーマだが，とりわけ近年のCSRをめぐる議論や取り組みでは，非常に重要なテーマとなってきている。上記のような基本的な内容に加え，近年の重要な流れについても最後にトピック的に取り上げる。

184　第Ⅱ部　社会からみた CSR

1　企業活動の中の人権

1-1　サプライチェーンとバリューチェーン─企業活動をどう捉えるか

　今日の社会，そして私たちの生活は企業の事業活動とわかちがたく結びついている。一日の生活を思い起こしてみよう。朝起きて歯をみがく。歯ブラシは企業の生産物である。照明をつければ，電気も企業から供給されている。朝食をとる。食材は企業の生産物である。駅まで歩き，電車に乗る。公共交通は民間企業によって運営されている場合も多い。電車を降りてコンビニに寄る。これも企業のサービスである。スマホで友人にメールする。スマホは企業の製品，通信回線も企業のサービスである。

　私たちの社会は，おびただしい数の製品とサービスによって成り立っている。逆に言えば，それらを生産するおびただしい数の企業が存在し，それぞれが社会に製品やサービスを供給する事業活動を行っている。その意味で，それぞれに社会に役立っている，と言うことができる。

　さて，こうした企業活動と人権はどのように関係するのだろうか。一見異なる世界のようにみえるこの両者は，しかし今日の世界で，これまたわかちがたく結びついており，その認識はますます高まってきていると言っても過言ではない。このことを理解する前提として，まず企業活動をどう捉えるかということを考えてみよう。

　いくつかの例を考えてみよう。上にも出てきたスマートフォン。今日，世界中で多くのスマホが日々使われている。多くの学生の日常でも，スマホは欠かせないものかもしれない。精密機器であるこのスマホが非常に多くの部品の集積であることは，分解したことがなくても容易に想像がつくだろう。日本を含め世界中の数多くの部品メーカーから部品の供給を受け（これを「調達」という），それらを組み立ててスマホは作られる。

　もう少し考えてみよう。それぞれの部品は何らかの素材によって作られているはずである。プラスチックなら，もとは石油であろう。金属なら，もとは鉱物資源であろう。

第10章 人権とCSR *185*

　さらに考えてみよう。ただ部品があってもスマホを作ることはできない。組み立てる工場を稼動させる電気やガスなどのエネルギーが必要である。水や何らかの気体も必要かもしれない。また，スマホのメーカーでは多くの人が働いている。生産にはオフィスや工場での労働が必要だ。組み立ての最終段階では自動化されている場合も多いが，しかし上にみたように部品工場や資源の採掘現場までさかのぼれば，そこでは非常に多くの人々の労働が関わっていることが容易に想像できるであろう。

　もう１つ，チョコレートの例を考えてみよう。チョコレートも企業の生産物である。スマホでのように想像力を働かせてみよう。チョコレートの箱に記載されている原材料表示を見るまでもなく，カカオや植物油脂，そしてパッケージの紙なども含めて多くの素材が，エネルギーと労働によってチョコレートという製品になることが容易に理解できるであろう。

　これら２つの例には，企業活動を理解する上での重要な要素が含まれている。それは，製品が長い過程（プロセス）を経て作られるということであり，それらは一連のつながりを持っている，ということである。このことは，モノとしての製品の生産だけでなく，サービスの供給の場合でも基本的に変わりはない。

　さらに言えば，このつながりは，スマホを使い，チョコレートを食べる私たち消費者も含めて考えることができる。すべてはつながっている。地理的に言えば，世界中がつながっているのが，今日のグローバル化された世界である。

　このつながりをバリューチェーンという。鉱物やカカオなどの素材が，エネルギーや人間の労働，そしてその他の多くの生産プロセスを経て価値（value）を付加されていく過程，そのつながりの連鎖（chain）というイメージである。そして，このバリューチェーンのうち，製品やサービスが生産されるまでの過程をサプライチェーンという。素材や部品，エネルギーなどが企業に供給（supply）されるまでの連鎖のことである。これらを図にすると次のようになる（**図表10-1**）。図では単純化しているが，このつながりの中で実際には数多くの企業などが関わっている。

図表10-1 サプライチェーンとバリューチェーン

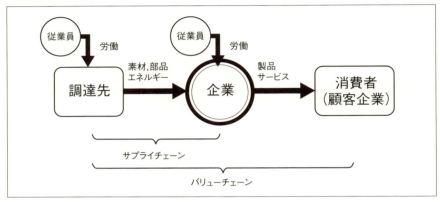

(出所) 筆者作成

1-2 影響への責任──CSRの基本

　第1章では，EUがCSRを「企業の社会に対する影響への責任」と定義していることへの言及があった。このことを上の図を見ながらもう少し詳しく考えておこう。

　企業の事業活動にエネルギーが必要であることはすでに述べた。エネルギーを使うと，石油などの天然資源を消費し，それは確実に減っていく。また，二酸化炭素を排出して気候変動を促進することにもなる。これは，地球環境に対して影響（impact）を及ぼすということである。同様に，スマホを使い，チョコレートを食べる私たち消費者にも，企業活動は影響を及ぼしている。それは，手軽に通信ができる，空腹を満たすというプラスの影響でもあるが，同時に，スマホのバッテリーが過熱して火傷をする，チョコレートに不純物が混ざっていて健康を害するといったマイナスの影響である可能性もある。場合によっては，スマホへの過度の依存や食べ過ぎによる栄養過多もマイナスの影響と考えていいかもしれない。

　生産のために働く人はどうだろうか。雇用を生み出すというプラスの影響があることは間違いない。しかし一方，その労働が仮に労働法を遵守しないような過酷なものであればどうだろうか。工場現場が基本的な労働安全衛生も配慮

第 10 章　人権と CSR　*187*

されないような劣悪なものであればどうだろうか。これらは，マイナスの影響
として働く人々に作用する。

　こうした例に見られるような環境や社会に対する影響，その影響に対する責
任が「企業の社会的責任」である。第 1 章で言及されているような，現在の地
球と社会が抱えるさまざまな問題は，その多くがこの影響と直接・間接に関
わっている。

1-3　人への影響─企業活動の中の人権

　いくつかの例で企業活動の影響をみてきた。いま一度振り返ってみると，そ
こには人が多く登場することに気づかされる。生産現場で働く人々，スマホを
使い，チョコレートを食べる消費者はもちろん，環境への影響も人と無関係で
はない。例えば気候変動により海面が上昇し，島嶼国で暮らす人々の生活の場
を奪ってしまうことを考えてみよう。

　こうした人への影響，とくにマイナスの影響を考えることが，CSR における
人権では最も基本的な視点となる。後に詳しく述べるが，企業の事業活動のバ
リューチェーンの中で人にマイナスの影響を及ぼしていないか，あるいは及ぼ
す可能性はないかを考え，及ぼす可能性があればそれを防止・軽減し，実際に
マイナスの影響を及ぼしていればそれを是正するよう対処するのが，企業の責
任となる。これを企業の人権尊重責任という。

　ここで，人権を改めて捉え直しておく必要があるかもしれない。「人への影
響」はすべてが人権に関わることなのだろうか。

　「人権を定義せよ」というレポート課題が出たら，みなさんはどのようなこ
とを書くだろうか。ある人は社会的差別の問題を例に挙げるかもしれないし，
ある人は日本国憲法から法律論を展開するかもしれない。またある人は，フラ
ンス革命までさかのぼって叙述するかもしれない。人権に関するイメージや認
識は人によってさまざまであり，どれが正しくどれが正しくないと直ちに言う
ことはできない。

　しかし，CSR で課題とすべき人権は，後に述べるように，さまざまな国際基
準によってかなり明確なものになってきている。もしみなさんが人権は差別の
問題だと思っているなら，人権をもう少し広く捉える必要がある。また，人権

188　第Ⅱ部　社会からみた CSR

は法律だけの問題でもない。ここではとりあえず，人が生きているところには
人権の問題があり，「人への影響」は多くの場合人権の問題である，そして，
企業の人権尊重責任とは，人権を尊重しながら，つまり人権を侵害しないよう
なやり方で事業活動を展開することである，と理解しておこう。

2　「ビジネスと人権」の枠組み

2-1　多国籍企業の強大化──「ビジネスと人権」前史

　少し歴史をさかのぼって考えてみよう。「1　企業活動の中の人権」でみた
ような企業の事業活動，そしてその影響，とくにマイナスの影響は，21世紀に
なってから始まったわけではない。

　「世界中がつながっているのが，今日のグローバル化された世界である」と
先に述べた。グローバル化とは，政治や経済，文化などでのやり取りが，国家
や地域の境界を越えて地球規模に拡大することをいう。ここで重要な経済の側
面でいえば，人，モノ，金（資本），そして情報のやり取りが世界大に拡大す
ることであり，前節でみたようなバリューチェーンのつながりが世界大に広
がっている現実である。グローバル化の「光と影」とときに言われるようにそ
の評価はさまざまであれ，また政治状況などにより変転は経ながらも，近代以
降の大きな流れとして現在の世界がグローバル化しているという現状認識自体
は異論のないところであろう。

　近代において生成し発展してきた資本主義，その下での企業も，このグロー
バル化の流れの中で国境を越えて大きくなってきた。その中には，1国の国家
予算をはるかにしのぐ事業規模をもつものも多い。事業規模が大きくなれば，
世の中に供給する製品やサービスの量も大きくなり，雇用する人の数も膨大に
なる。つまり，多国籍企業と呼ばれてきたこの強大な企業は，その生産，調達，
雇用，消費などさまざまな側面，つまりバリューチェーン全体の中で社会や環
境に大きな影響を及ぼす。こうした個々の強大な企業でなくても，今日，企業
は総体として社会や環境に大きな影響を及ぼしている。そして，上述のように
その影響には，当然ながら人へのマイナスの影響も含まれる。

　すでに20世紀後半から，こうした問題はさまざまに指摘されてきた。1990年

代半ばには，アメリカのスポーツシューズメーカーが，アジアの委託先工場での児童労働についてNGOなどから激しい批判を浴び，全米のボイコット運動にまで発展した（「ナイキ・ショック」）。また，インド・ボパールの除草剤工場から有毒ガスが流出して地域住民に甚大な被害を及ぼしたのは，さらにさかのぼって1984年のことであった。最近では，2013年4月にバングラデシュで発生し，1,100名を超える犠牲者を出したラナ・プラザビル崩落事故がある。縫製工場も入るこのビルでの安全性を顧みない労働現場の問題は，欧米や日本のアパレル産業ともつながるサプライチェーン上の問題として大きく取り上げられた。企業活動が日常的に続いている以上，今日こうした問題はどこにでも起こっている，あるいは起こる可能性があると言っても過言ではない。

国際社会の場でも，こうした多国籍企業による人権侵害への対処が大きな課題となってきた。経済協力開発機構は1976年に「多国籍企業行動指針」を出し，2011年まで5回にわたり改訂されてきている。現在では人権が従来以上に大きく取り上げられている。国際労働機関も，「多国籍企業及び社会政策に関する原則の三者宣言」を1977年に採択し，2007年まで3回改訂されてきている。

国連の場でも，多国籍企業による人権侵害への対処が大きな課題となってきた。条約化による法規制を検討すべきであるという議論もなされてきたが，しかし，さまざまな利害の錯綜する国連の場で，結局合意には至らず，膠着状態が続いてきた。

21世紀に入り，こうした状況を打開するために，この問題に関する国連事務総長特別代表に任命されたハーバード大学のJ. G. ラギーが中心となって進められてきたのが，2008年の「保護，尊重，救済：「企業活動と人権」についての基本的考え方」，その後2011年に国連人権理事会で全会一致で承認された「ビジネスと人権に関する指導原則：国際連合「保護，尊重及び救済」枠組実施のために」に代表される一連の流れである。

2-2　国連「ビジネスと人権に関する指導原則」

ラギーを中心とするグループは，「指導原則」の承認に至る過程で，企業の関わる人権侵害について広範な調査研究を行うとともに，世界各地に足を運び，さまざまなステークホルダーとの会合を重ねた。こうした策定過程によって

「指導原則」は説得力と正当性を確保することとなったと言ってよい。

　各方面から賛同を得ることとなった「指導原則」は，法的拘束力を持つ枠組みではないソフト・ローではあるものの，その後，さまざまなCSR基準にも影響を及ぼし，また後に述べる「ビジネスと人権に関する国別行動計画」が多くの国で策定されはじめているなど，その影響力はきわめて大きい。日本でも，企業と人権，あるいはCSRと人権に関わる問題が「ビジネスと人権」と表現されることがあるが，その場合，この「指導原則」に代表される枠組みで語られる内容のことを言っている。以下，「指導原則」を中心に「ビジネスと人権」の考え方を少し詳しくみていこう。

　「指導原則」は，国家には企業による人権侵害から個人を「保護」する義務を，企業には人権を「尊重」する責任を求めている。そして人権侵害から「救済」する仕組みの必要性も示される。この「保護・尊重・救済」は，「ビジネスと人権」の最も基本的なキーワードである。

　ここでいう企業の人権尊重責任は，事業活動において「人権を侵害しないこと」である。企業はまず，あらゆる事業活動に「人権侵害リスク」はないか，つまり事業活動によって人権を侵害していないか，あるいは侵害する可能性はないかをチェックして問題を特定し，具体的に「誰の」「何の」人権をどのように侵害しているか，あるいは侵害する可能性はないかを評価することが求められる。そして，人権を侵害することがないよう対処（防止，軽減）することが求められる。また，実際に侵害していれば，その状態を是正することが求められる。

　この場合，すでに述べたように，バリューチェーン全体で考える必要があり，自社事業が直接関与する人権侵害に加え，取引先との関係で事業活動が間接的に加担してしまっている場合も含まれることに注意を要する。上に述べた「ナイキ・ショック」の場合のような，サプライチェーン上での児童労働の問題などは，このケースに含まれる。

　この人権尊重責任の果たし方を具体的に示している人権デューディリジェンスについて，次節でもう少し詳しくみていこう。

2-3　人権デューディリジェンス

「指導原則」では，人権尊重責任を果たすための企業の取り組みを人権デューディリジェンス（due diligence）と言っている。デューディリジェンスは「正当な注意」などと訳される場合もあるが，むしろ原語のまま理解したほうがいいだろう。デューディリジェンスは，もとは企業買収などの際の対象企業の財務状況や事業リスクの調査のことだが，今日CSRの分野でも広く使われている。

「指導原則」では，人権デューディリジェンスを含め，企業として概ね次のような取り組みを行うべきであるとされている。

(1)　人権に関する基本方針の策定

経営トップが責任をもって関わり，専門家の意見やステークホルダーの期待を反映させて基本方針をつくる。

(2)　人権デューディリジェンスの実施

自社の事業が人権に与える影響を特定・評価し，マイナスの影響を与える場合は，その影響を防止・軽減する対処をする。

(3)　人権侵害に対する苦情対応の仕組みづくり

自社が実際に人権侵害を引き起こし，また助長した場合，その被害者を救済して侵害を是正するための仕組みをつくる。

このうち，(2)人権デューディリジェンスは概ね次のような内容である。

①　特定・評価

自社の事業活動がバリューチェーン全体の中で人権にどのような影響を与えるのか特定し評価（assessment）する。

②　マイナスの影響を防止・軽減する仕組みづくり

①の特定・評価の結果を生かす仕組みをつくり，人権へのマイナスの影響を防止・軽減する。

③　追跡評価

②の取り組みを評価（evaluation）する。

④　公表・報告

①～③の取り組みについて，外部に公表・報告する。

192　第Ⅱ部　社会からみたCSR

いささか抽象的かもしれない。いくつかの例で具体的に考えてみよう。

セクシュアル・ハラスメントではどうなるだろう。セクハラは人権侵害であり，被害者の人権にマイナスの影響を与える。また，職場は事業活動の場，その意味でバリューチェーンの一環であり，企業には管理責任がある。その職場で起こるものである以上，セクハラに対して適切に対処しなければ，企業が従業員に対してマイナスの影響を与えていると捉えることができる。この場合，①〜④は次のようになるだろう。

① 従業員がセクハラという人権侵害を受ける可能性があるということをしっかり認識する。

② 従業員の認識を高める，相談窓口を明確にするなど，セクハラが起こらないような仕組みを社内につくる。

③ その仕組みがしっかり機能しているかどうかを評価する。

④ セクハラに対して自社がどう取り組んでいるかをCSR報告書などで公表する。

もう1つ，児童労働の場合で考えてみよう。①〜④は次のようになるであろう。

① 児童労働という人権侵害の可能性を，自社だけでなくサプライチェーンにまでさかのぼって検討する。

② 自社の職場で，あるいは資源や部品の調達先の工場などで従業員の年齢を確実に把握するなど，児童労働を防止するための仕組みをつくる，あるいはつくるよう取引先に要請する。

③ その仕組みがしっかり機能しているかどうかを評価する。

④ 児童労働の問題に対して自社がどう取り組んでいるかをCSR報告書などで公表する。

なお，ここで①の「可能性」は重要なポイントである。あらゆる事業活動の中で人権侵害が四六時中起こっているわけではない。しかしいつ起こるかわからない。だからこそ，普段から起こらないようにする（防止する）仕組みをつくっておく，ということだ。この「可能性」のことを「指導原則」ではpotentialと表現している。しかし，それでも実際に起こってしまう場合がある。

第10章　人権とCSR　*193*

このときの対応が前記(3)の「是正」であり，被害者をどう救済するか，が主眼となる。この起こってしまうこと，つまり可能性が現実になることを「指導原則」ではactualと表現している。人権に関わる問題は，自分には関係ない，自社には関係ないと思われている場合も多い。この「可能性」の視点により，人権の問題はより身近なものになるであろう。

2-4　国際人権基準

　企業の人権尊重責任，そして人権デューディリジェンスについて述べてきた。さて，では翻ってその人権とは具体的にどのようなものなのであろうか。人権を尊重する責任を果たすために，企業は何に基準をおいて取り組めばいいのだろうか。

　CSRで課題とすべき人権は「さまざまな国際基準によってかなり明確なものになってきている」と先に述べたが，ここで「ビジネスと人権」で課題となる人権について，改めて詳しくみておきたい。

　今日，「ビジネスと人権」において企業が尊重すべき人権は「国際的に認められた人権」である。国際的な共通理解を得ている，ということである。具体的には世界人権宣言，国際人権規約，ILO中核的労働基準の3つで構成されている。これを「国際人権基準」という。

　みなさんは世界人権宣言を読んだことがあるだろうか。第二次世界大戦後の1948年12月10日に，すべての人と国とが達成すべき基準として第3回国連総会で採択されたきわめて重要な文書である。その第1条には「すべての人間は，生れながらにして自由であり，かつ，尊厳と権利とについて平等である。人間は，理性と良心とを授けられており，互いに同胞の精神をもって行動しなければならない。」と述べられている。

　以降，全30条にわたって具体的な内容が続くが，例えば第25条には「すべて人は，衣食住，医療及び必要な社会的施設等により，自己及び家族の健康及び福祉に十分な生活水準を保持する権利……を有する。」と「健康への権利」が含まれている。食品企業が製造ミスにより消費者の健康を損ねてしまったような場合は，この健康への権利が侵害されていると考えることができる。また，働く人の健康に配慮しなければならないことも，ここから導き出される。製造

194　第Ⅱ部　社会からみた CSR

過程から排出される汚染物質によるマイナスの環境影響によって地域住民の健康を損なう場合なども，この健康への権利が関係する。

　世界人権宣言が法的拘束力を持たない宣言であるのに対し，条約というかたちで法的拘束力を持たせたものが国際人権規約である。1966年の第21回国連総会で採択され，1976年に発効している。国際人権規約は，「経済的，社会的及び文化的権利に関する国際規約（社会権規約）」と「市民的及び政治的権利に関する国際規約（自由権規約）」から構成されている。社会権規約は「A規約」，自由権規約は「B規約」と呼ばれることもある。

　ILO中核的労働基準は，国際労働機関が数多くの条約や勧告によって定める国際労働基準のうち，現在の国際社会が最低限遵守すべき基準とされている，「結社の自由及び団体交渉権」「強制労働の禁止」「児童労働の実効的な廃止」「雇用及び職業における差別の排除」の4つの分野（8つの条約）から構成されている。中核的労働基準は，条約を批准していない場合でも，「加盟国であるという事実そのものにより，誠意をもって，憲章に従って，これらの条約の対象となっている基本的権利に関する原則を尊重し，促進し，かつ実現する義務を負うこと」が求められることに注意を要する。

　なお，人権と労働は分野として分けられる場合もあるが，労働基準も国際人権基準に含まれているように，人権・労働の問題として一括して語られる場合も多い。

　以上，「国際人権基準」を構成する世界人権宣言，国際人権規約，ILO中核的労働基準を簡潔にみてきたが，より具体的には，企業活動との関連でラギーが整理している**図表10-2**および**図表10-3**が参考になるであろう。ラギーは，企業による人権侵害であると告発されたケースとしてオンライン上に集積された320件について，「何の権利か」「誰の権利か」「どこで侵害されたのか」「どのように侵害されたのか」という視点から整理を試みているが，そのうち「何の権利か」について，労働関連の権利と労働関連以外の権利に分けて一覧にされたものがこれらの図表である。したがって，考えられる人権侵害のすべてを網羅しているわけではないが，実際に問題となったケースをベースにしていて説得性がある。

第 10 章　人権と CSR　*195*

図表10-2　**影響を受ける労働における権利**

・結社の自由	・同一労働・同一賃金の権利
・団体交渉を組織し，参加する権利	・仕事における平等の権利
・非差別の権利	・公正かつ適正な報酬への権利
・奴隷労働および強制労働の廃絶	・安全な作業環境への権利
・児童労働の廃絶	・休息と余暇への権利
・仕事への権利	・家族生活への権利

（出所）　ラギー（2014）

図表10-3　**影響を受ける労働以外の権利**

・生命，自由及び人の安全への権利	・平和的な集会の権利	・プライバシー権
・拷問又は残虐な，非人道的な若しくは品位を傷つける取扱いからの自由	・婚姻及び家族を形成する権利	・社会保障への権利
・法の前での平等の承認及び保護	・思想，良心及び信教の自由	・相当な生活水準への権利（食糧，衣類及び住居を含む）
・公正な裁判への権利	・意見を持つ権利，情報及び表現の自由	・身体及び精神の健康への権利，医療サービスへのアクセス
・民族自決の権利	・政治的活動への権利	・教育への権利
・移動の自由	・文化，宗教的行為及び言語への少数者の権利	・文化的な生活に参加する権利，科学の進歩による利益及び著者の利益の保護

（出所）　ラギー（2014）

196　第Ⅱ部　社会からみたCSR

3　CSR基準の中の人権

3-1　国連グローバル・コンパクト

　次に，「ビジネスと人権」の考え方が主要なCSR基準にどのように表れているかをみておこう。まず国連グローバル・コンパクトを取り上げる。

　国連グローバル・コンパクトは2000年に始まった国連の枠組みであり，詳しくは第1章で解説されている。ここでは人権・労働分野の原則を改めて確認し，国際人権基準との関連をみておきたい。国連グローバル・コンパクトの人権・労働分野では次のような原則が掲げられている。

> 原則1　企業は，国際的に宣言されている人権の保護を支持，尊重すべきである。
> 原則2　企業は，自らが人権侵害に加担しないよう確保すべきである。
> 原則3　企業は，結社の自由と団体交渉の実効的な承認を支持すべきである。
> 原則4　企業は，あらゆる形態の強制労働の撤廃を支持すべきである。
> 原則5　企業は，児童労働の実効的な廃止を支持すべきである。
> 原則6　企業は，雇用と職業における差別の撤廃を支持すべきである。
> 　　　　　　　　（以下，原則7～9は環境，原則10は腐敗防止）

　原則3～6が先にみたILO中核的労働基準（「結社の自由及び団体交渉権」「強制労働の禁止」「児童労働の実効的な廃止」「雇用及び職業における差別の排除」）に符合していることは一見して明らかだろう。また，原則1は企業の人権尊重責任を，原則2は取引先との関係など間接的な場合でも責任があることを述べている。

　署名した企業は，これらの原則に沿った行動を求められ，またその報告もしなければならない。なお，各国にはローカル・ネットワークがあり，日本でもグローバル・コンパクト・ネットワーク・ジャパン（GCNJ）が一般社団法人として活動している。さしあたり，このGCNJのウェブサイトがグローバル・コンパクトに関する日本での情報源となるだろう。

第10章　人権とCSR　*197*

3-2　ISO26000

　ISO26000は国際標準化機構（ISO）から2010年11月に発行された社会的責任に関する国際規格であり，日本ではJISZ26000として国内規格化されている。詳しくは第1章と第5章で解説されている。

　「ビジネスと人権」との関連では，全100ページ余りに及ぶISO26000の内容全体のベースとなる「社会的責任の原則」に，「説明責任」「透明性」「倫理的な行動」「ステークホルダーの利害の尊重」「法の支配の尊重」「国際行動規範の尊重」とともに「人権の尊重」が含まれているほか，「中核主題」にも「人権」と「労働慣行」が含まれている。

　その策定過程において，のちに国連「ビジネスと人権に関する指導原則」で定式化される「保護・尊重・救済」枠組みの大きな影響があったとされるISO26000だが，そのことは，例えば中核主題「人権」の中の「国家には，人権を尊重し，保護し，満たす義務及び責任がある。また，組織は，自らの影響力の範囲内を含む，人権を尊重する責任を負う。」との叙述に端的に表れている。

　また「中核主題」の「人権」では，「デューディリジェンス」「加担の回避」「苦情解決」について述べられているが，それらは「指導原則」で詳しく展開されているものである。尊重されるべき具体的な人権として，「市民的及び政治的権利」「経済的，社会的及び文化的権利」「労働における基本的原則及び権利」が具体的に述べられている点も「国際人権基準」との関連で重要である。

3-3　GRIのレポーティング基準

　取り組んだCSRについてどのように開示し，報告（レポート）するか，という観点からの代表的なレポーティング基準であるGRIのサステナビリティレポーティングガイドラインについてもみておこう。GRIガイドラインについては，第5章で詳しく解説されている。

　ここでは，最新版である「GRIスタンダード」に，人権や労働に関する開示内容としてどのような項目が含まれているかをみておこう。GRIスタンダードには，基本的な報告原則や組織（企業）の概要についての開示項目を定めた「一般基準」と，経済・環境・社会の各分野での開示項目を定めた「特定基

198　第Ⅱ部　社会からみたCSR

準」があるが，その後者の中の「社会基準」に人権や労働に関連する項目が含まれている。

　その主なものには「労使関係」「労働安全衛生」「多様性と機会均等」「非差別」「結社の自由と団体交渉」「児童労働」「強制労働」「先住民の権利」「人権評価」「サプライヤーの社会影響評価」「顧客の健康と安全」「顧客のプライバシー」などの項目があり，それぞれ具体的な開示内容が示されている。これらすべてについて開示するのではなく，主にステークホルダーに与える影響の観点から重要性（マテリアリティ）があると考えられる項目について選択して開示することになるが，いずれにしても，国際人権基準にも整合した内容が多く含まれていることを，ここでは確認しておこう。とくに，「人権評価」は人権デューディリジェンスのプロセスの中の人権への影響の特定・評価に関連する内容である。また「サプライヤーの社会影響評価」はそれをサプライチェーン上の取引関係にまで広げたものだが，「社会影響」にはもちろん人権や労働への影響も含まれている。

　以上，代表的なCSR基準を概観してきたが，「ビジネスと人権」のさまざまな要素が反映され，共通点も多く含まれていることがわかるであろう。

4　「ビジネスと人権」に関連する重要な流れ

4-1　「指導原則」に関連する動き

　先に述べたように，国連「ビジネスと人権に関する指導原則」は2011年の承認以来，世界で大きな影響力を持ち続けている。毎年秋の時期に，「ビジネスと人権フォーラム」がジュネーブで開催されてきているが，「指導原則」の進捗状況を共有し，諸課題について議論するこのフォーラムは，政府，NGO，企業関係者，研究者など2,000名を超える人々が集う一大イベントとなっている。「ビジネスと人権」は，世界的にはそれだけ関心の高い課題であることをここでは理解しておこう。

　このフォーラムのテーマの1つともなっているが，「指導原則」を各国で実施する際の指針となる「ビジネスと人権に関する国別行動計画」（National Action Plan：NAP）が世界の国々で策定されつつある。法的拘束力のない

第10章　人権とCSR　*199*

「指導原則」を実際に実施する際には社会全体の合意が前提となる以上，国レベルでの行動計画の策定は重要な一歩となる。2016年末の時点で，13か国が策定済み，20か国が策定中となっている。

　一方，「指導原則」に法的拘束力のないことがその実効性を弱めているという議論は，すでに述べたように以前からある議論の流れだが，法的拘束力を持たせる，つまり条約化することに向けた検討を始めるべきだとする「企業に対して法的拘束力を持つ条約案検討のための公開政府間作業部会」の設置が2014年にエクアドルなどによって提案され，採択されて議論が続けられている。条約化自体の実効性を問う見解などさまざまな議論があるが，いずれにしても，企業による人権侵害の実態がなお世界中でなくなっていないことが背景にあり，国際社会がそれに対処しようとしていることを理解しておこう。

　2015年のG7エルマウ・サミットでは，先に触れたバングラデシュのラナ・プラザビル崩落事故にも触れながら，G7各国が人権と環境に配慮する「責任あるサプライチェーン」の実現に尽力することが首脳宣言に盛り込まれた。「指導原則」の実施や国別行動計画の策定の必要性にも言及されている。翌2016年のG7伊勢志摩サミットではこの課題を引き継ぐことは明記されたものの具体的な言及はなかった。しかし，国際社会では今後も引き続き重要な課題として議論されていくであろう。

4-2　法規制の流れ

　前節でみた条約化の議論は国連の場での国際的な動きだが，一方，各国のレベルでは，個別にさまざまな法制化の動きがみられる。代表的なものをいくつかみておこう。

　みなさんは「紛争鉱物」という言葉を聞いたことがあるだろうか。冒頭にスマホが作られていく過程のことを述べたが，スマホにも使われているレアメタル（希少金属）の原産地であるコンゴ民主共和国の状況を改善しようとして2010年に成立した米国「金融規制改革法」（ドッド・フランク法）第1502条がある。政情が不安定なコンゴ民主共和国の武装勢力の支配地域では，児童労働や強制労働などの劣悪な労働・人権状況のもとで採掘される鉱物が武器調達の資金源になってきたが，この法律では，こうした資金源を絶って人権侵害を回

避するために，「紛争鉱物」（タンタル，すず，金，タングステン）の使用をサプライチェーンにまで遡って調査し，報告することを米国上場企業に求めている。こうしたレアメタルが使われているのはスマホや携帯電話関連だけではなく幅広い製造業に及び，日本企業も含め関連する企業は大きな影響を受けている。

　2015年にはイギリスで，自由を奪った奴隷状態で強制労働をさせるような現代的な奴隷制や，性的搾取や労働搾取につながる人身取引の防止などを目的とする「現代奴隷制法」が制定された。イギリスで事業活動を行う一定の売上高以上の企業に，「奴隷制・人身取引報告書」の年次公表を求めており，その中で，奴隷と人身売買に関する方針，事業とサプライチェーンにおける奴隷と人身取引に関するデューディリジェンスのプロセス，奴隷と人身取引が発生するリスクのある事業とサプライチェーンの部門，そのリスクの評価と管理をするための取り組み，その有効性などの記述を求めている。先にみた「指導原則」の人権デューディリジェンスの取り組みの開示を具体的に求める内容であり，その影響は大きい。

　遡って2012年の「カリフォルニア州サプライチェーン透明法」も，サプライチェーンでの人身売買や奴隷労働に対する取組みの開示を求めている。いずれも，企業の取り組みの開示を求めることを通じて実効性につなげようとしているところに特徴がある。

　これ以外にも，個別の法規制の動きは少なくない。人権に特化した内容でなくても，例えば2010年に採択された，木材の違法伐採を規制する「EU木材規則」のような環境関連の法規制も，地域住民の人権状況と深く関連している。

4-3　国連「持続可能な開発目標（SDGs）」と人権

　第1章では，企業にとっても重要な指針になるものとしてSDGsへの言及があった。SDGsは人権の視点からも重要な枠組みであるので，ここでも触れておきたい。

　SDGsは，2015年9月の国連持続可能な開発サミットで採択された「我々の世界を変革する：持続可能な開発のための2030アジェンダ」（アジェンダは「行動計画」や「政策課題」などが含意された用語に含まれている。下記のよ

うな，貧困，飢餓，保健，教育，ジェンダー，労働，水，エネルギー，気候変動など多岐にわたる17の目標が掲げられており，それぞれに計169の具体的なターゲット（達成基準）が設定されている。2015年までに国際社会が達成を約束した「ミレニアム開発目標」を継承するとともに，2012年の国連持続可能な開発会議（リオ＋20）で課題とされた環境面での持続可能性目標を統合して策定されたものである。

目標1　あらゆる場所のあらゆる形態の貧困を終わらせる。

目標2　飢餓を終わらせ，食料安全保障及び栄養改善を実現し，持続可能な農業を推進する。

目標3　あらゆる年齢のすべての人々の健康的な生活を確保し，福祉を促進する。

目標4　すべての人に包摂的かつ公正な質の高い教育を確保し，生涯学習の機会を促進する。

目標5　ジェンダー平等を達成し，すべての女性及び女児の能力強化を行う。

目標6　すべての人々の水と衛生の利用可能性と持続可能な管理を確保する。

目標7　すべての人々の，安価かつ信頼できる持続可能な近代的エネルギーへのアクセスを確保する。

目標8　包摂的かつ持続可能な経済成長及びすべての人々の完全かつ生産的な雇用と働きがいのある人間らしい雇用（ディーセント・ワーク）を促進する。

目標9　強靭（レジリエント）なインフラ構築，包摂的かつ持続可能な産業化の促進及びイノベーションの推進を図る。

目標10　各国内および各国間の不平等を是正する。

目標11　包摂的で安全かつ持続可能な都市及び人間居住を実現する。

目標12　持続可能な生産消費形態を確保する。

目標13　気候変動及びその影響を軽減するための緊急対策を講じる。

目標14　持続可能な開発のために海洋・海洋資源を保全し，持続可能な形で利用する。

202　第Ⅱ部　社会からみた CSR

> 目標15　陸域生態系の保護，回復，持続可能な利用の推進，持続可能な森林
> 　　　　の経営，砂漠化への対処，ならびに土地の劣化の阻止・回復及び生物
> 　　　　多様性の損失を阻止する。
> 目標16　持続可能な開発のための平和で包摂的な社会を促進し，すべての
> 　　　　人々に司法へのアクセスを提供し，あらゆるレベルにおいて効果的で
> 　　　　説明責任ある包摂的な制度を構築する。
> 目標17　持続可能な開発のための実施手段を強化し，グローバル・パート
> 　　　　ナーシップを活性化する。

　このSDGsの部分だけが切り離して語られがちだが，「2030アジェンダ」全体を踏まえておくことが重要で，みなさんもぜひこの「2030アジェンダ」全体を読んでいただきたい。そこでは，よく言及される「誰一人取り残さない」（no one will be left behind）という原則や，発展途上国だけでなく先進国自身の課題でもあることなどが述べられているほか，全体にわたって世界人権宣言や国際人権諸条約に基礎をおくべきことが述べられている。少し考えればわかるように，掲げられている課題は，ちょうどバリューチェーン上のステークホルダーがそうであったように，人に関わる内容が非常に多く含まれている。したがって当然，人権の尊重が重要な共通原則となっているのである。

　企業との関連はどうだろうか。17の目標を一見してわかるように，企業活動と関わりのある目標・ターゲットが数多く含まれているが，SDGsはその達成のために「グローバル・パートナーシップ」を求めており（目標17），政府や国連機関だけでなく，民間企業やNGOの参画も求めている。「2030アジェンダ」では国連「ビジネスと人権に関する指導原則」やILO基準などにも具体的に言及され，こうした国際基準を遵守しながら，創造性とイノベーションを発揮して，それぞれの企業が目標の達成のために尽力すべきことが求められている。CSRとも深く関連するSDGsは今後も重要な枠組みであり続けるであろう。

参考文献■
一般財団法人アジア・太平洋人権情報センター（2016）『人を大切に―人権から考えるCSRガイドブック（第三版）』一般財団法人アジア・太平洋人権情報センター。

海野みづえ（2014）『新興国ビジネスと人権リスク―国連原則と事例から考える企業の社会的責任（CSR）』現代人文社。
菅原絵美（2013）『人権CSRガイドライン―企業経営に人権を組み込むとは』解放出版社。
ラギー，J. G.（2014）『正しいビジネス―世界が取り組む「多国籍企業と人権」の課題』（東澤靖訳）岩波書店。

（松岡秀紀）

第11章

環境とCSR

●Point●

　地球環境問題の深刻化から企業は環境保全活動が求められている。本章では環境経営を「企業経営の隅々にまで環境の意識を浸透させた経営」と定義し，地球環境問題と企業活動との関連を学ぶ。企業は経済活動を目的に事業活動を営んでいるという前提のもと，環境保全をいかに経済活動に結びつけるのかの視点が重要になると捉えている。

　そこで，本章では環境問題に特化した取り組みではなく，企業経営の中で環境と経済の連携をどのようにして取り組んでいるかを中心に解説する。最初に，地球環境問題の特性を理解した上で，環境政策から環境経営を考えた場合，企業の創意工夫を高める有効な政策手法に関して議論する。続いて，環境経営を促進させる要素は何かを検討する。さらに，環境と経済の連携を図るための「環境会計」を取り上げ，企業の環境影響の範囲を拡大し，生態系サービスとしての自然資本の測定する「自然資本評価」の取り組みを紹介する。最後に，企業が環境問題の解決主体として国際社会から期待される役割とは何かを述べる。

206 第Ⅱ部　社会からみた CSR

1 地球環境問題と企業経営

1-1　地球環境問題とは何か

　地球環境問題とは，地球温暖化や砂漠化，オゾン層の破壊，森林伐採，砂漠化の進行，資源枯渇（水資源，化石燃料，鉱物資源），有害廃棄物の越境移動，生物多様性の減少，熱帯雨林の減少，海洋汚染などを指す。地球環境問題は，発生原因の主体の特定が難しく，かつ，被害が国境を越え，また長期的視野で考える必要のある課題となる。

　地球環境問題の代表的な地球温暖化は，「気候変動に関する政府間パネル（IPCC）」において多数の科学者らが研究を行い，その見解を取りまとめている。2014年11月に公表されたIPCC第5次評価報告書統合報告書によると，「人為起源の温室効果ガスの排出が20世紀半ば以降に観測された温暖化の支配的な原因であった可能性が極めて高い」と述べられている。さらに，「地球温暖化は進み，人々や生態系にとって深刻な影響を及ぼす可能性が高まる」と予測されている。

　この地球温暖化は国際社会においても喫緊の課題として取り上げられている。例えば，2020年以降の地球温暖化対策の枠組みである「パリ協定」は2015年12月に採択され，2016年11月に発効している。ここにはすべての国が参加し，産業革命以前から気温上昇を2℃未満に抑えることが明記されている。この目標に対し，国レベルだけでなく，企業や個人レベルにおいても対応が迫られている。

　本章では社会課題のひとつの環境問題に対し，企業はいかにして取り組んでいるのかを述べていく。

1-2　地球環境問題と企業の対応

　地球環境問題と経済発展の両立は可能かという問いに対し，トレードオフ問題が生じることが指摘される。トレードオフとは，複数の選択肢のうち1つの選択肢しかとることができないことを指す。環境を保護すれば経済発展は停滞し，経済発展を続けると環境破壊が進むという。

第 11 章　環境と CSR　*207*

　企業経営の場面においても環境対応と企業利益の両立は可能かという課題が存在する。この課題に対し，企業経営としてどのようなアプローチが求められているのかに関してここでは次の 2 点を取り上げる。

⑴　クリーナー・プロダクション技術

　従来の公害問題は，水質汚濁や大気汚染，土壌汚染，騒音，悪臭問題など生産現場のどこに原因があるかが特定可能であり，エンド・オブ・パイプ型（出口管理）アプローチとして発生原因に直接対応されていた。

　他方，地球環境問題は対応する時間的・空間的幅が大きい課題である。そこで企業の生産プロセスそのものから環境負荷を未然に防止し，継続的に改善可能な環境配慮型への構築が求められる。これを「クリーナー・プロダクション技術」あるいは「イン・プロセス技術」と呼ぶ。環境対策を行うことでエネルギー効率や資源生産性が達成され，生産コストの低減にも寄与するアプローチである。さらに，生産プロセスだけでなく，製品の原料調達から廃棄・リサイクルに至る製品ライフサイクル自体の環境負荷低減も目指している。

⑵　環境効率性

　環境効率性とは，人々の生活の質を向上させながら，製品・サービスのライフサイクルを通した資源の効率性や環境影響の削減の実現を企図した概念で，1992年に「持続可能な発展のための世界経済人会議（WBCSD）」によって導入された。環境効率性を企業単位で見た場合，分母は温暖化排出ガスや廃棄物などの環境負荷物質が，分子は売上高などの貨幣単位による指標化が試みられている。環境効率性を上げるには，創意工夫や技術革新などの取り組みが重要となる。

1-3　CSRと環境経営

　わが国では1990年代以降，大手企業を中心に，環境マネジメントシステムや環境報告書などの取り組みが展開されてきた。その頃から企業の環境保全活動を呼称して「環境経営」という言葉が普及してきた。環境経営の定義は研究者によってさまざまであるが，地球環境の持続可能性を前提として，企業経営の中に環境活動を取り込むとの文脈で捉えられることが多い。本章では「購買や製造，人事，調達などあらゆる事業活動に環境配慮の意識を浸透している経

208　第Ⅱ部　社会からみた CSR

営」を環境経営と呼び，CSRの中での活動と位置づける（國部他，2012）。したがって，CSRの定義（第1章参照）に従い，事業活動を通じた戦略的な活動であり，地球環境問題という社会課題をステークホルダーとの関わりの中で解決していくものと捉えている。

2　環境政策と環境経営

2-1　環境政策のあり方

　地球環境問題を経済学的な費用の観点からみると，環境資源は誰でも利用可能であるにもかかわらず，環境破壊により発生するコスト（外部コスト）を社会の誰も負担しないことに原因があると言われている。また，経済学では，誰でも使用可能な共有資源を「公共財」と呼び，この便益だけを享受することを「フリーライダー」と呼ぶ。例えば，地下水なら水道料金がかからず，いくらでも利用可能だ。しかし，仮に誰かが地下水を枯渇するまで使用してしまうと，地下水で農業を営んでいる地域の農家が被害を受ける。この場合，地下水が公共財で，タダで利用した人がフリーライダーとなる。

　環境資源をいかに管理するかの制度設計に環境政策の役割がある。企業側からすると費用を最小限に抑えて，最大限に環境負荷低減に寄与する政策のあり方が問われる。政府側は，企業の創意工夫を発揮し，かつ，環境対応を免れるフリーライダーを発生させない制度設計がポイントとなる。

　環境政策は，地球環境問題の特性を考慮し，かつ社会・経済双方にとっての最適な政策手法が検討されている。その主要な手法には以下のようなものがある。

(1)　規制的手法

　　具体的な行為や基準を義務づけるもの手続きなどのルールを義務づけるもの。直接規制として水質汚染防止法の排水基準，枠組規制としてPRTR法の届出制度

(2)　経済的手法

　　行為者に経済的誘因を提供するか，経済的負担を課す手法。研究開発・技術開発補助金，地球温暖化対策税，固定買取制度

(3) 自主的取組手法

　　事業者などが自らの行動に一定の努力目標を設けて対策を実施する手法。経団連の低炭素社会実行計画

(4) 情報的手法

　　環境負荷などの情報の開示と提供を進める手法。環境報告書，省エネラベル）

(1) 規制的手法

　規制的手法とは，違反行為に対して罰則などの法的制裁を行う手法であり，直接的規制と枠組み手法に大別される。直接的規制は，大気汚染や水質保全，土壌汚染など排出減が特定でき，かつ基準値を設けることが可能な場合に適応される。枠組手法は，具体的に何かを禁止したり制限することを直接的に行うのではなく，一定の手順・手続きそのものの行為の枠組み自体を義務づける手法である。例えば，「特定化学物質の環境への排出量の把握等及び管理の改善の促進に関する法律」（PRTR法）は，対象化学物質を排出・移動した際には，その量を把握し，国に届けることを義務づけている。

　規制的手法は，企業側の創意工夫が損なわれると懸念されるかもしれないが，規制の設計次第では効果的であるとするいわゆる「ポーター仮説」と呼ばれる考え方がある。ハーバード大学のM.ポーターによると，「適切に設計された環境基準であれば，製品の総コストを下げたり，その価値を高めたりするイノベーションが促される。企業はそのようなイノベーションを通じて，原材料やエネルギー，労働力などのインプット（投入物）をより生産的に活用し，その結果，環境負荷を減少させるコストを相殺させる」と説いている。規制という制約を受けることで，企業がそれへの対応として，技術開発などのイノベーションを促進し，エネルギーや原材料の効率性，また，汚染物質を極力使用しない生産プロセスや製品に転換するなど資源生産性の改善が実現され，その結果，従前よりもコスト効率や製品の差別化などの点において競争力強化につながると説く。

　日本の例で見ると「トップランナー制度」があげられる。これは，自動車や家電等のメーカーに対し，現時点で最も優れた機器の水準に技術進歩を加味した基準（トップランナー基準）を満たすことが求められる制度である。家庭用

210 第Ⅱ部 社会からみた CSR

冷蔵庫では，平成17年度から平成22年度の6年間で，約43％のエネルギー効率の向上が達成されている。本体の価格は多少高くとも，優れた省エネ性能を有し電気代の小さい冷蔵庫であれば，他の冷蔵庫よりも競争上優位であると言える。

(2) 経済的手法

経済的手法とは，経済的インセンティブを介し，市場のメカニズムを通して環境問題の解決を行う手法である。わが国では，2009年からエコカー減税が実施されており，燃費効率の高い自動車の自動車重量税と自動車取得税が減免されている。消費者は燃費の良い車種を選択することになり，自動車メーカー側は他社に先駆けて低燃費車の技術開発を行うインセンティブにつながっている。その他に，太陽光発電や風力発電などの再生可能エネルギーを普及させるための制度として，FIT（固定価格買取制度）が取り組まれている。再生可能エネルギーの発電事業者に一定期間，「買い取り価格の保証」を行うという経済的インセンティブにより再生可能エネルギーの普及・拡大を図ろうというものである。

先の規制的手法はその履行を行政が直接監視する必要があるなど，地球環境問題などの発生源が複雑な問題には不向きである。その点，経済的手法は，企業に対する技術開発インセンティブとともに，環境負荷の削減という政策目標の達成という点で優れている。

(3) 自主的取り組み手法

自主的取り組み手法とは，企業が自らの行動に一定の努力目標を設けて対策を実施する取り組みによって，環境負荷低減などの政策目標を達成する手法である。先の規制的手法や経済的手法と比較すると，法律や補助金等の制度が成立するまで時間がかかるが，「自主的取り組みであれば企業や産業界からの賛同が得やすいこと」や，「企業のステークホルダーに対する訴求が企業活動に効果がある場合」などに有効な分野である。ただし，法的拘束力がないため，実効性が不確実などの問題が指摘されている。このような代表的な企業の環境取り組みを次項で取り上げる。

(4) 情報的手法

情報的手法とは，消費者や投資家等の企業を取り巻くステークホルダーが環

第11章　環境とCSR　*211*

境配慮に積極的な企業や環境負荷の少ない製品・サービスを評価し，選択することにより，企業の環境活動を促進させる手法である。この「情報」を市場経済に正しく提供することで，企業とステークホルダー双方に環境配慮のインセンティブを組み込むものである。企業の環境活動を年次で開示する「環境報告書」や製品の環境情報を開示する「環境ラベル」などの取り組みがこれにあたる。先の自主的取り組みは情報的手法と併用することで効果的となる。

　上記(1)～(4)が主な企業の環境活動に関わる環境政策となるが，地球環境問題の「公共財」という性質上，すべての活動主体に漏れなく取り組んでもらい，フリーライダーを発生させないようにする必要がある。そのため，個々の取り組みだけでなく，それぞれの長所と短所を踏まえた政策手法の組み合わせ（ポリシーミックス）がポイントとなる。また，消費者や投資家等のステークホルダーが企業の環境活動を後押しする行動変化も考慮した制度設計が期待される。

2-2　自主的取り組みとしての環境活動

　環境活動を企業経営の中で取り組むには，マネジメントシステムと目標の設定が重要となる。日本企業の環境活動の代表的なものに，「環境マネジメントシステム（ISO14001）」と日本経済団体連合会（経団連）の「低炭素社会実行計画」があげられ，製造業を中心とし，90年代から取り組みが進められている。

(1)　環境マネジメントシステム（ISO14001）

　ISOとは国際標準化機構の略称で，スイスのジュネーブに本部をおく国際機関である。ここでは，製品やマネジメントシステムなどの世界共通の規格づくりを行っている。ISOの環境マネジメントは，リオデジャネイロで地球サミットが開催された1992年前後から，「持続可能な開発」の実現に向けて，ICC（国際商工会議所），BCSD（持続可能な開発のための経済人会議），EU（欧州連合）などにより検討が開始され，1996年に発行された。環境マネジメントシステムに関するISO14000シリーズには，ISO14001の他に環境監査，環境パフォーマンス評価，温室効果ガスの排出量の算定・検証，環境ラベル，ライフサイクルアセスメント，エコデザイン，環境コミュニケーション，カーボンフットプリント，ウォーターフットプリント等が規格化されている。その他に本章の4節でも取り上げるマテリアルフローコスト会計も2011年にISO14051として発

行された。このうち第三者機関による認証審査が必要なのはISO14001など一部にとどまる。なお，ISO14001は，2015年に改訂が行われ，経営戦略との連携が強調されるようになった。

ISO14001では，企業が環境マネジメントを行うための仕組みや手順が，いくつかの要求事項として定められている。ISO14001：2015の要求事項は，「環境目標及びそれを達成するための計画策定」，「リスクと機会への取り組み」，「リーダーシップ及びコミットメント」など，環境マネジメントシステムを通常業務に組み込みながら環境負荷低減を行う仕組みとなっている。わが国では経団連がISO14001の導入を推し進めたこともあり，製造業を中心に多くの企業が相次いで取得し，認証取得数は世界的にみても多い。

ISO14001の効果として，日経エコロジーが日本経済新聞社の「環境経営度調査」で上位となった企業にアンケート調査（2016年5月）[1]したところ，「省エネ（92.3％）」，「廃棄物削減（88.2％）」，「温室効果ガスの削減（80.5％）」など，環境負荷低減に寄与していることが分かる。

ISO14001の認証取得は企業の自主的判断によるが，取引先の要請や環境格付け評価の1つになっているなど社会的な要請も大きいとされる。ただし，ISO14001は環境マネジメントシステムの規格であり，環境目標設定の中身自体は，企業各社それぞれに関わる課題となる。

(2) 経団連「低炭素社会実行計画」

経団連では，産業界が率先して低炭素社会に貢献していくための自主的取り組みを1990年代から重視している。1996年に「経団連環境アピール—21世紀の環境保全に向けた経済界の自主的行動宣言—」を，1997年には「経団連環境自主行動計画」を発表し「2008年度～2012年度の平均において，産業部門及びエネルギー転換部門からのCO_2排出量を1990年度レベル以下に抑制するよう努力する」との目標を掲げ，それぞれの業界の産業特性や技術導入余地を考慮しながら，自主的に削減目標を設定している。この結果，1990年度比12.1％削減している。2013年には，2020年目標として，「経団連低炭素社会実行計画フェーズⅠ」を，2015年には，2030年に向けた「低炭素社会実行計画フェーズⅡ」を発表している。2030年目標設定に関しては，2016年6月時点で，57業種が低炭素社会実行計画を策定している。これらの経団連の取り組みは，目標の設定

第 11 章　環境と CSR　*213*

（Plan），目標達成に向けた取り組み（Do），進捗状況の定期的なフォローアップ（Check），実行計画の見直し（Act）のPDCAサイクルをもとに進められ，特に，フォローアップに関しては，毎年，政府に目標の進捗を伝えている。

　経団連「低炭素社会実行計画」はある程度の成果は見えつつあるものの，すべての業界が目標を設定していない点や，目標設定が業界の判断にゆだねられている点，また誰がどこまで計画の実行数値をモニタリングしていくべきなのか，あるいは経団連に参加していない企業への対策をどうするかといった課題がある。また，個々の企業がどこまでコミットできるかも問われる。

　企業の自主的取り組みの代表とされるISO14001や産業界の取り組みは，強制力はないものの，ある種の拘束力を持つものと言える。ただし，企業単体で環境活動をどこまで行うかは組織内の問題となる。そこで，組織の環境活動を促進させていく要素を次節で取り上げる。

3　環境経営促進の要素

3-1　環境経営理念

　企業の存在意義を示すものに経営理念があり，それに沿って企業ビジョンや経営戦略が策定されている。環境経営においても，それぞれの企業がなぜ環境経営に取り組むかの理念が必要となる。環境経営理念の重要なポイントは，社員に理解され，浸透していることである。

　例えば，社員に環境経営理念を浸透させる取り組みを積極的に行っている企業に住友林業があげられる。同社は，300年以上前の別子銅山の開坑を創業とする。明治時代になると，長年の伐採や精錬による煙害の影響で銅山周辺の環境荒廃が大きな問題となった。当時の別子鉱業所支配人・伊庭貞剛は，「国土の恵みを得て事業を続けていながら，その国土を荒廃するに任せておくことは天地の大道に背く。別子全山をあおあおとした姿に返さねばならない」と唱え，1894年，「大造林計画」により森林再生事業を開始した。この事業が同社の事業の原点となる。現在もこの理念は受け継がれ，新入社員も中途採用の社員も，別子銅山での登山研修が行われるなど，社員への事業を通した環境経営理念の浸透がなされている（住友林業Webサイト参照）。

214 第Ⅱ部 社会からみたCSR

3-2 超長期で考える視点

第21回国連気候変動枠組み条約締約国会議（COP21）において2020年以降の温暖化防止の枠組み「パリ協定」が採択され，地球の壊滅的被害を防ぐためには，今世紀後半に気温上昇を2℃未満にすることを目指している。そのために長期目標として，人間活動で排出される温室効果ガスと森林などの生態系による吸収量とのバランスをとって実質ゼロにすることが掲げられている。

温暖化にみるような地球環境問題は将来にわたって影響が大きく，長期にわたるビジョンを社会全体で共有し，実行することが不可欠になってくる。企業に対しても環境長期ビジョンを示す姿勢が社会から期待されている。

例えば，トヨタ自動車は2015年10月に環境長期ビジョン「トヨタ環境チャレンジ2050」を公表している。「トヨタ環境チャレンジ2050」では，「新車CO_2ゼロチャレンジ」「ライフサイクルCO_2ゼロチャレンジ」「工場CO_2ゼロチャレンジ」など6つのチャレンジがあり，ガソリン車を限りなくゼロにするなど，明確な数値目標などが掲げられている。日経ビジネスが実施したインタビューでは，ビジョン策定における社内議論の過程を環境部長が次のように述べている[2]。

……最終的に目指すところを一致させた上ではないと議論は進みません。足元だと常にコストの議論になってしまいます。環境はコストから入るとなかなか進みづらい領域です。

長期目標の策定において，コストの議論をどのように乗り越えるかが1つの大きな問題でした。どう乗り越えるかは，最後は会社の理念そのものだと感じました。

外部の方にどう見られているか分かりませんが，トヨタはCSR（企業の社会的責任）という言葉が普及する前から「世のため，人のため」という思いが非常に強い会社だと思っています。

特に印象的だったのが，内山田竹志会長が「できることをやるんじゃなくて，やるべきことをやろう」と常に言っていたことです。その言葉に（現場の）我々は救われました。

世界で温暖化に巡っての議論がなされている時に，我々がやるべきこと

第11章　環境とCSR　*215*

はなんだろうと議論が飛躍できたのです。

　その瞬間にコストを基準にできるできない，という議論から跳躍できました。……

───────────────────────────

　このインタビュー内容から，ビジョン策定とは社会への企業姿勢を示す意義だけでなく，何をするべきかを社内において共有する意味でも重要であることが分かる。

　トヨタ自動車をはじめ企業や自治体など環境ビジョン策定にバックキャスティング手法が採用されている。バックキャスティングでは，将来のある時点を決め，そこから逆算して，どのようにすれば実現できるかのロードマップを作る。今やるべき取り組みが将来にとって正しい取り組みかどうか，適切な判断の道しるべとして有効な手法となる。

　未来は不確実なものである。しかし，将来予測のデータが国内外の研究機関等から公表されている。バックキャスティング手法や社内議論を踏まえた超長期の視点は，環境経営を前進させるものと言える。

3-3　経営者のリーダーシップ

　環境活動を遂行するために欠かせない要素のひとつが経営者のリーダーシップである。リーダーシップとは，「リーダーによる部下のやる気や行動に対する影響力」（コッター，2012）と定義され，リーダーがどのように行動するかによって決定づけられる。通常の事業活動では，新商品開発やどうすればライバル会社に勝てるのか，急な為替の変動に原材料価格が上昇したのでどう対応すればよいのかなど，短期的に対応しなければならない課題が山積している。環境活動は社会課題としては大きな位置づけとなるが，このような日常の事業活動の中で長期的に対応するべき環境活動を行おうとすると，社内の抵抗が生じることもある。その際に，経営者が長期ビジョンを持ち，環境活動に積極的である姿勢を社員に見せることで，環境活動を滞りなく社内に浸透させていくことが可能となる。

　また対外的にも経営トップのリーダーシップを発揮していく場面がある。環境報告書やCSR報告書では企業のサステナビリティへの取り組みに関する経営

216　第Ⅱ部　社会からみた CSR

トップの声明を記載することが求められている。これを「トップコミットメント（誓約）」と呼び，社会に対し環境活動へのアカウンタビリティを果たす部分とも言える。環境活動はステークホルダーからの要求が高い分野であり，ステークホルダーに経営トップ自らが何を考え，どのように組織内に環境活動を浸透させているのか，今後の道筋は何かを説明することは経営者の重要な役割となる。企業の環境格付けや環境に関するアンケート調査等でも経営者の環境活動へのコミットメント度合いを評価される場面が多い。例えば，リサーチ会社GlobeScanとコンサルティング会社SustainAbility社が，毎年800名以上のサステナビリティ専門家に対するアンケート調査[3]では，企業がサステナビリティリーダーシップを取る上で，最も重要なのは経営トップが事業活動に持続可能性を統合した価値である結果が示されている。

3-4　ステークホルダーとのコレクティブアクション

　企業はステークホルダーとのコレクティブアクション（協働活動）を通じて，喫緊の課題である地球環境問題を解決していく責任がある。従業員，取引先，消費者，投資家，NGO，地域住民などのステークホルダーに対して，環境経営への理解を求めるだけでなく，彼ら彼女らの行動を環境配慮型に変容させていくことを含めて環境経営が完結したと言える。

　自社内のステークホルダーは従業員との関わりがあげられる。環境経営は環境部だけの課題ではなく，事業活動の中で取り組むことが重要となり，研究開発部門，生産部門，販売部門などとの連携がかかせない。また，間接部門である人事や広報においても自社の環境活動を理解し，人事なら業績評価に，広報なら製品PRの場面などにも環境配慮が浸透されていることが期待される。

　取引先とは，従来であれば「品質・納期・コスト」が重要視されていたが，環境経営を行う上では，環境配慮がこれと同等の取引要件もしくはそれ以上に求められるものとなる。また，一次サプライヤーだけでなく，二次サプライヤー，三次サプライヤーなど，製品やサービスの環境影響の及ぼす先を把握することが求められる。仮に環境影響が高い原材料が把握されれば，環境影響の少ないものに変更を要求するなど，サプライチェーン全体での協力関係の構築がのぞまれる（第7章参照）。

第11章　環境とCSR　*217*

消費者には環境配慮商品・サービスを選択してもらったり（第12章参照），投資家には自社の環境活動のリスクや機会となる情報開示を行っていくことが重要となる（第9章参照）。地域住民やNGOとの関わり合いも環境経営にとって必然的な位置づけとなっている。ソーシャル・ライセンス・トゥ・オペレート，訳すと「社会的な営業許可を得る」との意味で，途上国地域に進出する際に，その地域の政府・自治体だけでなく，その地域社会にとって望ましい事業活動かどうかが企業には問われている。これらのステークホルダーに対して自社の環境活動を理解してもらうだけでなく，彼らのニーズも捉えていく双方向のコミュニケーションが不可欠となる（第8章参照）。

4　環境と経済の連携のための環境会計

4-1　環境会計とは

環境活動は喫緊の課題への対処から，持続的成長のための投資的な位置づけまで様々な領域があり，企業が環境活動を行う上での一番の悩みは果たしてどこまで行えば良いかの判断となる。そこで，環境活動に関わるコスト情報を事業活動の意思決定に組み込んでいくことが重要となる。また，環境と経済を企業経営の中で連携させていくことは欠かせない視点である。このような課題を解決するために企業経営と環境活動との連携の役割を担うのが環境会計である。

企業会計は，財務会計と管理会計の2つに分類される。財務会計は，年次ごとに費用や利益，資産状況を投資家や株主，金融機関に説明する位置づけとなる。管理会計は，主に企業内部者である経営者が何かしら計画を実行する上での合理的な意思決定を支援する情報となる。

環境会計も会計の側面から，この外部ステークホルダーに向けた外部環境会計と内部向けの環境管理会計の2つが普及している。

外部環境会計は，一般に環境省から公表された「環境会計ガイドライン」（第6章を参照）を指し，環境管理会計は，従来の管理会計に環境がプラスされた環境配慮原価企画や環境配慮業績評価やISO化されたマテリアルフローコスト会計などがあげられる。日本では2002年に経済産業省が発表した「環境管理会計手法ワークブック」で，6つの環境管理会計手法が解説されている。

218　第Ⅱ部　社会からみた CSR

　環境会計を英訳するとenvironmental accountingとなり，このaccountingは数を数えることを意味し，財務数字だけでなく，温暖化ガスや廃棄物発生量などの物量情報も含める点に特徴がある。

4-2　環境管理会計と環境コスト

　企業の環境活動に関心を寄せるステークホルダーに向けての外部環境会計に対し，経営トップの環境活動の意志決定ツールとして環境管理会計が開発されている。環境管理会計の特徴は，その環境コストの範囲は外部環境会計の環境保全コストより拡大したコスト範囲となる。

　環境管理会計が対象とすべき環境コストの範囲を國部他（2012）では，次の7つに分類し，**図表11-1**に示すように3層構造で示している。

　① 　環境保全コスト
　② 　原材料・エネルギー費
　③ 　廃棄物に配分される加工費
　④ 　製品に配分される加工費
　⑤ 　製品使用時に生じるエネルギー費
　⑥ 　製品の廃棄・リサイクル時に生じるコスト
　⑦ 　環境負荷としての社会的コスト

　①から④までは，企業内で生じるコスト（企業コスト）である。⑤と⑥は企業の製造現場ではなく，顧客先等での製品使用時もしくは廃棄リサイクルに関連するコストである。これは，製品のライフサイクルを通じて環境負荷低減を行うために把握するべきコストとなる。さらに，温暖化ガスなど将来にわたる環境被害など，社会の誰かが最終的に負担せざるを得ない⑦の外部コストも把握する。これらの環境コストを管理し，環境活動の計画段階に落とし込んでいくことに，意思決定支援ツールとしての活用意義が見いだせる。

　國部（2004）では6つの環境管理会計手法が紹介されており，製品の使用時から廃棄・リサイクルまでのライフサイクル全体のコストを計算するライフサイクルコスティングや，環境パフォーマンスを業績評価の対象とする環境配慮型業績評価など，環境活動の目的に沿った環境管理会計の選択が可能である。

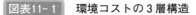

図表11-1　環境コストの3層構造

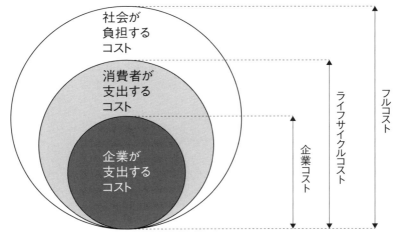

(出所)　國部他（2012）

4-3　マテリアルフローコスト会計

　マテリアルフローコスト会計（MFCA）は経済産業省が開発と普及に努力した手法で，事業所内での廃棄物削減とコスト削減の両立を目指すものである。MFCAはISO14051として2011年9月に発行され，世界各地に普及・展開しつつある。環境負荷低減と利益創出の両立は環境経営の重要な視点である。マテリアルフローコスト会計は，その意味において企業活動の現場で目に見える形で成果をあげるツールとなる。従来は価値がないとされてきた廃棄物（マテリアルロス）を製品とみなして金額換算して廃棄物のコストを明らかにする。

　マテリアルフローコスト会計は，工程内の原材料（マテリアル）の流れ（フロー）に応じて，製品と廃棄物（マテリアルロス）の単位コストを乗じて計算を行う。**図表11-2**に示されているように原材料の流れの物量（重量）により金額を測定することに特徴がある。

　図表11-2では，製品1個あたり75kg，廃棄物25kgとなっている。この重量の比で，原材料費であるマテリアルコストやエネルギーコスト，加工費であるシステムコスト（労務費と減価償却費）が配分される。さらに，廃棄物には処

図表11-2 MFCAの基本的な計算方法

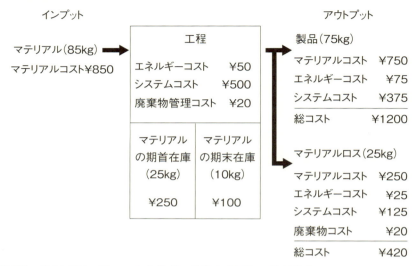

（出所）ISO14051のFigure 2を参考に数値を変更して筆者作成

理費などの管理コストがかかるので，これを加算する。こうして計算すると，製品の総コストは1,200円，廃棄物であるマテリアルロスの総コストは420円となる。廃棄物の経済的価値420円は，従来の原価計算で独立した項目としては計算されない数値である。マテリアルコストやエネルギーコスト，システムコストを重量比に応じて配分することで，廃棄物のコスト情報を明らかにすることにマテリアルフローコスト会計の意義がある。これによって廃棄物削減へのインセンティブが経営者に働く。マテリアルフローコスト会計は，資源生産性向上のための重要な情報を提供する現場改善ツールと言える。

5　自然資本と環境経営

本章2節で環境資源は誰でも利用可能な共有資源であると説明した。本節で取り上げる自然資本は，環境資源の中でも人々の生活に自然がもたらす恵みとしての生態系サービスを指す。「企業向けの自然資本評価の国際基準を目指す

第11章 環境とCSR 221

自然資本連合（Natural Capital Coalition）」では「自然資本とは，植物，動物，大気，土壌，水，鉱物など人間社会に便益をもたらす再生可能資源と再生不能資源を総称し，自然が形成するStocks（資本）」[4]と定義している。事業活動との関わりで言えば，自然資本とは，財務資本や製造資本，社会・関係資本，人的資本，知的資本などと同様に企業が利用する資源のひとつとされている。この自然資本に依存した事業活動をどれほど行い，事業活動は自然資本にどれほど影響を及ぼしているのかを定量的に評価し，企業経営の意志決定に利用していく取り組みが展開されている。ここでは，事業活動と自然資本との関わり，そして，自然資本がどのように評価され，環境経営にいかされているのかに関して述べる。

5-1　事業活動と自然資本の関わり

　自然資本に依存している企業のイメージとして分かりやすいのは，食品，飲料，紙パルプ，住宅，家具などの業種であろう。例えば，食品や飲料メーカーは，土壌や水資源，動植物などの自然資源に依存している。紙パルプ，住宅や家具メーカーなどは森林資源を原材料とする。その他に自動車メーカーであればタイヤの約半分が天然ゴムからできている。これらの天然ゴムは赤道付近のゴムの木が原材料になっている。電気機器メーカーなどの半導体の製造工程では大量の水（地下水）が使用されることが知られている。自然資本を原材料として調達する企業や，自然資本が製造工程の一部に関わる企業では，事業活動が自然資本に依存している。

　他方で，事業活動は自然資本にマイナス影響を与えている。化石燃料の使用にともなう温暖化ガス排出による気候変動の発生，それに付随する砂漠化や水資源枯渇，森林伐採による農地や工場用地への転用など自然資本に対するマイナスの影響をもたらしている。

　従来，自然資本からの便益やマイナス影響は直接企業が負担する内部コストではなく，外部コストとして捉えられてきた。しかし近い将来には，環境規制の強化やステークホルダーからのプレッシャーなど，企業は自然資本に関わるコストを負担せざるを得なくなることが考えられる。一方，自然資本は価値はあるものの，企業単体で測定できる仕組みが存在しなかった。コスト管理の場

222 第Ⅱ部 社会からみた CSR

面で「測定できなければ管理できない」という有名な言葉がある。自然資本に関しても，適切に測定し，環境経営にいかしていく取り組みが進められている。

5-2 自然資本の評価

　自然資本を測り，評価することで環境経営にいかす取り組みが展開されている。スポーツウェアメーカーのプーマは，2011年，世界で最初に自社および自社のサプライチェーン全体で自然資本に影響を及ぼすコストを金額評価した「環境損益計算書（Environmental Profit and Loss）」を公表した。プーマは，水資源使用，土地利用，温室効果ガス排出，大気汚染，廃棄物の5つの環境負荷を測り，プーマ本体，第1次，第2次，第3次，第4次サプライヤーまで遡って環境影響を金額評価している。プーマ社の測定は，コンサルティング会社のTRUCOSTが実施している。TRUCOSTは，科学論文の膨大なデータベースをもとに，これらの評価を行っている。その結果，プーマ社の環境影響の金額評価では，第4次サプライヤーである綿花栽培や牛の飼育で最も高い結果が示された。さらに，プーマ社はこの分析結果をもとに，この第4次サプライヤーが使用する原材料を環境に配慮した原材料に変更している。新製品は2012年に発表され，旧製品と商品価格は同じでありながら，自然資本の負荷が少ないことを示す商品タグを付け，消費者に自然資本コストの低い方を選択できるよう情報開示を行っている。

　子会社のプーマをはじめとするスポーツ用品からグッチやマリ・クレールなどの高級ブランドを扱うアパレルコングロマリットのケリングも，2013年から毎年グループでの「環境損益計算書」を公表している。毎年，評価方法を改良し，2016年7月に公表された「2015年環境損益計算書」では，120以上の国で，200種類以上の原材料の製造および工程を見直していると述べている。例えば，同社衣料品ブランドのひとつ，ステラマッカートニーでは，「環境損益計算書」の分析結果に基づき，バージンカシミアの使用を止め，再生カシミアに代用している。バージンカシミアを採るために飼育されているカシミアヤギは草原の草を食べつくし，土壌や植生への環境影響が深刻化しているという。同社の2015年のカシミア使用量は，全原材料のうちの0.13％であるが，「環境損益計算書」の算出結果によると，総環境負荷の25％を占めている。そこで，再生

カシミアを使用することで，カシミアの与える環境負荷を削減する取り組みを行っている（ステラマッカートニー Webサイトより）。

　自然資本評価の国際基準を目指す自然資本連合（Natural Capital Coalition）は2016年7月に自然資本プロトコル（Natural Capital Protocol）の第1版を公表した。これは，企業自らが関連する自然資本への影響や依存度を測り，価値評価の世界共通の枠組みづくりを目的としている。自然資本プロトコルでは，4つの原則「関連性，厳格性，再現可能性，整合性」からなり，4つの段階とそれらをさらに細かくした9つのステップから構成される。9つのステップでは，自然資本を評価するにあたり企業が考慮すべき重要な問いが示されている。プロトコルは，原料調達から製造，加工，流通などサプライチェーン全体での水資源使用，温室効果ガス，土壌，大気，廃棄物などの環境負荷と自社の事業活動との影響や依存度を把握する手法，さらにそれらを企業経営への意志決定とともに，最終的に事業活動に落とし込むためのフレームワークを提供している。なお，金額評価するか，定性評価に止まるかは企業それぞれの判断によるものとなり，算定基準等の手法ツールは別に開発が行われている。

　自然資本の評価は，今まで自社工場での環境負荷低減や製品使用時の省エネ機能や省資源等の取り組みに止まっていた活動を，サプライチェーンの源流に遡って生態系に対する最も高い環境影響を特定し，事業活動に落とし込むところまで求められている。これは地球の持続可能性と企業経営の持続可能性が統合されつつある取り組みと期待される。

6　「国連持続可能な開発目標（SDGs）」と企業への期待

　第2節で「適切な環境規制が企業のイノベーションを誘発し，資源生産性とコスト競争力につながる」というポーター仮説を説明した。ポーター仮説の原著は1995年に公表されたもので，今から約20年以上前のものになる。もはや規制という枠組みではない，地球環境問題そのものを企業のイノベーション機会と捉え，自社の競争力だけではない，大きな社会的インパクトを創造させることが企業には求められている。

　2015年9月に国連サミットで2016年から2030年の国際社会共通目標となる

224　第Ⅱ部　社会からみた CSR

「持続可能な開発のための2030アジェンダ」が採択され，「持続可能な開発目標（SDGs）」として，17のゴールが掲げられた（第10章参照）。この17のゴールのうち，少なくとも12のゴール（例えば，気候変動への対処，持続可能な消費と生産，水・衛生の持続可能な管理など）が環境に関わるものとされている。

　同アジェンダはこれらの課題に対し，すべての社会的主体に行動や協働を要請しており，企業にも主導的に解決を担うよう求めている。企業の役割は，同アジェンダ第67条に次のように定められている。

　「民間企業の活動・投資・イノベーションは，生産性および包摂的な経済成長と雇用創出を生み出していく上の重要な推進力である。我々は，小企業から共同組合，多国籍企業までを包含する民間セクターの多様性を認識している。我々は，こうしたすべての民間セクターに対し，持続可能な開発における課題解決のための創造性とイノベーションを発揮することを求める。」

　バリューチェーンやサプライチェーン全体での企業活動による環境影響を測ろうという取り組みを第5節で取り上げた。SDGsが企業に求めるものは，この環境影響をいかに最小化するための事業活動そのものの抜本的な変革である。環境問題が人々の便利なライフスタイルそのものに起因し，企業もそれに加担するものであれば，今まさに社会からの要請をビジネス機会と捉え，持続可能社会へのコミット（誓約する）という挑戦が期待される。

注■

1　『日経エコロジー』「特集　20年目の大改訂：ISO14001を活用せよ」2015年9月号。
2　日経ビジネスオンライン「『CO_2排出ゼロ』への挑戦が会社を強くする」2016年6月24日掲載
3　GlobeScan/SustainAbility（2016）"The 2016 Sustainability Leaders report"
4　Natural Capital Coalition, http://naturalcapitalcoalition.org/

参考文献■

植田和弘・國部克彦・岩田裕樹・大西靖（2010）『環境経営イノベーションの理論と実践』中央経済社。
國部克彦編著（2004）『環境管理会計入門』産業環境管理協会。
國部克彦編著（2011）『環境経営意思決定を支援する会計システム』中央経済社。
國部克彦・伊坪徳宏・水口剛（2012）『環境経営・会計（第2版）』有斐閣。

コッター，J. P.（2012）『第2版リーダーシップ論』ダイヤモンド社。

ポーター，M. E. & リンデ，C. V.（2011）「［新訳］環境，イノベーション，競争優位―環境規制は戦略ポジションを強化する―」『DIAMONDハーバード・ビジネス・レビュー』6月号。

（中尾悠利子）

第12章

消費者とCSR

◆

●Point●

　本章では，消費者と企業の関係を考える。CSRは「企業の社会的責任」と訳されていることもあり，企業側に視点を置いてCSRについて論が進められているケースが多い。この章では，企業は消費者の支持を得て事業を継続することができる，という観点で事業活動を捉え，消費者を主にした論を展開する。

　消費者は，企業から提供される商品やサービスを利用するだけの存在ではなく，消費によって持続可能な社会を形成する責任を負う存在であることをこの章で理解する。消費者が自立し，企業と対等な関係が作れてこそ，持続可能な社会へ進むことができる。消費経済の両輪は企業と消費者である。この両輪が，持続可能な消費社会を共に目指さなければ，その実現は難しい。

　この章では，CSRを進めるための消費者の役割について，そして消費者の行動が企業活動に及ぼす影響について考えることを学習のポイントとする。なお，この章でいう「消費者」とは，消費者安全法での定義「個人（商業，工業，金融業その他の事業を行う場合におけるものを除く）をいう」を採用している。

1 消費者と企業

1-1 消費者の行動

　あなたは，商品を選ぶとき，何を意識して選択するであろうか。価格，デザイン，あるいは広告を見て良さそうに思ったから，好みに合うから，友人の意見で決めた，環境にやさしいから，ゴミが少ないからなど，理由はいろいろあるはずだ。1つの理由だけではなく，複数の理由の組み合わせかもしれない。消費者庁が消費者の意識調査を実施しており，2015年度の「消費者白書」では，「あなたは，商品やサービスを選ぶとき，以下の項目を意識することがどの程度ありますか。」という質問に対する回答は**図表12-1**のようになっている。あなたの回答と比べてみてほしい。

　「常に意識する」「よく意識する」の積極的支持層の上位に着目すると，「価格」「機能」「安全性」が御三家と呼べるだろう。4番めの「評判」とでは，合計ポイントで24ポイントの開きがある。そして，「環境への影響」や「企業の経営や社会貢献」という項目では，「たまに意識する」というレベルまで広げても，まだ御三家の積極的選択姿勢には及ばない。CSRが求めている「持続可能な社会の発展」という考えにつながる項目は，消費者の意識の中ではまだまだ相対的に低い。

　単純化して考えれば，「価格がよければ，環境を考慮しないで購入する。」ということにもなる。「環境への影響」を少し意識することで，「価格だけの選択」にブレーキがかかり，消費者がより社会のためになる消費行動をとる可能性が高まる。

　企業活動の基本は，事業の継続である。事業を継続するためには，モノやサービスが売れないと経営が立ちいかなくなる。モノやサービスを購入するのは消費者である。消費者の意識が変わると，それに合うように企業は経営の舵を合わせていく。つまり，消費者の意識が変わると企業も変わる。逆もあり，企業が社会の変化をリードして，社会に役立つ事業を提供することで，消費者が気づいて支持をする。このような両者の関係が消費社会を変える。経済の両輪と言われる所以である。

第12章 消費者とCSR　229

図表12-1　商品やサービスを選ぶときに意識すること

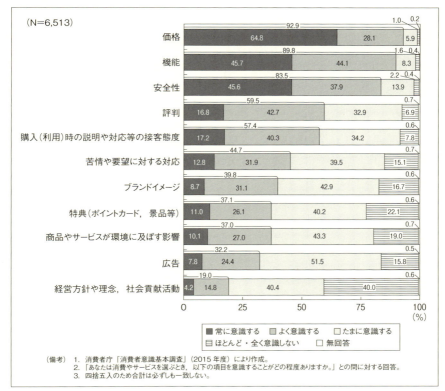

(出所)　消費者庁『消費者白書　2015年版』

　両輪だから，片方が大きくても小さくても前には進まない。企業の重要なステークホルダーである消費者と，企業が同じ大きさの輪になる必要がある。これは社会の輪という意味で「社輪(しゃりん)」と言っても良いかもしれない。しかし，企業と消費者では力量の差があるので，その差を埋めるCSRが重要となる。

1-2　市場経済の両輪としての企業と消費者

　日本での社会経済活動に占める家計消費は，293兆円でGDP比54％（2016年度）である。先進国では，GDPに占める家計消費の割合は高く，2015年のデー

230 第Ⅱ部 社会からみた CSR

図表12-2 名目国内総生産に占める家計消費等の割合

（出所）消費者庁『消費者白書 2016年版』

タによればアメリカの66.3％を最高に，概ね先進国ではGDPの50％以上を家計消費が占めている（『消費者白書 2016年版』）。

　自由経済市場においては，企業が商品やサービスを消費者に提供し，消費者自らが，求めているニーズに合った商品やサービスを購入する。自由経済市場には，複数の商品やサービスが存在しており，購入する際に，消費者が自らの意思で選択できる。自由に選択できるというのは，消費者の権利の１つである。

　自由な競争市場では，後述するように，消費者が安心して選択できるよう市場において安全や公正を担保するため，取引におけるルール作りと執行の役割を行政が担っている。企業と消費者の間には，情報の非対称性があると言われる中で，情報の適性を確保するなど，両輪が同じ大きさになるようにルールを定めて調整する役割が行政にある。

　消費者が，安心して消費活動を行える消費社会を創るために，企業，消費者，行政の３者で努力する必要がある。専門的な知識や情報を持たない消費者にとって，企業の提供する商品やサービスは信用するに足るものでなければならない。企業は，その信用に応えるように，誠実な企業活動を進めなければならない。それだけに，信用を失うような行為を行うと，ペナルティとしての警告だけにとどまらず，市場からの退場にまで至ることがあることを肝に銘じなけ

第12章　消費者とCSR　*231*

ればならない。信用の範囲は，消費者が決めるものでもある。この信用の中には，商品安全だけではなく，企業が及ぼす社会的な影響としての人権や労働，環境，そして企業統治まで含まれるのである。

　ただ，現在の日本の消費者は，他国での労働環境や，地球環境，企業の社会貢献などへの関心がまだまだ低い。この意識を高めることで，企業の姿勢にも影響を与えることを，消費者は自覚しなければならない。しかし，市場の取引はBtoC（企業と消費者の取引）だけではない。BtoB（企業と企業の取引）もある。では，BtoBの事業に消費者は関与しないのか。設備投資や公共投資には，消費者は関与していない，これらはBtoBの事業である。BtoBの事業に特化している企業は，消費者をステークホルダーとしないでも事業を継続できると考え，消費者を無視しても事業は継続できる，とまで言い切る経営者もでてくる。

　しかし，本書を読み進めてきた読者は，これでは腑に落ちないのではないか。企業活動を行うこと自体が，地球環境に負荷をかけることになるし，消費者の生活に影響を与えることもある。顧客だけではなく，あらゆる消費者に影響するのである。また，設備機器や部品などのBtoB事業といえども，その設備や部品を使用して製造する最終商品は，消費財やサービスとなり，最終的には，生活者である消費者が利用者となるのである。消費者は，すべての企業のステークホルダーなのである。

　消費者が安心して消費生活を送れる市場経済を背景に，企業は収益を上げて事業を継続していくのである。家計消費を増やすためにも，より豊かで安心して生活できる消費社会を創るように，企業，消費者，行政の3者が協力しなければならない。

1-3　お客様ではなく消費者

　企業においては，「お客様第一」とか「顧客満足」という言葉がよく使われている。企業理念に謳う会社もあれば，「お客様を大事にする」という表現などで行動規範や行動指針に明記している会社もある。企業は，商品やサービスを購入してくれる顧客を重要なステークホルダーと認識している。だが，直接消費者と接する事業でない場合は，従業員の多くは取引先を顧客として想定する場合が多い。

232 第Ⅱ部 社会からみたCSR

　では，CSRの重要なステークホルダーとして，自社の商品やサービスにお金を払ってくれる顧客だけを優先すれば良いのか。顧客以外は，企業経営にとって軽視しても良い存在なのだろうか。

　繰り返すが，企業活動は環境に負荷を与え，その影響を受けるのは，顧客だけではなく消費者全般広く言えばこの地球で暮らす人すべてである。企業はあらゆる人と関わりを持っているのだ。つまり，顧客以外の消費者ともエンゲージメントが求められる。

　例えば，自動車会社のケースを考えると，車を買うのは個人だったり，事業者だったりする。高額な商品であり，日常的に買われるものではないため，購入できる者がある程度絞られることになる。自動車を購入する，または購入できる人とだけ良き関係を構築するような事業活動をしていては，車社会としての公共性に関わる事業会社として社会からの支持を得ることはできない。車に乗らない人も交通安全など社会生活の中で車に接する機会は多く，車社会と関わりのある人も重要なステークホルダーとなる。また，車から排出されるCO_2を考えれば，地球上のあらゆる人に影響を与えていることになる。人やモノの輸送手段として車の必要性が社会的に認められているから，車の安全性を高め，CO_2の排出を減らすこと等に取り組むのは，社会と共に生きることを目指す企業には当然のこととなる。

　環境よりも，もっと関心が高い安全性は，車にとっては生命線となる。安全性については，車だけでなくあらゆる商品で求められているが，日本の場合は特に消費者が意識することなく商品を選択している。それは，企業ブランドへの信頼が背景にあるからである。しかし，2000年の雪印乳業の食中毒事件以降，単発的な異物混入でも企業の商品回収が相次ぎ，また数年後には食品偽装表示も発生したことで，企業への信頼が大きく低下し，回復するのに多くの時間がかかった。その間には，企業ブランドが消費者の信用を失い，消滅した企業もあった。

　以前の例をあげると，単発で瑕疵が発生したブランドの商品は，売り場から撤去された。対象の商品だけでなく，その企業ブランドの全ての商品が撤去されることもあった。流通事業者からの制裁なのであろうか。流通事業者にしても，販売のチャンスロスとなるので，売り場から撤去するにはそれなりの理由

がある。マスコミに先導される傾向にある世間の評判，そしてその先にある消費者の意向を考えているのである。

21世紀初頭の日本では，消費者の商品に対する意識が未成熟であったため，大きな流れとしては，そのブランド全てが心配でありイコール購入拒絶となった。しかし，消費者も経験と知識を重ね，短絡的な回収要求や実被害のないケースでの損害請求などの反応は，さすがになくなってきている。消費者の意識が変わってきていると言える。

つまり，消費者や市民の感覚が，社会の基準に反映するから，消費者が企業行動を左右していると言える。企業は，消費者感覚がどのレベルにあるのか，アンテナを張って把握に努める必要がある。そのため，企業側は消費者と対話を重ねて，そして消費者に正しい商品知識を持ってもらうように努力する必要がある。消費者と対話して，相互の理解を深め合うことが，企業の変化への対応力を高め，活動基盤を強化することにつながる。

1−4　VOC

お客様の声のことをVOCと呼ぶ。Voice of Customerの略で，商品やサービスを購入した顧客の声である。購入客だけに留まらず，あらゆる消費者にまで範囲を拡げ，その声を重視すること，つまりVOCの綴りは同じでもVoice of Consumerへ進化するのが望ましい。

お客様の声を聴く行為には，どういう意味があるのか。届いた声をもとに，商品の使い勝手の悪さなどについては，指摘された内容を共有して商品の改善に生かされる。企業のホームページを見ると，「お客様の声」で商品を改善した事例の紹介がみられる。声の情報でいうと，誤使用や失敗事例などが，商品の品質改善や安全性向上に役立つ情報である。

企業には消費者対応部門があり，直接消費者から情報を得ている。消費者から寄せられる声は，問合せ，苦情（指摘と表現する会社が多い），意見，要望，賞賛などがある。直接入ってくる声以外に，ネット社会で流れているSNSの情報もある。直接入る情報だけでなく，SNSなども情報量として無視できなくなっているため，両面からの把握が必要である。CSRの観点でいえば，説明が分かりにくい，使い勝手が悪い，不具合が生じている等が，取り上げるべき重

234　第Ⅱ部　社会からみた CSR

要な声である。消費者志向を目指す企業は，このような声を集計して分析し，未然に事故を防いだり，商品の改善をすることに活用している。

　事故を防ぐために経験則から導いた「ハインリッヒの法則」というのがある。大きな事故が１件発生する背景には，「ヒヤリ」とする軽微な事故が29件起きているという。そして，「ハット」するようなことが300件起きているという経験則から導かれた事故に関する法則である。大きな事故が発生するまでには，予兆があると言われる。その予兆を見逃さずに対処することで事故を未然に防ぐことができるのである。利用者から，このような「ハット」「ヒヤリ」の情報が入ってきたものを，社内で共有することで事故の見逃しが防げる。「ハット」「ヒヤリ」の段階で対処して，大きな事故を未然に防ぐことが，リスク管理として重要なのである。

　商品の改善については，花王のシャンプーボトルの事例を紹介しよう。顧客から「洗髪の際，目を閉じたままでもシャンプーとリンスの区別ができるようにしてほしい」との意見が花王に寄せられた。この意見に対処するため，花王は1991年秋から，全てのシャンプー容器の側面にギザギザの「きざみ」を入れて，触るとシャンプーと分かるようにした。しかし，花王はシャンプー容器にきざみを入れても，業界で不統一なら消費者が混乱すると考え，実用新案の申請を取り下げ，シャンプーのきざみが業界統一となるよう業界各社にはたらきかけた。結果，現在では，ほとんどのシャンプーに「きざみ」がつくようになった。最近は，ボディソープも浴室に置かれるようになり，容器には直線の突起を入れるなど，生活場面の変化へ業界として対応している。

　上記の事例のように「使い勝手」に関する同じような意見が数多く寄せられると，それだけ不便を感じている人がいることがわかる。企業も商品やサービスを販売する時には，十分な品質を確保して発売する。しかし，使ってみて初めて気づく事もある。企業の商品提供と消費者が選択して購入した後のイメージを**図表12-3**に示した。以下，説明する。

　企業は商品やサービス（この説明では以降商品とする）の情報をパッケージや取扱説明書に記載して，消費者に提供する。その情報を基にして，商品を購入して使用する。使ってみると，気になる点も出てくる。企業も使用者がどのような感想を持ったのか，また狙い通りに受け入れられたのか気になるところ

図表12-3　VOCでつながる消費者と企業のより良い関係

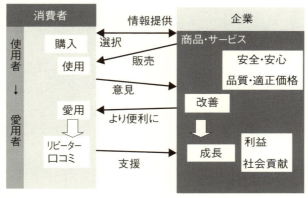

（出所）　筆者作成

である。使用者は，商品の感想や要望などを，企業に伝えてあげることが求められる。企業側は，寄せられた声をもとに品質改善に取り組むことで，利便性が向上した商品を提供できることになる。使い易くなった商品を利用した使用者は，満足度が向上して自分の愛用品となる。愛用してリピーターになると，自分の周りに良い口コミとして情報を発信したくなる。企業は，寄せられたVOCに真摯に向き合っていくことで，優良顧客を作り出すことができる。信頼関係で結ばれた企業と顧客の関係は，競争市場における優位性を企業に与え，成長を支えることになる。

　筆者は食品会社で勤務した経験があるが，そこでの事例を紹介しておこう。アイスの自動販売機で商品を購入する際に，「商品が出てきて，ラベルを見るまでアレルゲンが分からない」という意見があった。早速，アイスを購入する前にアレルゲンが分かるようにできないか，社内に検討依頼をかけた。結果として，アイスの表示パネルにアレルゲンを表示することで解決した。アレルゲンの表示を実現した後，電話をかけてこられたお母様から再度電話があり，「子供がスイミングの後，友達と一緒にアイスを買えるようになりました。子供がとてもうれしそうです。」という話を聞かせてくださった。

　改善には，大きなコストをかけないでも，お客様に喜んでいただける工夫はできる。実現できるかは，意識の問題である。消費者志向の意識が，全従業員

236　第Ⅱ部　社会からみた CSR

に浸透することで，各従業員が常に消費者に喜んでもらおうと努めることで実現できる。

　企業の品質は，商品だけではない。企業の姿勢や対応などを含む評判も品質の１つである。お客様だけに限らず消費者の声を真摯に聴く（傾聴する）ことで，不満を解決することにつながる。不満を受け止めて対処すれば，企業の評判を上げる絶好の機会となる。企業は消費者が幸せになる経済活動を実施すれば，消費者の信頼を得て社会になくてはならない企業として事業を継続していけるのである。企業は，消費者に利益があってこそ，企業にも利益があると考えるべきである。

2　消費者行政と法律

2-1　消費者基本法

　消費者に関する法律は，1968年に制定された消費者保護基本法があったが，2004年に「保護」の文字が取れて，消費者基本法として改正された。政府としては，消費者が自立して行動することで，将来の消費者問題の解決を図ろうと考えたのである。従来，消費者は弱いもので保護される対象としてきた。消費者被害が発生する事件があると，再発予防のために法律を整備するなど，行政が後を追う動きであった。しかし，21世紀に入りIT化や国際化が進む中で，消費者を取り巻く環境が大きく変化してきた。消費者政策の基本理念として，「消費者の権利の尊重」と「消費者の自立支援」を基本とする（2005年消費者基本計画より抜粋）方向に舵を切った。この姿勢が示すように，この消費者基本法では，行政・事業者の責務と消費者の役割を明確にした。

　同法の重要なポイントは以下の２点である。

(1)　基本理念の中に，消費者の８つの権利を明記

（消費者基本法）

第２条　基本理念の一部

消費者の利益の擁護及び増進に関する総合的な施策（以下「消費者政策」という。）の推進は，国民の消費生活における基本的な需要が満たされ，

第12章 消費者とCSR *237*

その健全な生活環境が確保される中で，消費者の安全が確保され，商品及び役務について消費者の自主的かつ合理的な選択の機会が確保され，消費者に対し必要な情報及び教育の機会が提供され，消費者の意見が消費者政策に反映され，並びに消費者に被害が生じた場合には適切かつ迅速に救済されることが消費者の権利であることを尊重するとともに，消費者が自らの利益の擁護及び増進のため自主的かつ合理的に行動することができるよう消費者の自立を支援することを基本として行われなければならない。

　上記の傍点部分は，8つの権利に該当する箇所で，筆者が加筆した。8つの権利とは，アメリカの大統領ジョン・F・ケネディが，1962年に消費者の4つの権利を提唱したのが最初で，その後フォード大統領が1975年に1つ追加し，CI（国際消費者機構）が3つ加えて8つの権利となった。4つの権利とは，①安全を求める権利，②知らされる権利，③選ぶ権利，④意見を聞いてもらう権利で，1975年に，⑤消費者教育を受ける権利が追加され5つの権利となった。

　その後，⑥生活の基本的ニーズが保障される権利，⑦補償を受ける権利，⑧健全な環境の中で働き生活する権利が加えられて，現在8つの権利と言われている。

(2)　事業者の責務を明記

（事業者の責務等）

第5条　事業者は，第2条の消費者の権利の尊重及びその自立の支援その他の基本理念にかんがみ，その供給する商品及び役務について，次に掲げる責務を有する。

一　消費者の安全及び消費者との取引における公正を確保すること。

二　消費者に対し必要な情報を明確かつ平易に提供すること。

三　消費者との取引に際して，消費者の知識，経験及び財産の状況等に配慮すること。

四　消費者との間に生じた苦情を適切かつ迅速に処理するために必要な体制の整備等に努め，当該苦情を適切に処理すること。

五　国又は地方公共団体が実施する消費者政策に協力すること。

238 第Ⅱ部　社会からみた CSR

> 2　事業者は，その供給する商品及び役務に関し環境の保全に配慮するとともに，当該商品及び役務について品質等を向上させ，その事業活動に関し自らが遵守すべき基準を作成すること等により消費者の信頼を確保するよう努めなければならない。

　消費者基本法は，事業者に消費者の権利を尊重して，自立を支援するように求めている。ここに記載されている責務については，ISO26000の公正な事業慣行と消費者課題の主要な課題が反映されている。

　日本独自の項目でいえば，第5条三の財産の状況に配慮することを求める点がある。これは，日本において特に高齢者に多重販売をしていた事例が多々あり，消費者問題になっていたことから，この条項に盛り込まれている。また企業のガバナンスについても触れ，企業の社会的責任につながる項目も含まれる。

　消費者の自立支援も明記されるが，消費者の自立は，企業側にもメリットがある。社会に貢献する商品を適正な品質，価格で提供し，消費者が意味を理解した上で購入する。企業が，より良い商品を消費者に提供するモチベーションアップになり，持続可能な消費社会へつながる行為となる。

2-2　行政による企業への消費者政策

　遅れていた日本の消費者行政も，消費者を重要視する政策に舵を切るため，当時の福田康夫首相の提案により2009年に消費者庁が創設された。従来の産業振興型の縦割り行政の中に消費者という横串を刺した。ほとんどの省庁に消費者が関係する案件が発生しているのだから，横串というイメージが理解しやすい。その消費者庁は，消費者政策を「事業者に対する規制を中心とした政策手法から，消費者と事業者が市場において自由で公正な取引を行うためのルール（市場ルール）を整備し，市場メカニズムを活用する政策手法に重点をシフトする。それに伴い，悪質事業者の監視・取締りや被害を受けた消費者を救済する制度の充実等の事後チェック機能を拡充させる。」（消費者庁webサイト「消費者の窓」より）としている。

　充実を図った事例として表示がある。表示は，自由で公正な取引のために，消費者が判断する重要な要素である。消費者と企業の情報の非対称性を補う意

味からも，不当景品類及び不当表示防止法（一般でいう景表法）の目的第 1 条は「……一般消費者による自主的かつ合理的な選択を阻害する恐れのある行為の制限及び禁止について定めることにより，一般消費者の利益を保護することを目的とする」としている。

　表示や広告表現については，その表現を謳う根拠となるエビデンスの提出が求められる。提出されたエビデンスが不十分であると，措置命令を出すことになる。「いわゆる健康食品」や「吊り下げタイプの虫除け剤」など，これまでに多くの商品に措置命令が出されている。

　身近な商品分野「食品」を例にとると，食品表示制度は，従来複数の省庁に食品表示関連の法律があったが，これを一元化し「食品表示法」として2013年に公布された。分かりやすい表示にして，消費者自らの判断で商品を選びやすくする目的である。レストランのメニュー表示に対しても，偽装事件を反映して景品表示法の適用を図り，罰則を強化するなど消費者の健全な消費を支援するために制度を整えた。

2-3　消費者志向経営

　消費者庁は，消費者のための企業経営指針として「消費者志向経営」を取り上げ，消費者志向経営の取組促進に関する検討会を立ち上げた。検討会の報告書によれば，消費者志向経営とは，①事業者が，現在の顧客だけでなく，消費者全体の視点に立ち，消費者の権利の確保および利益の向上を図ることを経営の中心と位置付けること，②健全な市場の担い手として，消費者の安全や取引の公正性の確保，消費者に必要な情報の提供，消費者の知識，経験等への配慮，苦情処理体制の整備等を通じ，消費者の信頼を獲得すること，③中長期的な視点に立ち，持続可能で望ましい社会の構築に向けて，自らの社会的責任を自覚して事業活動を行うことの 3 点を経営課題として取り組むこととしている（「消費者志向経営の取組促進に関する検討会報告書」消費者志向経営の取組促進に関する検討会　2016年）。

　「お客様ではなく消費者」の節でもふれたように，購入の有無には関わりなく，ありとあらゆる消費者を，企業は事業活動に影響がある対象者として捉えて，信頼を得るように努めなければならない。事業活動に関与してこない顧客

240　第Ⅱ部　社会からみた CSR

以外の消費者に対しても，消費者の権利を認めた行動をとることが「消費者志向」につながると考える。

　「消費者志向」，つまり，消費者・顧客対応を企業活動の中心として考えて，消費者とのコミュニケーションの深化を図ることが，事業者にとって重要な課題となる。特に経営者においては，消費者からの信頼の獲得に向けて，消費者志向経営を経営戦略と位置付け，事業者全体として取り組むようリーダーシップを発揮し，妥協のない誠実さで取り組むことが求められる。

　あらゆる消費者を対象にするということは，個々ではなく社会が対象である。消費者を意識するということは，社会全般を意識して事業活動をすることになる。よって，企業の活動は社会全般を意識して行わなければならないのである。

2-4　消費者の自立支援

　消費者が自立するという事は，消費生活の場面で自らが物事を判断して対処できる力があることを言う。例えば，一人暮らしを始めるときには，一人で生活に関わる諸事を判断していくことになる。住宅を借りるなら賃貸契約を結ぶ必要があり，電気やガスなどの使用契約もある。契約だけではなく，電気製品を選ぶなら，安全性について考えることが求められる。

　モノを買うにも売買契約が結ばれている。商品やサービスを購入する場合には，悪質商法にも注意しなければならない。取引には，取消しの効く取引と，効かない取引形態があることも知っておくべきである。クレジットカードを作るにも，支払方法の違いで手数料の負担が変わるなどの仕組みを知らなければならない。生活するという事は，たくさんの知識が必要になる。

　では，このような知識は，いつどこで習うのか。消費者教育については，小学生から大学生，成人に至るまで体系的に進める体制が作成され，小学校，中学，高校の教育要領の中に組み込まれている。2012年に制定された「消費者教育の推進に関する法律」により，消費者教育の推進は全国で取り組まれている。しかし，高校を卒業するころまでには，独立して生活を送れるような教育が行われていなければ，消費者トラブルに巻き込まれる恐れが十分にある。

　安心で豊かな消費生活を送るために，消費者は自ら進んで消費に関係する知識を身に着けておくことである。消費者はあらゆる分野の商品やサービスと接

第12章　消費者とCSR　*241*

することにもなり，情報や知見を専門的に扱う企業に比べて情報の非対称性が生じる。だから，少しでも多くの知識を得るよう，消費者啓発の催しなどに参加することを勧める。また，不足する分は，ネットなどを活用して情報を入手すればいいが，ネット上の情報は玉石混交であることを意識して，それを活用できる力も必要である。

　消費経済の両輪は企業と消費者と言われるが，消費活動となると個々人のものであり，消費者という括りはない。市場経済からみると，消費者が占めるボリュームは大きいのだが，まとまりのない存在である。そのため，力が弱く消費者の声として社会にアピールすることが難しい。消費者には，企業とともに社輪としての役割を果たすことが期待される。消費者自身の自覚，消費に関する高い意識形成が求められ，自立した主体になることが期待される。

2-5　倫理的消費

　1992年にリオデジャネイロで地球サミットが開催され，地球環境問題を解決，持続可能な発展を実現するために，「環境と開発に関するリオ宣言」が採択された。それを受けて，多くの企業が，環境に配慮した活動に取り組み始め，1990年代半ば以降には環境マネジメントシステム規格であるISO14001の取得企業が一気に拡大した。しかし，企業が環境負荷の少ない商品を販売しても，なかなか売れないという状況であった。消費者に情報が届かない。消費者の意識が低いなど売れない要因があった。1996年，消費者団体，企業，行政が連携して，環境負荷の少ない商品を購入するグリーン購入ネットワークを設立した。消費者の中にも，環境を考えた消費生活を送る人が徐々に増え，グリーンコンシューマーという呼び名も広がり始めた。しかし，リオの地球サミットから数えて25年以上の取り組みが続いている「環境」課題でさえ，消費者が意識して購入する割合はまだまだ低いのである。

　1990年代には，環境に優しい車の選択を消費者に促そうと，地方自治体による地方税の減税や補助金の支給などが始まり，2009年に環境負荷の少ないエコカーに対して減税措置が導入された。ただ，エコカー減税は，景気刺激策の意味合いも含まれていた。また，アメリカやEUなどの環境規制もあり，温暖化ガス排出基準の規制も高まり，販売面と規制面の両方が企業に対応を迫ってい

242　第Ⅱ部　社会からみたCSR

る。このような流れがあって，消費者の選択意識に環境面が定着していくことになる。

　2002年の地球サミットでは，「持続可能な発展」として環境以外に貧困問題や人権問題も取り上げられた。日本では，この課題が一般消費者へ浸透するのに時間がかかっている。環境だけではなく，地域社会や貧困，人権など地球が抱えている社会的課題について，消費者が意識して消費行動を行っていくことが期待されている。それが「エシカル・コンシューマー（倫理的消費者）」だ。

　この問題については，2015年に消費者庁が倫理的消費調査会を立ち上げて研究を始めている。社会的課題に取り組む商品やサービスの提供を企業に促し，消費者の意識も倫理的な観点を高めることで，双方の力を合わせて解決していくことを目標としている。倫理的消費の配慮対象と，具体例としては，以下のものが挙げられている（2016年消費者庁「倫理的消費」調査研究会　中間とりまとめ）。

　　・人　　：障害者支援につながる商品
　　・社会：フェアトレード商品，寄付つき商品
　　・環境：エコ商品，リサイクル商品，資源保護等の認証がある商品
　　・地域：地産地消，被災地産品

　これまでに「エシカル消費」として取り上げられた事例は，エシカルファッションやエシカルジュエリー，フェアトレードがある。フェアトレードとは，買い手（特に先進国）が発展途上国の生産者に公正な対価を継続的に払い取引を行うことを指している。フェアトレードの対象は，紅茶，コーヒー，チョコレート，バナナなどがある。

　エシカルと呼ばれているファッションでは，素材の選定や買い付け，製造工程，流通面などが，倫理的に正しいか，が選別の基準とされている。児童労働に関わらない素材，発展途上国で加工されたものであれば，正当な賃金や労働環境が確保されたかが基準になる。

　このエシカルの対象を広げて考えたのが，倫理的な消費になる。例えば，社会的な課題解決に向けた「支援消費」とか，「（誰かの）役立ち消費」なども含めて倫理的な消費を経験することは，消費者の中に「倫理」的な消費意識が芽生え定着することになる。

第12章　消費者とCSR　*243*

3　消費者市民社会

3-1　日本が目指す消費社会

　2008年版の消費者白書では，欧米の「消費者市民社会（Consumer Citizenship）」という考えを取り上げ，「個人が，消費者・生活者として，社会問題，多様性，世界情勢，将来世代の状況などを考慮することで，社会の発展と改善に積極的に参加する社会」を目指すべき方向としている。この消費者市民社会とは，消費者一人一人が，自分だけでなく周りの人々や，将来生まれる人々の状況，内外の社会経済情勢や地球環境にまで思いを馳せて生活し，社会の発展と改善に積極的に参加する社会を意味する（2013年版　消費者白書より）と説明している。これを踏まえて，消費者一人一人が，消費行動が社会経済情勢および地球環境に影響を及ぼすことを自覚して，公正かつ持続可能な社会の形成に積極的に参画していくことがこれからの課題と考える。

　消費者を主軸において，国が持続可能な社会の形成を進めようとしている施策の現況を表すと，社会的責任を果たす企業を支援する，という消費者の意識はまだ低く，消費者が，自ら情報を集め，考え，行動するためには支援や啓発が必要である。消費するモノやサービスの情報や企業評価の補助情報を収集するには，中立で独立した立場から調査し，情報を提供する消費者団体やNPO，NGOの活用も考える。消費者市民社会の形成には，まず消費者が自主的に学ぶことである。

3-2　消費者の役割

　消費者は，消費の主役であり，社会的責任ある消費活動を行うことが求められる。消費者の主な役割には，①消費行動，②市場の監視役，③投資行動の3つがある。

⑴　消費行動

　消費者は，持続可能な商品，サービスを利用するだけでなく，積極的に倫理的消費に参加して「世の中の役に立つ消費」を実行することで社会に貢献できる。寄付つき商品の購入など社会に役立つ消費を意識して，価格だけの選択肢

244　第Ⅱ部　社会からみた CSR

ではなく安全性を高めるための費用や環境保全のためにかかる費用などにも思いが行くようにして，消費者が商品を選択すれば，企業も価値を高めた商品やサービスを提供していくことになり好循環が生まれる。

　またそれぞれの消費者には，人的ネットワークがある。これを活かして，より良い消費につながる情報を入手し，社会に役立つ情報を発信することで，一消費者として社会に貢献する消費行動の実践になる。倫理的消費，つまり社会のためになる商品・サービスを支持する消費行動を拡大することで，次世代へより豊かで安心できる消費社会を引き継ぐことができる。

(2)　市場の監視役

　「消費者とは，事業活動をしていない場合の個人である」との定義によれば，世界中の人は，ほぼすべてが消費者である。この非常に多くの消費者の目で企業の活動を監視すれば，企業は常に消費者を意識した活動を行うことになる。自立した消費者としての知識があれば，市場での厳しいチェック機能を果たすことになる。

　気づきがあれば，企業への申し出を行うことで改善を促し，結果としてより良い消費社会の形成になり，消費者にとってのメリットが生じるのである。企業も消費者の厳しい目線を意識した事業活動を進めれば，従業員全体に消費者志向が浸透するメリットがある。消費者は市場の監視役としても重要な存在である。

(3)　投資行動

　消費者は同時に，個人投資家としての役割も果たしている。

　企業活動を，CSRの観点で評価して投資するSRIで意志を示すことができるし，株主の立場から，経営陣に対しCSRに配慮した経営を求めていくこともできる。また，投資信託を選ぶ場合にもESG投資銘柄を選ぶことで，CSRに取り組む企業を応援することもできる。

　そのほか，海外のNGOなどは監視行為だけではなく，国際規格の策定作業にも参加している。例えばISO26000のワーキンググループには，エキスパートを派遣するなど積極的に関与した。NGOは，日本では未成熟な分野ではあるが，消費者が関心を持って行動していくことが期待される分野でもある。

第12章 消費者とCSR　245

3-3　企業と消費者で共創

　ここまで述べてきたように，消費者と企業は対立するのではなく，地球の存続のために協力してより良い消費社会を創り出していくことが求められている。日本も高度成長の際には，企業が利益優先で消費者を軽視してきた時代がある。行政も，産業振興を中心とした縦割り行政で，消費者よりも事業者優先の姿勢をとってきた。しかし，日本の消費者行政も消費者庁を創設するなど，消費者重視を意識した行政方針を示し，消費者と企業の協同を目指す方向に舵を切っている。

　企業と消費者で，次世代のために持続可能な消費を共創するためには何が必要か。1つの解決策として，企業と消費者の接点強化が考えられる。消費者と企業の良好な関係を築き，良い商品・サービスを選ぶことが原点になる。企業が安全・安心で高品質な商品・サービスを適正な価格で提供することが基本になる。さらに企業がより社会に貢献できる商品・サービスを市場に出していく。消費者は，それを使い，良くなったと思うと，良い口コミをネットワークで広げていく。買い手も社会のためになって自らも得をして，売り手も得をする。そして社会にも良い。このような，消費者と企業がWIN-WIN（双方にとって得）の関係で持続可能な消費社会を構築すれば，さらにその市場が成長する善循環を達成することになる。そのWIN-WINの関係を作るためには，前提とし信頼関係が必要となる。

　企業が，消費者の信頼を得るためには，安心して使用してもらえる商品やサービスの提供を継続することしかない。機械で生産する工業品でも，人手が作る製品でも100％の安全は保証されない。工業製品であれば，100万分の1，1000万分の1の確率で不具合品が発生することがある。100％安全でなくては，消費者に安心を提供できないのか。企業に求められるのは，「安心」である。100％の安全を目指して，品質を向上し，セーフティネットを何重にも設けて生産を管理する。それでも，100％の安全は確保できない。しかし，不具合品が発生したとしても，すぐに消費者に周知し事故の拡大を防ぐ企業姿勢があれば，消費者も安心できる。

　松下電器産業（現パナソニック）は，1985年〜1992年に製造した「ナショナルFF式石油暖房機」で死亡事故が発生し，商品回収を2008年から継続してい

246　第Ⅱ部　社会からみた CSR

る。死亡事故は，大変痛ましいことであり，あってはならないことであるが，事故を再発させないために，社長が「最後の１台まで回収する」と宣言し，広告や全戸への郵便送付などの企業努力を重ねた。結果，消費者団体などから，事故を起こした企業の責任はあるが，回収への姿勢に対しては評価できる，という意見が出た。不利な情報も公開することが信頼につながる。不安を和らげるに足る行為があってこそ消費者は安心する。不安になるのは，自分の知らない部分があるためである。完全に知っていれば，不安になることはない。何かあればすぐに情報を公開して周知する，という姿勢が伝われば安心につながる。例えば，カルビーが堅焼きポテトの回収をした際に，詳細な情報を時系列でホームページに公開した。これなどは好例と考える。

　社会的に信頼を得た企業が，社会的課題の解決に積極的に取り組み，倫理的消費者が支援・協力することで，「消費者市民社会」の形成も視野に入ってくる。しかし，現在の消費者教育には，企業を選別し良い企業を応援することや，倫理的消費について学ぶ機会が少ない。消費者市民社会を形成するためには，企業と消費者の両輪が同じ大きさで機能する必要がある。企業と消費者の情報の非対称性を考えて，消費者を支援して輪を大きくする必要がある。消費者への教育と啓発である。次に，道を平らにするのは行政の役割で，この３者が協力してこそ社輪が道を前進するのである。

4　より良い消費社会へ

4-1　企業の持続的発展

　繰り返しになるが，企業が持続可能な消費社会に向けた商品やサービスを提供し，消費者がその商品やサービスを選び，協力して社会的課題を解決することになる。企業は，消費者の信頼を得て，適正な事業収益を上げ，ステークホルダーへの利益還元も行い，社会に必要な企業となることで，事業の持続的発展に結びつくのである。

　しかし，時として企業の消費者を裏切るような行為を目にすることがある。反社会的行為や詐欺行為などはもってのほかであるが，立件という意味で犯罪にならなくても，社会の一般的な基準から逸脱するような行為で，収益を上げ

第12章　消費者とCSR　*247*

ることなどは許されるものではない。意図的な裏切り行為であれば，市場からの退場が相応しい。退場の笛を吹くのは消費者である。多数の消費者の目で監視する。また企業も一市民と同様に，他企業の活動を監視することで，企業間および消費者との適度な緊張関係を保つことができ，健全な消費市場形成になっていく。

　健全な消費社会に必要とされる企業が発展できるよう，消費者が選別して支える。企業は，自己と社会の双方の利益を調和させ，持続可能な社会を意識した事業活動を行い，社会から存在が望まれてこそ，持続的な事業の発展を手にするができる。企業は社会の中にあり，ステークホルダーと連携して存続を目指すのである。

4-2　幸福な消費者

　この章の結びの言葉として「幸福な消費者」を選ぶ。私たちは，持続可能な社会の構造を作り，次世代に引き継いでいくことを目指している。すべての個人つまり消費者が，地球の上で暮らしていくために，今取り組むべき課題を解決して次世代に健康な地球を引き継ぐのである。企業に求めるのは，個々人では解決できない課題を，企業の知識，技術，人材などを活用して解決策を提示してくれることである。社会から期待される企業が存続することで，従業員をはじめとするステークホルダーが潤って，消費経済が回っていくのである。

　持続可能な消費行動の目標として，消費者市民社会があるが，消費者も企業も苦しいことや我慢することばかりでは長く続かない。企業は存続が目的でも消費者の共感を得られなければ持続しない。持続するためには，消費者に喜んでもらうことである。

　幸せな気分で働き，得た賃金で幸せな消費生活を送る事が持続に結びつく。幸福な消費生活を送れることを，私自身が求めていることもあるが，あらゆる消費者が幸福な気分で生活を送れるようになるために，企業と消費者と行政が共創して，消費者市民社会を築くことができると，幸福な消費者が広がることになる。読者も消費者であり，幸福な消費生活を望むことと思う。しかし，自らが努力しなければ，幸福な消費社会を持続することはできない。

　本書を通してCSRに関する知識を得て社会生活を送ると，実践の場でCSRを

248　第Ⅱ部　社会からみたCSR

考える力が付く。さらに，自らが企業人として消費者目線で社会的責任を実践する力，また消費者として消費社会をリードする力を合わせ持ち，次世代に引き継ぐことを期待する。

参考文献■────────────

ACAP　社団法人消費者関連専門家会議編（2011）『図解でわかる部門の仕事（改訂2版）お客様相談室』日本能率協会マネジメントセンター。

小川進（2003）『ユーザーイノベーション―消費者から始まるものづくりの未来―』東洋経済新報社。

消費者庁（2014）『ハンドブック消費者』全国官報販売協同組合。

畑村洋太郎（2005）『失敗学のすすめ』講談社文庫。

ラマスワミ，V.＆グイヤール，F.（2011）『生き残る企業のコ・クリエーション戦略』（山田美明訳）徳間書店。

（馬場新一）

第13章

納税とCSR

●Point●

　本章では，適切な納税が企業の社会的責任であるという観点から，納税とCSRの関係について学ぶ。そもそも社会には，なぜ税が必要なのであろうか。本章ではまず，税の持つ代表的な意義について概観し，十分な税が徴収できない場合にどのような問題が生じ得るかを考えていきたい。次に，企業法人が得た所得に対して課せられる税である法人税とはどのような性格を有する税であるかを見ていく。日本の法人課税の負担は，他の国々と比べて大きなものであろうか。この問いに答えるには，企業の実際の法人課税負担が，なぜ表面的な法定実効税率と異なるのかを理解する必要がある。

　さらに本章は，多国籍企業の税負担削減行動，即ち様々なタックスプランニングを活用して税支払い額の削減を図る行動について，合法的な節税行為，違法な脱税行為，そのグレーゾーンにある租税回避行為の3つに分けて整理し，特に租税回避が行われる理由に関して解説を行う。多国籍企業の租税回避行為に関しては，最近話題になっているタックスヘイブンとはどのような存在であり，いかなる問題点を提起するのかを理解することも重要である。

　最後に本章は，適切な納税はCSR上の観点から重要ではないかという昨今高まりつつある議論について，その背景と共に解説を行う。多国籍企業による租税回避に対して，各国の課税当局間の協調の動きが進む中で，企業側も租税支払いの詳細を自発的に開示する必要性に関して考察してみたい。

250 第Ⅱ部 社会からみた CSR

1 社会と税

　日本では，国税および地方税合わせて約100.8兆円の税金を徴収しており（2016年度一般会計予算），これはGDPの約20％に相当するほどの大きさである。このうち，個人や会社の利益を対象に課税する所得課税が52.6％（個人所得課税が30.9％に対して，法人所得課税は21.7％）と最も大きな割合を占めており，次いで，物品の消費やサービスの提供などを対象に課税する消費課税が33.7％，土地や建物などの対象に課税する資産課税等が13.7％となっている。これらの税金を，誰が納めて誰が負担するかという観点から分類すると，所得課税と資産課税等は，税を納める義務のある人と実際に負担する人が同じである直接税に分類される一方，消費課税は，税を納める義務のある人と実際に負担する人が異なる間接税に分類できる。

　こうした多額かつ多様な形態の税金が徴収されているのはなぜであろうか。通説によれば，税の最も重要な意義であると考えられるのは，国や地方自治体が提供する公共サービスの財源を確保することである。例えば，国防，外交，警察，道路・港湾・上下水道・病院・学校などの社会資本といった公共サービスは，ある人が便益を受けたとしても別の人が便益を受けることを妨げるものではないという非競合性，そして皆がその負担の有無にかかわらず便益を受けるという非排除性という2つの特質を有している。そのため，国民の生活にとって重要なこれらの公共サービスの供給を市場メカニズムに委ねたとすると，費用負担をせずに便益のみを享受しようとするフリーライダーが現れ，必要な量や水準の公共サービスが確保されない可能性がある。税は，国や地方自治体が公共サービスを提供するために必要な資金の財源として欠かせないものであり，社会の構成員である国民が負担すべき義務として見なすことができる。

　伏見・馬（2014）は，税には公共サービスの財源確保という点の他にも，景気調整や富の再分配といった重要な意義が存在すると指摘している。まず景気調整という意義に関しては，税が持つ自動調整機能（ビルトインスタビライザー）が挙げられる。例えば，所得税に累進税率を導入している場合がこのケースに該当する。好況時には国民全体の所得は上昇するが，高い税率が適用

第13章　納税とCSR　*251*

されるため自動的に増税効果が生じるのに対して，不況時には逆に国民全体の所得は下落するので低い税率が適用され，税負担が軽減されるという減税効果が生まれるのである。もう1つには，税が景気対策として用いられる場合に果たす景気調整機能がある。例えば，不況時に法人税の税率を下げたり，設備投資に対して特別償却または特別税額控除を容認したりすることによって，景気の刺激を図るケースが相当する。他方，好況時における所得税・法人税の増税や消費税率の引き上げも，税の景気対策としての景気調整機能の一例である。

　一方，税の持つもう1つの意義である富の再分配に関しては，税は，所得分配の公平性の確保という観点から，富裕層と低所得者層との間の所得や資産の格差を是正する手段としても用いられていることが挙げられる。富の再分配を目的とする税の典型的な例が，累進的な所得税と相続税である。これらの税には，所得や資産が大きく，税の負担能力の高い人にはより多くの税金を課す一方，負担能力の小さい人には税金を少なくするまたは免除するという特徴がある。ただし，格差の是正を通じて富の再分配を図る手段には，税以外にも，公的年金のような社会保障負担も存在することに留意する必要がある。公的年金は，個人から政府への移転を伴うが，将来には逆に政府から個人への移転である社会保障給付があるという点で，必ずしも税と同じ役割ではない。従来，富の再分配機能については，税よりもむしろ社会保障制度がその多くを担ってきた面もある。

　以上，税の有する3つの代表的な意義を鑑みると，社会には税の存在が必要不可欠である。現在，日本の一般会計予算（2016年度）の歳出総額約96.7兆円を歳入面から見ると，国の税収は約57.6兆円と，約6割を占めるに過ぎない。この歳出に占める税収の割合の数値は，最も低かった2009年の38.4％からは回復が見られるものの，80％を超えていた1987年から1991年にかけての期間と比べると低い水準にとどまっている。税収以上に政府支出が多くなった状態は財政赤字と呼ばれるが，それを補うために通常は，国債などが発行される。実際，日本の歳入の35.6％は公債金収入が占めており，これは歳入の相当部分が将来世代の負担となる借入金に依存していることを意味している。歳出と税収の差を公債発行で埋め合わせた結果，2016年度末の見込（予算）で，国の長期債務残高は866兆円，対GDP比で152％にまで膨らんでいる（国および地方合計の

252 第Ⅱ部 社会からみた CSR

長期債務残高は1062兆円と，対GDP比205％の水準にまで拡大）。こうした税収が歳出総額を下回る結果としての財政赤字の拡大および債務残高の増加は，歳出に占める国債費（債務償還費，利払費等）が増えることで公共サービスへの支出および水準の低下に繋がることに加え，債務が将来世代の負担として付け回されるという，世代間の不公平性が増大するという問題を惹起し得ると考えられる。このように，税が十分に徴収できなければどのような問題に直面するかを考えることによっても，社会における税の必要性を再認識することが可能となる。

2 法人税をめぐる状況

　法人税は，国に納められる国税の一種であり，株式会社や協同組合などの法人が得た所得に対して課せられる税である。法人税の課税所得は，各事業年度の収益から費用・損失を差し引いた企業会計上の利益に税法上の調整を加えて算出され，これに税率を乗じ，さらに各種税額控除を行った上で，法人税額は計算される。日本においては元来，法人に対して所得税が課されていたところに，法人に対しても公共サービスを賄うための負担を求めるべきであるとの発想から，1940年に法人税が所得税から分離されて，独立の税として創設された経緯がある。法人に対して課税を行う根拠としては，日本では，基本的には法人は単なる株主の集まりであり，法的に擬制された存在に過ぎず，その所得は株主や出資者のものであり，法人税はそれらの個人の所得に対する所得税の前取りである，という法人擬制説に基づいている。したがって，法人税と所得税の二重課税を一部調整するため，法人から配当を受け取った個人株主段階において，配当税額が控除される仕組みが採られている。

　各国において法人税は，個人に対する所得税と並び，所得課税を構成する主要税目として，重要な役割を果たしている。日本では，税収57.6兆円に対して法人税は12.2兆円（2016年一般会計予算）と，税収の約21.2％を占めている。これは，所得税の約31.3％（18.0兆円），消費税の29.9％（17.2兆円）に次ぐ水準である。法人税は所得税と同様，景気の動向に左右され易い面もあり，1989年の19.0兆円を最大値，2009年の6.4兆円を最小値に，法人税収は大きな変動を

第13章 納税とCSR　*253*

示してきた。一方，法人税の負担率を表す概念として，企業の課税所得に対して（国税・地方税を含む）法人税，法人住民税，法人事業税の表面税率から算出される法人税の法定実効税率がある。財務省によれば日本では，中小法人以外の普通法人の法定実効税率の水準は，2016年度において，29.97％である（法人税の税率は，法人の種類や資本金の規模，所得金額により異なる）。法定実効税率は，稼ぐ力の大きい企業の前向きな投資を増やす意図の下で，2011年度の39.54％から，2012年度は37.00％，2014年度は34.62％，そして2016年度には29.97％と，段階的に引き下げられてきた。

　日本の法人課税の負担は，他国と比べて大きいものであろうか。かつて日本の法人税の法定実効税率が40％前後の水準であった頃は，アジア諸国や欧州諸国と比べて相対的に高く，法人の課税負担が国際競争力低下の一要因になっているという主張が存在したのも事実である。現状（2016年度）の29.97％という水準は，米国の40.75％やフランスの33.33％よりも大幅に低く，ドイツの29.72％と近い水準にある。また，シンガポールの17.00％には及ばないものの，中国（25.00％）や韓国（24.20％）といった他の東アジア諸国と比べてもそれほど見劣りしない水準となっている。しかし，法定実効税率という指標のみを比較することには留意が必要である。まず，法定実効税率の分子は，税法上の標準的な税率を基に計算した課税額であるが，これは実際の課税額とは異なるものである。実際，国ごとに様々な租税特別措置が存在するため，実際の課税額は通常，標準的な税率を基にした課税額よりも小さくなっているが，こうした点は表面的な実効税率の数字には反映されていない。また，法定実効税率の分母には，会計上の利益ではなく課税上の所得が用いられるが，国によって大きな差異が存在する税法をベースにした数値を比較することに，どの程度意味があるかは疑問が生じる面もある。したがって，現在の日本における法定実効税率が米国と比べて低いことのみを指して，法人の実際の課税負担がより低いと結論づけることはできないのである。

　日本の法人の実際の法人課税負担を考える上でまず重要なのは，資本金1億円以下の中小法人に対して，所得800万円以下の部分に適用される15％という軽減税率（基本税率は23.9％）の存在である。国税庁による2014年度の「会社標本調査（税務統計から見た法人企業の実態）」によれば，法人数約261万社の

254 第Ⅱ部 社会からみた CSR

うち，この軽減税率が適用される資本金1億円以下の中小法人が99.1％を占めている。さらに同調査は，欠損法人（所得金額が0の法人。繰越欠損金を控除した結果として欠損法人になった会社も含まれる）の割合が66.4％を占める事実も示している。他方，日本において実質的な法人課税負担が低くなっているのは中小法人ばかりではなく，グローバルに活動する大手企業による法人税の実際の負担率が，法定実効税率よりもかなり低くなっているという調査結果も，近年には公表されるようになっている（例えば，富岡（2014））。実際，グループ法人間の受取配当金益金不算入制度や外国税額控除など，大手企業のほうに有利に働くと考えられる租税特別措置の仕組みも存在している。

3 企業の税負担削減行動

　近年，グローバルに活動を展開する多国籍企業が，様々なタックスプランニングを活用して税支払い額の削減を行うこと，即ち税負担削減行動（英語では tax avoidance と表現されることが多い）が批判を集めるようになっている。大沼（2015）によれば，企業の税負担削減行動には，合法的な節税行為，違法な脱税行為に加えて，そのグレーゾーンにある租税回避行為が含まれているが，その中心的な概念は租税回避行為である。この租税回避行為は，法律上は有効な取引である点で脱税行為とは異なるが，元来法律が意図していない（つまり，通常用いられないような）複雑なスキームを活用して，意図的に税負担削減を図ろうとする点で，法律が本来予見しているような取引により税負担削減を図る節税行為とも異なっている点に注意が必要である。即ち，租税回避行為の存在は，合法的でさえあれば企業はどれだけでも税負担を軽減してよいのか，という本質的な問題を提起している。また，昨今は多国籍企業によって，国家間の税制の違いを巧みに利用した複雑なスキームの取引が行われるのが常態化しているが，個々の取引を詳細に分析しなければ，どれが（脱税行為でも節税行為でもなく）合法的だが法律が本来意図していない取引である租税回避行為に当たるのかという違いを区別することが困難な点も，企業の税負担削減行動に対する理解を複雑にしている。

　こうした租税回避行為は，そもそも適切に納税を行うことが，CSRに関する

各種のガイドラインで要求されているように，企業の社会的責任であると見る立場からすれば，たとえ合法的ではあったとしても，看過し難い事象である。それにもかからず，なぜ租税回避行為が行われるのであろうか。第1に，個々の企業についてミクロの視点で見ると，税金はコストであると見なされるからである。例えば，ROE（自己資本利益率）を経営目標の1つに設定する企業が多いが，これは，株主が提供した資金に対して，見返りである配当の原資となる当期純利益をどれだけ生み出しているかをみる指標であり，その分子は税引き後の純利益である。したがって，費用としての税負担を減らすことが当該指標の高さに直結し，株主の利益に繋がることになる。企業の経営を委託された経営者の責務は，所有者である株主にとっての利益を最大化することにあるという考え方に立てば，法律の範囲内で税負担を削減することは当然の義務と捉えることができるのである。日本経済新聞社（2016）は，過度な税負担削減により批判を受けた一部の欧米企業の行動の背後には，税はコストと捉えて税引き後利益で経営を評価する資本市場の圧力があったのでないかと指摘している。実際，税務部門に多数の専門家を抱え，社外の税務アドバイザーを起用して助言を仰ぎながら，戦略的なタックスプランニングにより利益の最大化を目指すグローバル企業が多いのは事実である。

　租税回避行為が行われる第二の理由として，自国に外国企業の誘致や外国資本の投資を促進するための法人税率の引き下げ競争が展開されてきたことが挙げられる。日本においても，1980年後半以降，度重なる法人実効税率の引き下げが実施されてきたが，その背景には，法人税負担の重さが国内に立地する企業の国際競争力を弱め，経済成長の阻害要因となっているとの課題認識があることが指摘されている。表面的な法人実効税率の低減は，日本と同様に，英国，ドイツ，オランダといった欧州諸国や，中国やシンガポールといったアジア諸国でも近年実施されてきた。例えば，森信（2015）は，OECD諸国では1982年から2006年にかけて表面上の法人実効税率が約20％下がった事実を指摘し，これは自国に投資を呼び込もうとする考え方が現れたものであるとしている。こうした企業や資本の誘致を巡る国家間の国際的租税競争も，法人税率が低い国に利益を移すことで税負担を軽減しようとする多国籍企業の租税回避行為を促す一因となってきたと見られている。一方，法人実効税率の引き下げは，それ

256 第Ⅱ部 社会からみたCSR

だけでは税収を減少させてしまうため，外形標準課税の拡大や研究開発減税の縮小といった法人税の課税ベースの拡大がセットで行われている。それ故，表面的な法人税率を引き下げても結果として増税になってしまう企業も存在するため，こうした一連の法人税改革がトータルとして国内企業の税負担を本当に軽減できているか否かに関しては意見が分かれている。

　租税回避が生じる第三の理由は，国によって，居住地認定の基準，ロイヤルティ（権利の利用者が権利を持つ者に対して支払う対価）や移転価格（関連企業間での取引に適用される価格）の取り扱い等に関して，税制が異なることである。今日の多国籍企業による租税回避行為の多くは，こうした国際的な税制の隙間や抜け穴を利用することで，税負担の削減を図るスキームを採用していると見られる。例えば，登記された場所を基準に課税する米国と，経営が行われている場所を基準に課税するアイルランドとの違いを利用し，アイルランドで登記しながら実際には第三国で運営することによって，米国，アイルランドいずれの国からの納税義務も免れるスキームが一例である。また，特許権の収益に対しての税率が低い国においてグループの特許管理会社を設立し，各国で稼得した利益をその子会社に移すことによって，本国での税負担を抑えるといった手法もしばしば採用されるスキームである。このような国家間の税制の差異を利用した租税回避行為は，一国の課税当局のみで対策を講じることが困難になっている。

4　タックスヘイブンの問題

　昨今，多国籍企業による租税回避行為に対する注目を高めたのが，いわゆる「パナマ文書問題」である。パナマ文書とは，オフショア取引（本国以外の場所で行われている取引）で世界有数のシェアを占めるパナマの法律事務所モサック・フォンセカ社によって作成された，タックスヘイブン（租税回避地）を利用する企業や人の膨大な金融取引情報をまとめたものである。2016年4月，国際調査報道ジャーナリスト連合が同法律事務所の内部1,150万点に関する調査結果を公表したことで，広く世界に公開されることになった。さらに同年5月，パナマ文書に記載されているタックスヘイブンの法人21万4,000社および

関連する個人の名前のリストが発表された。これらの報道を受けて，アイスランドでは首相の辞任に発展，他国でも当該リストに名前の記載のある国家首脳や大企業に対してメディアの風当たりが強まるなど，世界規模で影響を及ぼしている。

　ところで，このパナマ文書問題で話題となった「タックスヘイブン」とは，そもそもどのような存在であろうか。実は，タックスヘイブンの明確な定義として国際的に合意・確定されたものはまだ存在していない。タックスヘイブンとは，一般的には，外国企業や資本の流入を目的に，所得に対して税を全く課さないか，極めて低率の税を課している国・地域を指し，カリブ海地域のバミューダ諸島，ケイマン諸島，バージン諸島や，欧州のマン島，ジャージー島などの小国が例として挙げられることが多い。1998年にOECD（経済協力開発機構）が示した判定基準によれば，①無税か名目的課税，②情報公開を妨害する法制，③透明性の欠如，④実質的な活動の欠如のうち，①を満たし，かつ②～④のいずれかを満たす場合にタックスヘイブンと見なされる。続く2001年の報告では，上記②と③の基準に限定されており，情報公開の欠如と透明性の欠如がタックスヘイブンの重要な特徴と見なされるようになっていることがわかる。その意味で，2009年4月にOECDが公表した，情報交換協定等の国際的に合意された租税の基準の実施を約束したが未実施の国・地域（いわゆる「グレーリスト」）には，ルクセンブルク，スイス，シンガポールが挙げられるなど，前述の小国のみならず，こうした国際的な一大金融センターとなっている国も，タックスヘイブンと見なされることもある点を注視する必要がある。

　それでは，これらのタックスヘイブンが提起する問題点は何であろうか。タックスヘイブンへの本社の移転やペーパーカンパニーの設立・取引等を通じて，課税対象となる所得を減少させる租税回避行為自体は，必ずしも違法な脱税行為に該当しない。しかし，こうした租税回避行為は合法的ではあるかもしれないが，倫理的な問題があることは否定できない。財政赤字の問題に直面している先進諸国が多い中，各国の財政は多数の一般の国民や企業の納税によって賄われている。一方で，一部の大企業や富裕層はタックスヘイブンを利用して課税を免れることができ，それらの資金が自国からタックスヘイブンに流出すれば，当然各国の税収は減ることになる。その結果，本来支払われるはずに

258 第Ⅱ部 社会からみたCSR

もかかわらずタックスヘイブンの活用により納税されなかった分は，一般の国民の税負担増加や公共サービスの劣化に繋がり得る可能性がある。すなわち，こうした税負担の不公平性や経済格差が引き起こす道義的問題こそが，タックスヘイブンの本質的な問題であるといえる。

　そもそもタックスヘイブンの特徴自体が，その情報公開の欠如と透明性の欠如にあるため，これらの国・地域の存在が先進諸国の税収に与える影響については定量的につかみにくいのが実態である。ズックマン（2015）は，タックスヘイブン内の金融機関に保管された金融資産が，本国の対外資産に計上されないために生じる，各国のマクロ経済統計上の対外資産総額と対外負債総額の差異から，タックスヘイブンにある金融資産残高を5.8兆ユーロ（1ユーロ=114円の前提で，約661兆円）と見積もっている。これは，世界の家計の資産額73兆ユーロの約8％にも及ぶ金額である。さらに，ズックマン（2015）は，この5.8兆ユーロのうち約8割が税務申告されていない金融資産であるという事実から，関係諸国の税収面の損失額は，1,300億ユーロ（約14.8兆円）と推計している。こうした失われている莫大な税収額は，前述の道義的問題と相まって，今後先進諸国の政府に，タックスヘイブンを用いた租税回避行為に対する取り締まりの強化を，より一層促すことが想定される。一方，政府によるタックスヘイブンに対する規制強化が進んだとしても，国ごとに異なる税制の差異が存在する以上，制度の抜け穴を利用する多国籍企業の租税回避行為を完全に防止することは不可能であろう，という見解も存在している。

5　社会的責任としての納税

　多国籍企業による租税回避行為やタックスヘイブンの問題が注目を集めるようになった現在，適切な納税は，CSR上の観点から重要ではないかという議論も生まれてきている。こうした問題提起には，どのような背景が存在するのであろうか。そもそも株主から経営を委託されているそれぞれの企業経営者にとっては，株主の利益の最大化が一義的に期待される行動であるため，コストである税負担を最大限削減することは，経済合理的であると判断されるであろう。しかしながら，企業活動によって直接的または間接的に影響を受けている

ステークホルダー（利害関係者）には，株主のみならず，従業員，取引先，顧客，政府，地域住民，環境保護団体など様々な主体が存在する。一国の経済というマクロ的な視点で見ると，企業が過度に税負担を削減すれば，国や地方自治体が提供する公共サービスの財源が縮小し，必要な量や水準のサービスが確保されない状況に陥る可能性がある。その結果，企業の過度な租税回避行為は，株主以外の他の多様なステークホルダーに悪影響を及ぼし得るのである。すなわち，企業の租税回避スキームが客観的な法律に則って合法的とされるものであったとしても，経営者の行動は単に適法性を有しているだけでは不十分であり，経営者は多様なステークホルダーの利益も配慮した上で行動する道徳性を持つべきとする考え方に基づけば，租税を適切に支払うことは企業にとって社会的責任を果たす行為であると位置付けることができるのである。

　適切な納税が企業の社会的責任であるという認識は，従来から広く普及されてきたわけでは必ずしもないが，望ましいCSRのあり方を規定する既存のフレームワークにおいて，納税がCSRの主要な要素の1つであると列挙されてきたのは事実である。例えば，加盟国企業に責任ある行動を自主的に促すために策定された行動指針であるOECD多国籍企業ガイドラインは，企業は展開国の税法についてその文面と精神の両方に従うべきであること，また，租税支払い上のガバナンスやコンプライアンスの問題を自社のリスク管理システムの問題として位置付けるべきであることを示唆している。そもそも伝統的なCSRの考え方では，企業は自社の活動が社会にもたらす環境面，社会面，経済面という3つの側面の効果を考慮する必要があると論じられてきた。実際，企業による納税は，政府の税収増と公共サービス支出の財源確保という形で，その経済的な効果が明確な数字となって現れるものであり，経済面における企業の主要な社会的責任の1つとみなすことに違和感は無いであろう。

　社会的責任としての納税という考え方の広まりも受け，特に世界金融危機後，複数の先進国が政府債務の持続性の問題に直面する中，各国政府も，多国籍企業による租税回避の問題に対する対策を講じる姿勢を強めてきた。通常，租税回避行為は国際的な税制の差異を巧みに利用したスキームを活用しているため，1国のみでは対策が難しい。こうした問題の性格を踏まえて，各国政府の課税当局間が協調する動きが進んでいる。最も顕著な動きが，2012年6月にOECD

とG20が共同で立ち上げたBEPSプロジェクト（Base Erosion and Profit Sharing）である。同プロジェクトは，多国籍企業はその経済活動の実態に即した税負担を果たすべきであるとの考え方に基づき，BEPSへの対応に関する初期的報告書の発表と包括的な行動計画の必要性の主張（2013年2月），BEPSへの具体的対応策である15項目の行動から構成されるBEPS行動計画の発表（2013年7月），7項目の行動計画に関する第1次提言の発表（2014年9月），そしてBEPS行動計画に基づく最終報告書を含む包括的な最終パッケージの公表（2015年10月）といった成果を上げてきた。こうした国際協調的な取り組みは，必ずしも各国税制の共通化を促すための強制力を持つわけではないが，今後各国が協力して租税回避の問題に対処可能な国際課税制度を構築していく上での指針になり得るものと捉えることができる。

　各国政府による租税回避問題に対する政策的な取り組みが進展する一方，企業の側は，自発的な取り組みとして，租税支払いの詳細やその背後にある方針について開示しているケースは，極めて稀である。実際，CSRおよび行動規範の面でリーダーと見なされている多国籍企業であっても，CSR報告書で租税支払い状況やタックスプランニングポリシーについて説明しているのはわずかであることを示した調査結果が存在している。しかし，企業の租税回避行為が政府や地域コミュニティ等の様々なステークホルダーに与え得る悪影響に対して世間やメディアの関心が高まっていることも事実であり，そうした影響の度合いを十分に認識した上でリスク管理を行うことは，将来的には企業にとって戦略上重要な活動であると見なされる時代が到来する可能性も存在している。そもそも企業のCSR活動とは，法律によって強制されるものではなく，自発的なイニシアティブに委ねられているものである。適切な納税が企業の社会的責任であるという発想が広まる中で，租税回避的なスキームを採用している多国籍企業の側においても，租税の支払いに関する開示や報告をより透明に行う必要性について，自主的に認識が高まることが期待されている。

参考文献■

大沼宏（2015）『租税負担削減行動の経済的要因―租税負担削減行動インセンティブの実証　　　分析―』同文舘出版。

ズックマン，G.（2015）『失われた国家の富―タックス・ヘイブンの経済学―』（林昌宏訳）
　　NTT出版。
富岡幸雄（2014）『税金を払わない巨大企業』文春新書。
日本経済新聞社（2016）『税金考　ゆがむ日本』　日本経済新聞出版社。
伏見俊行・馬欣欣（2014）『「税と社会貢献」入門―税の役割とあり方を考える―』　ぎょう
　　せい。
森信茂樹（2015）『税で日本はよみがえる―成長力を高める改革―』日本経済新聞出版社。

（玉越　豪）

第14章

コンプライアンスとCSR

◆

●Point●

　コンプライアンスという言葉は，日本では1980年代末頃から使われ始め，以後，多くの企業において，コンプライアンスを意識した経営が行われているはずであるが，依然として企業不祥事は日々新聞を賑わしている。

　本章では，そもそもコンプライアンスとは何なのか，どのような体制を整えればコンプライアンスを貫徹することができるのか，企業活動をしていく上で具体的にどのような法律が問題となるのか，について学ぶ。

　コンプライアンス経営の目的は，事故や違法行為等の企業不祥事を防止するのみならず，企業のブランド価値を高めてその経済的基盤を整え，永続的に発展させていくことにある。これを念頭におけば，コンプライアンスをどのように定義づけるか，そして，コンプライアンス態勢をどのように構築すればよいか，という質問に対する答えは自ずと導き出されるはずである。

　コンプライアンスの目的をはき違えるとその定義を間違えることになり，定義を間違えば企業の取るべき方策も間違った方向に行きかねない。コンプライアンスを学習するに当たっては，なぜコンプライアンスを遂行していく必要があるのか，すなわちコンプライアンス経営の目的を常に頭の片隅においておかねばならない。

264　第Ⅱ部　社会からみた CSR

1　コンプライアンス経営の目的

1-1　不祥事防止とコンプライアンス

　コンプライアンスという言葉を聞いた時にまず思い浮かべるべきは，法令遵守という言葉である。実際，わが国においてコンプライアンスと言えば法令遵守であると言われることが多い。コンプライアンスの定義については，次節で詳細に検討することとして，本節の学習は，“コンプライアンスとは法律のようなものを守ること” という漠然とした印象のまま進めてみたい。その上でコンプライアンス経営の目的を検討する。

　まず，そもそも，企業も社会の一員であるから，社会のルールを守るのは当然である，とする説明がある。しかし，それなら，法律等のルールを理解すればよく，わざわざコンプライアンスという言葉を使って，企業の態勢を整える必要などなくなる。もちろん，企業が社会のルールを守るべきは当然のことであって，否定されることではないが，これだけでは，コンプライアンスの目的を説明したことにはならない。

　そこで，企業の存続を危うくするような企業不祥事を防止することにもコンプライアンスの目的があるとすべきであろう。そもそもコンプライアンスという言葉が，1990年代以降に相次いだ企業不祥事の後に急速に広く使われるようになったことを考えると，企業不祥事の防止をコンプライアンスの目的から外すわけにはいかない。特に，企業不祥事が単に会社法や金融商品取引法等に違反するというのでなく，消費者の財産，健康，生命に対して直接の深刻な被害を及ぼすような場合には，その事件前後の当該企業および役員らの対応次第で，マスコミの激しい非難を浴びて社会，取引先，投資家らからの信用を失い，一瞬にして倒産することにもなりかねない。

　不祥事がクローズアップされ，結果として消滅した企業としては，古くは，株式会社ミドリ十字（1950〜1998）（薬害エイズ事件），雪印食品株式会社（1950〜2002）（牛肉産地偽装事件），有限会社浅田農産（1957〜2005）（鳥インフルエンザ事件），スルガコーポレーション（1972〜2008（民事再生申請））（反社会的勢力との取引事件）などがある。その後，法改正や企業内の意識改

第14章　コンプライアンスとCSR　*265*

革等が行われてきたが，2015年度のコンプライアンス違反による企業倒産件数は289件判明しており（帝国データバンク「2015年度コンプライアンス違反企業の倒産動向調査」），過去最多となっている。ちなみに，2015年度のコンプライアンス違反による倒産の違反類型で最も多かったのは，「不正経理や循環取引，融通手形などで決算数値を過大に見せる『粉飾』」であり，全体の29.4％を占める85件が判明している。

1-2　企業価値の創造へ

　このように，コンプライアンスの目的の1つに企業不祥事の防止があることは容易に理解できるところである。そして，不祥事が起きてしまえば，企業はその対処にコストをかけざるを得ないので，経済的ダメージが大きいことは明らかであるから，コンプライアンスを実践することにより当該マイナスコストを回避し，結果的に利潤追求目的に沿うことにはなる。

　しかし，コンプライアンスは，そのような消極的な経済的効果に止まらず，より積極的に企業価値を追求することを目的として実践される必要がある。コンプライアンスが徹底的に実践されている企業は，取引先からは安心して取引できると評価され，地域社会からはその企業がコミュニティに存在することを歓迎されるようになる。その企業に属する従業員も社会から高い評価を受けることになって，自尊心をもって日々の業務に従事することになる。そして，従業員の士気が上がれば，それが企業の利益につながることになる。

　単に法令等に違反しないとか，不祥事を未然に防ぐというだけでなく，積極的に利潤を追求することをもコンプライアンスの目的としなければ，わざわざ時間と費用をかけてコンプライアンスの実践に取り組む価値がないし，自由な発想で自主的に遂行することはできない。

2　コンプライアンスの定義

2-1　社会からの要請に応える

　コンプライアンス実践の目的を，積極的に企業の利潤を追求する点にあると理解するなら，コンプライアンスとは，法令遵守にとどまらず，社会からの要

266 第Ⅱ部 社会からみた CSR

請に適応することであると理解すべきであろう。法令は，様々な意味で不完全なものであるから，そのような不完全な法律を遵守しているだけでは，社会の要請に十分に応えることはできず，社会の要請に応えられなければ，コンプライアンス実践の目的を達成することはできないからである。

法令が不完全であるというのは，次のような事情に基づく。

(1) 法令の解釈は，それを解釈する人によって変わる可能性がある。

大学の法学部では，法令を丸暗記することを学ぶのではなく，法令の解釈を巡って学説や判例にどのような対立があるかを学ぶ。それは，つまり，法令の解釈は一義的に行うことができないことの表れである。

(2) そもそも法令そのものの内容が不完全なことが少なくない。

法令は，世の中の事象を踏まえ，新規に制定されたり改正されたりする。飲酒・無免許・無保険で車検を受けていない車を運転して人を死傷するような極めて悪質な交通事故に対応するため，危険運転致死傷罪が新設されたのもその１つの例である。法令は，社会の秩序を維持するために制定されるのであるが，時代の変化と共に，既存の法令が社会の実情に合致しなくなることはよくあることである。事件が起こったり必要性が生じたりする度に，法令は後追いで制定・改正される。

また，社会の要請に応えるために制定されるはずの法律が，様々な業界団体の圧力によって当初の目的を弱められて制定されてしまうこともよくある。企業活動を大きく制約する可能性のある会社法や環境法令などがその例である。

(3) 法令違反があっても見つからなければ罰せられないことがある。

残念ながら，違法行為を厳しく罰する法令であっても，その法令に違反した者を取り締まることにより実効性を担保する制度が整っていなければ，絵に描いた餅である。

このように法令には様々な問題が存在するから，“法令そのものを遵守してさえいれば，社会から糾弾されることはない”と言い切ることが難しくなるのである。社会からバッシングされるような不祥事が起こった際に，「しかし，法律違反はしていない」という説明をしたとしても社会が許さないのは，社会は法令が不完全なものであることをなんとなく感じているからであろう。

第14章　コンプライアンスとCSR　*267*

したがって，コンプライアンスとは，単に法令等の規定に違反しないというだけではなく，より積極的に法令等の背景にある精神や価値観を理解して遵守し，社会からの要請に応えるべく実践していく活動であると捉えられるべきなのである。

2-2　隣接概念との関係

ここでは，CSR，コーポレートガバナンス，内部統制，リスクマネジメントなど，コンプライアンスと隣接する概念との関係について考える。

まずCSRは，企業の社会的責任と訳される概念である。コンプライアンスを単に法令遵守ではなく，社会の要請に応えることと捉えるなら，CSRとコンプライアンスとは重なり合う部分が多い概念である。しかし，CSRの定義については第1章に詳しい記載があり，それらを要約すると，CSRとは企業経営に社会的公正性や環境への配慮を自主的に取り込むこと，ということになり，コンプライアンスより広い概念と捉えられる。

コーポレートガバナンスは，株主が経営者の行動を規律する仕組みであり，経営者に効率的な経営を促して企業の収益性・競争力を高め株主利益の増大を図ることと，経営の健全性を高めコンプライアンス体制の確立を促して企業に不測の損害を与えるような行為を未然に防止することを目的とするものである（井窪他，2006）。つまり，コーポレートガバナンスは，企業内のコンプライアンス態勢を整えるための手段となるものである。

内部統制は，経営者が企業の組織内部を管理するための体制・プロセスである。経営者が組織内部を統制できなければ，いくら株主が経営者の行動を律しても，組織自体の収益性・競争力は向上しないし，コンプライアンス体制が整っていないために企業に不測の損害を与える事態にもなりかねない。経済産業省リスク管理・内部統制に関する研究会の出した「リスク新時代の内部統制」によると，内部統制の直接的な目的は，①事業経営の有効性と効率性を高めること，②財務報告の信頼性を確保すること，および③事業運営に関わる法規や社内ルールの遵守を促すこと，である。この目的に明確に示されているように，内部統制もコーポレートガバナンス同様，コンプライアンス態勢を整えるための手段として用いられるものであるといえる。

268　第Ⅱ部　社会からみた CSR

　リスクマネジメントとは，企業内外に存在する不確実な事象（リスク）を識別し，分析・評価し，管理するためのプロセスである。企業活動に伴うリスクは様々であり，その分類方法も多種多様である。コンプライアンスが企業の人為的リスクを管理するための概念であるのに対し，リスクマネジメントは，人為的リスクのみならず，地震・風水害等の自然的リスク，金融取引に関するリスクやテロ・誘拐等のリスクなども対象とする。また，コンプライアンスは，主として，企業の不祥事を予防することを目的とするものであるが，リスクマネジメントは，緊急事態に直面したときに企業としてどのように対処するか，例えば不祥事が起きた後にいつどのように外部に公表するか，というような事後的なマネジメントも対象とする。

3　コンプライアンス実践プログラム

　企業は人の集まりであるから，コンプライアンスを組織内部に浸透させるには，それぞれの組織においてどのようなコンプライアンスをどのように実践するのかをあらかじめ定めて，共通認識にしておく必要がある。特に，コンプライアンスを，単なる法令遵守ではなく法令等の背景にある精神や価値観まで遵守し実践する活動であると捉えるなら，その背景の精神や価値観をどのように捉えるかは各組織の倫理観に左右されるから，各組織の倫理観を明確にして組織内に浸透させておく必要がある。

　コンプライアンス態勢を確立するためには，PDCAサイクルに沿って，①経営トップの意思表明，②コンプライアンス推進のための組織体制の整備，③コンプライアンス規定の整備，④社内教育・研修，⑤内部通報制度の整備，⑥モニタリング（監視）の実施などの手順を踏むと良いとされている。その取組み全般は，「コンプライアンス実践プログラム」と呼ばれることが多い（井窪他，2006）。

　注意すべきは，いかに優れたコンプライアンス実践プログラムを用意しても，必ず不祥事は発生するということである。そのときに，不祥事による損害を最小限にとどめると共に，会社の経営に当たる取締役がその不祥事に関する責任を追及されないためにも（つまり，やるべきことはやったと弁明できるように

第14章 コンプライアンスとCSR *269*

するために），優れたコンプライアンス実践プログラムを用意しておく必要が
あるのである。

(1) 経営トップの意思表明

コンプライアンスを実践するにあたっては，まず，経営トップが明確にコン
プライアンスの必要性と重要性を認識した上で，日々の業務遂行におけるコン
プライアンスの実践が大切であることを，他の役員や従業員にトップの意思と
して表明することが欠かせない。

(2) コンプライアンス推進のための組織体制の整備

コンプライアンスを推進するには，法令等に関する深い知識とリーガルマイ
ンドが不可欠である。業務関連法令等を理解した上で，法令等の改正動向およ
び他者の法令等対応状況を把握し，企業倫理に基づいた自社の方針を策定・実
施・改訂していくとなれば，コンプライアンス専門の部署が必要となる。

専門の部署といっても，業務執行と密接に関連していなければ，当該企業に
必要なコンプライアンスを実践することは不可能であるし，大きな組織におい
ては，本社のみでなく現場の事業所等にもコンプライアンスの担当者を配置し
ておかなければ，現場の実状が本社に伝わらず，全社的なコンプライアンス対
応は不可能になる。

(3) 規定の整備

経営トップがコンプライアンスに関する強い意思を表明し，コンプライアン
スの担当部署が決まったら，次は担当部署が中心となって，経営トップのコン
プライアンスに関する基本方針を組織に属する人たちに伝えて実行させるため
に，規定を策定してこれを周知徹底する必要がある。

コンプライアンスに関する規定には，「倫理綱領」，「コンプライアンス・マ
ニュアル」，「行動規範」などの様々な名前がつけられる。これらの規定はコン
プライアンスを組織内に浸透させることが目的であるから，明確であること，
具体的であることおよび信頼できるものであることが必要である。その上で，
組織の外部に規定の存在と内容が公表されることにより，その実効性はより高
まる。

基本的に，コンプライアンスに関する規定は，それぞれの企業の倫理観を反
映したものであることが原則であるから，各企業がその実状を踏まえて独自に

270　第Ⅱ部　社会からみた CSR

作成するのが理想である。しかし，あまりにも独創的すぎると，社会の要請から外れていたとか，大切なポイントを書き忘れていたというようなことにもなりかねない。そこで，規定の作成に当たっては，「企業行動憲章実行の手引き（第6版）」（2010年9月14日　社団法人日本経済団体連合会）や，自社の属する業界団体が公表している行動指針の他，同業他社の倫理綱領や行動規範等を参考にすると良いであろう。

(4)　社内教育・研修

コンプライアンスに関する規定ができれば，次に，これらの規定を社内に浸透させなければならない。そのために，社内教育・研修を継続的に行うことが求められる。教育・研修の対象者は，自社の役員・従業員だけでなく子会社や関連会社の役員・従業員に広げることが望ましい。

コンプライアンス導入時には，経営トップがコンプライアンスの重要性を直接伝えることが非常に重要である。企業に属する一人ひとりに，コンプライアンスへの取り組みがトップの強い意思に基づくものであり，この方針に従えない者は企業から去らなければならないというほどの覚悟を持たせるためである。

導入後も継続的に教育・研修を続けることが大切である。一度教育・研修を受けた者に対しても随時思い出させて記憶を新鮮に保つ必要があるし，人の入れ替わりも随時あるからである。

(5)　内部通報制度の整備

企業の不祥事は，早期に発見し対処することが求められる。また，自らのコンプライアンス違反行為が容易に明るみに出ることがわかっていれば，人はコンプライアンス違反行為に対する心理的抵抗を強く持つから，コンプライアンス違反はすぐに見つかるものであるということを従業員らの意識にすり込むことが必要である。そのための制度として，内部通報制度の整備が求められる。企業の不祥事は，内部告発を端緒に明るみに出ることが多いから，内部通報制度が整備されその存在が企業内で認知されていれば，コンプライアンス実践に大きな役割を果たすことになる。

社内の窓口を設けるのみならず，社外の窓口として利害関係のない弁護士への通報の道を設け，誰でも容易に通報できる態勢を整えておくことが大切である。

第 14 章　コンプライアンスと CSR　*271*

(6)　モニタリング（監視）の実施

　コンプライアンスが実際にうまく実践されているかどうかは，監視してみなければわからない。モニタリングは，内部監査部門が中心となって行うことになるが，委員会設置会社における監査委員会や監査役設置会社における監査役も，コンプライアンスが実践されているかどうかをモニタリングする義務を負う。

4　分野別コンプライアンスの実践

　コンプライアンスを実践するにあたって押さえておくべき主な法令と，コンプライアンス違反が問題となりやすい論点について概説する。いずれにおいても，法令に違反する行為は，行政上の処分を受ける他，民事裁判を提起され，刑事罰を受けることにもなる。さらに，企業のイメージ低下，職場の士気低下，職場環境の悪化等の様々な負荷がかかることになる。

4－1　会 社 法

　会社法は，会社の組織編成とその運営方法について定める他，会社に属する人による違法行為の罰則も定めているので，ここでは罰則をいくつか紹介する。

(1)　取締役等の特別背任罪（会社法960条）

　刑法上の背任罪（刑法247条）は，自分以外の人（A）の事務をAのために処理する者が，自分自身やA以外の利益を図り，又はAに損害を加える目的で，その任務に背く行為をし，Aに財産上の損害を加えたときに5年以下の懲役又は50万円以下の罰金に処すものであるが，会社法上の特別背任罪は，発起人，取締役，監査役，執行役，支配人等，会社法上特別の立場にある者に対し，その背任行為があった時に，刑法上の背任罪よりも重い責任（10年以下の懲役又は1,000万円以下の罰金）を定めたものである。

(2)　会社財産を危うくする罪（会社法963条）

　取締役等が，株式会社の計算において（株式会社に利益であれ損失であれ帰属させるということ）不正にその株式を取得し，法令又は定款の規定に違反して剰余金の配当をし，又は，株式会社の目的の範囲外において投機取引

272　第Ⅱ部　社会からみた CSR

のために株式会社の財産を処分したときには，5年以下の懲役若しくは500万円以下の罰金に処し，又はこれを併科される。

(3)　取締役等の贈収賄罪（会社法967条）

　刑法上の贈収賄罪（刑法197条～198条）の特別法である。取締役など会社法上の特別の地位にある者が，その職務に関して不正の請託（申入れ）を受け，その対価として贈賄を受け取り，又は要求若しくは約束した場合，5年以下の懲役又は500万円以下の罰金に処せられる。刑法上の収賄罪が公務員の行為を処罰の対象とし，同贈賄罪が公務員に対する行為を処罰の対象とするのに対し，会社法上の贈収賄罪は，会社法上特別の地位にある者の収賄と，それらの者に対する贈賄を処罰の対象に広げたものである。

(4)　株主等の権利の行使に関する利益供与（会社法970条）

　取締役，監査役，支配人等会社法上の地位にある者が総会屋に対して利益を供与した場合には，3年以下の懲役又は300万円以下の罰金に処せられる。
　つまり会社法は，企業のなかで一定の権限を持つ者に対して特段の罰則を科して，コンプライアンスに則った行動をとるように戒めているのである。

4-2　独占禁止法

　独占禁止法は，「私的独占，不当な取引制限及び不公正な取引方法を禁止し，事業支配力の過度の集中を防止して，結合，協定等の方法による生産，販売，価格，技術等の不当な制限その他一切の事業活動の不当な拘束を排除することにより，公正且つ自由な競争を促進し，事業者の創意を発揮させ，事業活動を盛んにし，雇傭及び国民実所得の水準を高め，以て，一般消費者の利益を確保するとともに，国民経済の民主的で健全な発達を促進することを目的とする」法律である（独占禁止法1条）。公正かつ自由な競争を促進することが同法の目的であるが，「公正」，「自由」，「競争」のいずれの言葉に関しても業界や企業によってその価値観が異なるため，単に法文や公正取引委員会のガイドラインを遵守しているだけでは，コンプライアンスの実践としては十分な結果が期待できない危険性が高い。
　例えば，談合など「不当な取引制限」として規制の対象となる行為に該当するには，①他の事業者と共同して（意思の連絡），②相互に事業活動を拘束又

第14章　コンプライアンスとCSR　*273*

は遂行すること（相互拘束行為又は遂行行為），及び③一定の取引分野における競争の実質的制限という3つの要件を満たしていることが立証されなければならない。しかし，いかなる行為があれば"意思の連絡がある"と認定されるのかについて，法文上明確ではない。また，相互拘束行為として，過去の単一の基本ルールの合意のみを捉えるのか，個別の受注調整行為を捉えるのか，その両者を併せて見るのか，によって，当該問題行為が既遂か未遂か，消滅時効は完成していないか，などの結論に影響があるが，その解釈も一様ではない。さらに，「競争の実質的制限」の意義も一義的に明確にされているわけではない。しかも，海外との取引がある企業にとっては，海外の法律や実務上の取り扱いを知っていなければ，国内では免れたとしても，海外当局から摘発されることもあり得る。したがって，競合他社の担当者と価格についての話をすることは厳に慎むよう厳格に管理しておく必要がある。

　1973年のいわゆる第二次石油危機に際し，石油製品元売り会社14社の営業担当役員である被告人らが，各被告会社の業務に関し，製品価格のいっせい値上げを図ったとして，公正取引委員会から告発され，検察官により公訴を提起されるに至った独禁法違反被告事件（石油カルテル価格協定事件，最小二判昭和59年2月24日刑集38巻4号1287頁）は，カルテル行為に独禁法所定の罰則が適用された事件としては，わが国ではじめてのものである。被告会社14社の役員らは，1972年から翌年にかけての大幅な原油値上げに伴い，被告会社らの各種石油製品に価格を転嫁して値上げすることとし，1973年中に5回にわたって油種別の値上げ幅（額）および値上げ時期を定め，被告会社らが共同してこれを実行することを合意していた。この事件には，①この種の事件につき二審制を定めた独禁法の規定の合憲性，②独禁法2条6項の構成要件の解釈，③値上げに関する行政指導と被告人らの行為との関係に関する事実認定及び関連法律論，④一部被告人についての合意への関与の有無をめぐる問題，⑤会社の合併の効力等に関する商法の規定の解釈などをめぐる派生的な争点を多数含み，行為から約10年後にその刑（有罪）が確定することとなった。

　独占禁止法違反の罪は，その行為の構成要件該当性（罪の成立要件が法律の文言上形式的に満たされているかどうか）が非常に分かりにくく，また，そもそも行為者が直感的に違法であることを認識することが困難なタイプの行為を

274　第Ⅱ部　社会からみた CSR

含むため，それを予防するには，法律の解釈のみならず行政の動向を把握した上で，担当者の１人１人に行為の意味を理解させて厳格に管理することが求められるし，事業が国外に及ぶ時には海外の法律や実務例までも視野に入れた対策を講じておく必要がある。上記の刑事裁判のように確定までに時間を要する時には，仮に最終的に無罪となったとしても，その代償は大きいのであるから，疑わしい行為は断じて排除しておくことが必要である。

4−3　労務

　近時は，「ブラック企業」とのレッテルを貼られ，人材確保に苦心する羽目に陥る企業が少なくない。ブラック企業と呼ばれる大きな原因のひとつが労働法関連の違法行為である。人材不足により，企業はその運営を事実上停止せざるを得ず，収益力に直接影響を受けることになる。

(1)　労働時間

　日本の企業においては，サービス残業，すなわち労働基準法の下では割増賃金の対象となる労働であるにもかかわらず，これに対して労働者に割増賃金を請求させず，また，使用者がこれを支払わない，という慣行が横行していた。しかし，労働基準法では，労働者が週40時間１日８時間の法定労働時間を超えた時間外労働に対して，原則として25％以上50％以下の割増賃金を支払うことが決められている（労基法37条）。

　この法律に違反して割増賃金を支払っていない場合，企業は，以下のようなリスクにさらされる。

① 　労働基準監督署に駆け込まれるリスク

　　労働者は，最初の相談窓口として労働基準監督署に駆け込むことが多い。企業は，労働基準監督署から呼び出しを受けたり，是正勧告書を受け取ったりして，その対処に時間と労力を取られる。また，割増賃金の未払いに対しては，労働基準法上，６か月以下の懲役又は30万円以下の罰金が定められているため，悪質なケースでは，労働基準監督官によって逮捕・送検されることもある。

② 　遅延利息が付されるリスク

　　割増賃金の請求は，２年間さかのぼって請求することができる（労基法

115条)。そして，退職後の従業員に対しては，未払いの賃金については退職の日の翌日から支払いを終えるまで，年14.6％の割合による遅延利息がつく（賃金の支払の確保等に関する法律第6条）。裁判に発展した場合には，結論が出るまで1年近くかかることもあるから，未払額が大きい場合には遅延利息の額も膨らみ，企業の財政を圧迫することになる。

③ 付加金のリスク

　裁判になった場合，裁判所は，労働基準法所定の賃金を支払わなかった使用者に対し，その未払金額と同額の付加金を労働者に支払うよう命ずることができる（労基法114条）。裁判所は，よほどの事情がない限り付加金の支払いを命ずる取り扱いをしているようであるから，付加金のリスクは企業にとっては無視し得ないリスクである。

④ 他の労働者に伝播するリスク

　多くの企業が最も恐れるリスクである。割増賃金の未払いは，通常はその職場の全ての労働者に対して生じている。したがって，労働者の1人から未払賃金の請求があれば，他の労働者からも同様の請求がある可能性が高い。その場合，支払うべき金額が多額に上ることは当然であるが，労働者の士気も下がる危険性があり，企業にとっては大きなリスク要因となる。

(2) **ハラスメント**

　「セクハラ」や「パワハラ」という言葉が聞かれるようになって久しいが，最近は，妊娠した女性に対して不当な扱いをする「マタハラ」（マタニティハラスメント）や，無視，執拗な叱責等の精神的虐待や嫌がらせを意味する「モラハラ」（モラルハラスメント）も頻繁に聞かれるようになった。労働者の権利意識が高くなればなるほど，ハラスメントが重大な権利侵害行為として取り上げられるようになり，また，社会的関心も高いため，被害者が鬱状態になったり自殺したりするなど被害が甚大な場合には，企業のイメージは大きく損なわれるし，当然，このような職場では作業効率が上がるはずもなく，職場環境は悪化する。

　以下，法的に規制されているセクシュアルハラスメント（いわゆるセクハラ）について概説するが，企業としては，セクハラ以外の様々なハラスメントにも対応できる態勢を整えておくことが求められる。

276　第Ⅱ部　社会からみたCSR

　セクハラは，一般に，「相手方の意に反する性的言動」と定義される。「雇用の分野における男女の均等な機会及び待遇の確保等に関する法律」（以下「均等法」という。）第11条は，「事業主は，職場において行われる性的な言動に対するその雇用する労働者の対応により当該労働者がその労働条件につき不利益を受け，又は当該性的な言動により当該労働者の就業環境が害されることのないよう，当該労働者からの相談に応じ，適切に対応するために必要な体制の整備その他の雇用管理上必要な措置を講じなければならない。」と定める。2006年の改正により男女双方の労働者が保護の対象となると共に，事業主の義務についても，職場環境に配慮するだけでなく，積極的かつ具体的な対応を取ることが求められるようになった。

　事業主が講ずべき措置は，厚生労働大臣が具体的な指針を定めている（「事業主が職場における性的な言動に起因する問題に関して雇用管理上講ずべき措置についての指針」平成18年厚生労働省告示第615号）。指針では，事業主が職場におけるセクハラを防止するために講じなければならない措置として，以下を定める。

①　事業主の方針の明確化およびその周知・啓発

②　相談（苦情を含む）に応じ，適切に対応するために必要な体制の整備

③　職場におけるセクハラに係る事後の迅速かつ適切な対応（事実関係の迅速かつ正確な確認，行為者および被害者に対する適正な措置，再発防止に向けた措置）

④　①〜③の措置にあわせて講じるべき措置（相談者・行為者等のプライバシーの保護，相談や事実確認への協力を理由とする不利益取り扱いの禁止の周知・啓発）

　事業主がこれらの措置を講じない場合，厚生労働大臣による行政指導が行われる（均等法29条）。事業主が是正勧告にも応じない場合には，企業名が公表される（均等法30条）。また，労働者と事業主との間で職場でのセクハラに関する紛争が生じた場合には，均等法に基づく都道府県労働局長による紛争解決の援助（均等法17条）および紛争調整委員会による調停（均等法18条）を受けることができる。

　また，セクハラの行為者本人（民法709条）のみならず，使用者である企業

第14章　コンプライアンスとCSR　*277*

も使用者責任（民法715条）や職場環境配慮義務違反（民法415条）に基づいて，損害賠償責任が認められる。

⑶　メンタルヘルス

　業務に起因してうつ病などの気分障害で労働災害補償の請求をする人が増えてきている。また，職場で発症したうつ病等により自殺に至るケースも少なからずあるが，そのようなケースでは，自殺した労働者の親族が労災申請をすることがある。そうなると，労働基準監督署が関係者に聴き取り調査を行うため，当該企業に関するマイナスの噂が広まることは避けられない。

　この種の問題の増加を受け，厚生労働大臣は，労働安全衛生法70条の2第1項に基づき，『労働者の心の健康の保持増進のための指針』を策定した（平成18年3月31日　健康保持増進のための指針公示第3号）。労働者の数が増えれば増えるほど，心の健康を害する労働者が出てくることは避けられない。そのときに，厚生労働大臣の指針に従った社内体制を整えて実行していれば，企業の責任は軽減される可能性がある。

4-4　粉飾決算

　最後に，2015年度に倒産に追い込まれたコンプライアンス違反類型の最も多くを占めた粉飾決算について説明する。

　一般的に，赤字決算は信用不安を招き，取引先からの与信や金融機関からの借入れに大きな影響を与え，キャッシュフローに直接的な影響を及ぼす。経営者が，このような事態を避けるために，財務諸表に手を加えて架空の利益を計上するなら，これが粉飾決算と呼ばれる行為である。

　粉飾決算は，法律上明確に禁じられており，実行者は刑事責任（特別背任罪（会社法960条等），違法配当罪（会社法963条等），計算書類等虚偽記載罪（会社法976条），有価証券報告書虚偽記載罪（金融商品取引法197条），詐欺罪（刑法246条）等多数）及び民事責任（役員等の会社に対する損害賠償責任（会社法423条），役員等の第三者に対する損害賠償責任（会社法429条））に問われる。また，当該粉飾決算の行われた企業そのものに対しても罰金刑が科される（金融商品取引法207条）他，粉飾決算が暴かれると，現実には債務超過であることが判明し，それによって倒産することもある。倒産するほどの債務超過でな

278 第Ⅱ部 社会からみた CSR

いとしても，当該企業に対する取引先等からの信用は失われるから，経営を維持することが非常に困難な事態に追い込まれるであろう。

　有名な粉飾事件として，オリンパス事件がある。オリンパス株式会社が「とばし」という方法で，巨額の損失を10年以上にわたって隠し続けた事件であり，粉飾の事実が明るみに出ることによって株価が下落し，上場廃止の瀬戸際に立たされた上，刑事裁判では2013年7月，前社長に懲役3年執行猶予5年（求刑：懲役5年），副社長に懲役3年執行猶予5年（求刑：懲役4年6月），前常勤監査役に懲役2年6月執行猶予4年（求刑：懲役4年），会社に罰金7億円（求刑：罰金10億円）の判決が言い渡された。また，株主代表訴訟も起こされ，会社に対し合計約2,100万円の支払いが命じられた。

　粉飾決算で廃業に追い込まれた事案としては，山一証券事件が知られている。1998年3月4日，山一証券株式会社の2人の元社長，並びに元財務本部長が，最大2,720億円の損失を隠して虚偽の有価証券報告書を作成した証券取引法（当時）違反の容疑，2人の元社長については粉飾決算容疑も併せて東京地方検察庁に逮捕された。2000年3月，東京地方裁判所で元社長2人に有罪の判決が下され，執行猶予が付いた元社長は判決を受け入れたが，実刑判決を受けたもう1人は控訴し，控訴審の東京高等裁判所で執行猶予付きの有罪判決が確定した。会社は，1999年6月2日に東京地方裁判所において破産宣告を受け，2005年2月に破産手続終結登記がなされた。

参考文献■────────

井窪保彦・佐長功・田口和幸（2006）『実務企業統治・コンプライアンス講義（改訂増補版）』民事法研究会。

大塚和成・滝川宜信・藤田和久・水川聡（2015）『企業コンプライアンス態勢のすべて（新訂版）』金融財政事情研究会。

木目田裕他（2006）『ジュリスト増刊　実務に効く企業犯罪とコンプライアンス判例精選』有斐閣。

郷原信郎（2008）『企業法とコンプライアンス（第2版）』東洋経済新報社。

浜辺陽一郎（2005）『コンプライアンスの考え方　信頼される企業経営のために』中公新書。

（檜山洋子）

第15章

NPOとCSR

◆

●Point●

　本章では，NPO（Non-profit Organization，非営利組織）への支援を
通じた企業のCSR活動について学ぶ。社会的な問題・課題を解決するソー
シャル・ビジネスは，社会にとって非常に重要であるにもかかわらず，営利
を目的とする企業が事業として行うには採算性に問題があったり，専門性が
不足していたりして，自社で取り組むことが難しい場合が多い。しかし企業
がCSR活動の一環として，ソーシャル・ビジネスの主な担い手であるNPO
を支援したり，連携したりすることを通じて，社会的な問題・課題を間接的
に解決していくことは十分に可能であると思われる。

　そこで本章ではソーシャル・ビジネスの主な担い手であるNPOや，NPO
への支援による企業のCSR活動の意義について概説するとともに，事例研
究として社会的課題の1つであるホームレス問題の解決に取り組むNPO法
人Homedoor（ホームドア）のケースを取り上げ，企業がどのようにソー
シャル・ビジネスを支援しているのかを具体的に紹介する。

280 第Ⅱ部 社会からみた CSR

1 NPOのソーシャル・ビジネス

1-1 企業とNPOの関わり

　かつて高度経済成長期の日本においては，企業とNPOの間には公害問題などへの監視・批判などを通じて多くの対立が見られた。しかし両者は，時代とともに大きく変化をとげ，現在ではCSRの浸透もあり，支援し協働する関係にある。企業にとって地域社会がステークホルダーの1つであるなら，地域社会の抱える課題を解決するソーシャル・ビジネスを担うNPOもまた，広い意味でのステークホルダーと言えよう。

　社会的な課題を解決するためには，ビジネスの手法を取り入れたソーシャル・ビジネスやその育成・支援が必要であると言われる。ソーシャル・ビジネスの主な担い手は，企業やNPOだが，企業がそれを担うのは採算性の問題や専門性の不足などの制約から容易ではない。またNPOも人材や資金など運営上の資源に限りがある。そこで企業がCSR活動の一環としてNPOの活動を支援する，あるいはもっと踏み込んで企業とNPOがパートナーシップに基づいて協働して新しい商品の開発やサービスの提供を行うなど，課題の解決に取り組む様々な機会が増えつつある。

　以下ではまず，NPOおよびソーシャル・ビジネスについて概観しよう。

1-2 NPOとは何か

　NPOという言葉はよく耳にするが，その意味をあらためて問われると正確に言い表すのは難しい。国によってもNPOが指す範囲は必ずしも一律ではない。日本の内閣府の「NPOホームページ」によれば，NPOとは「Non-Profit Organization」又は「Not-for-Profit Organization」の略称で，「様々な社会貢献活動を行い，団体の構成員に対し，収益を分配することを目的としない団体の総称」である。つまり収益を目的とする事業を行うこと自体は認められるが，事業で得た収益は，様々な社会貢献活動に充てることになる。これが収益を分配することを目的とする一般の企業，株式会社とは異なる点である。

　また上記のような定義に従えば，NPOは広義には公益法人である学校法人

（大学など）や医療法人（病院など），宗教法人（教会など）などを含むことになり，欧米ではそのように用いられているようだが，日本では一般にNPOというともう少し狭く，市民活動団体，ボランティア団体，NPO法人（特定非営利活動促進法に基づき法人格を取得した法人）などを指す場合が多い。これは日本では戦後，市民活動団体やボランティア団体というものがあったところに，1980年代に欧米から「NPO」という言葉が持ち込まれ，1990年代に定着した，という経緯にあるためだと思われる。なお，日本ではNPO法人のうち，一定の基準を満たすものとして所轄庁の認定を受けたものは，認定特定非営利活動法人（認定NPO法人）となる。認定NPO法人になると，社会的信用力は高まり，税制上の優遇措置などを受けることもできる。

　ではNPOは具体的にどのような社会貢献活動を行っているのであろうか。内閣府が2016年に公表したNPO法人を対象とした調査報告（平成27年度・特定非営利活動法人及び市民の社会貢献に関する実態調査）に基づき，活動内容の多いものを挙げると，①保健，医療又は福祉の増進を図る活動，②子どもの健全育成を図る活動，③学術，文化，芸術又はスポーツの振興を図る活動，④まちづくりの推進を図る活動，⑤環境の保全を図る活動，である。個々の活動内容をイメージするために少し具体例を挙げておこう。①は介護サービス，障がい者支援，②は不登校児童向けのフリースクール，虐待児童の養護施設，③は伝統芸能の継承，児童の芸術鑑賞支援，④は過疎地の活性化，まちおこし，⑤は森林の保護，緑化などである。

　特に日本では高齢化の進展が著しいという事情も反映し，①の医療・福祉に関係するNPO法人の数が最も多い。また上記報告によれば，NPO法人の職員数は6~10名が最も多く，比較的小規模であることがわかる。不足するスタッフをボランティアなどに依存しているところも多い。

1-3　ソーシャル・ビジネスとは何か

　2000年代以降，少子高齢化の進展や人口の都市偏重，ライフスタイルや就労環境の変化によって，社会的課題はますます多様化・複雑化の様相を呈している。それに伴い，従来の解決の担い手である行政や従来型のNPOの活動だけでは対応できない問題が増えてきた。そこで，これらの課題を解決するために

282 第II部 社会からみた CSR

ビジネスの手法を取り入れた，ソーシャル・ビジネスの育成や支援の必要性が議論されるようになった。

谷本（2006）によれば，ソーシャル・ビジネスとは，「社会的課題を解決するためにビジネスの手法を用いて取り組むもの」である。谷本は以下の①〜③の要件を満たす主体を，ソーシャル・ビジネスとして捉えている。

① 社会性

現在解決が求められる社会的課題に取り組むことを事業活動のミッションとすること。

② 事業性

①のミッションをビジネスの形に表し，継続的に事業活動を進めていくこと。

③ 革新性

新しい社会的商品・サービスや，それを提供するための仕組みを開発したり，活用したりすること。また，その活動が社会に広がることを通して，新しい社会的価値を創出すること。

谷本は，ソーシャル・ビジネスを担う組織形態として，株式会社，NPO法人など，多様なスタイルを想定している。特にソーシャル・ビジネスのような社会的課題に関わる程度が高い営利企業（株式会社等）を「社会志向的企業」と呼び，一般の企業とは区別している。またNPOについてもソーシャル・ビジネスを含めた市場性のより高い事業に取り組むものを「事業型NPO」として，市場性のより低い従来型の「慈善型NPO」とは区別している。

2　企業によるNPOのソーシャル・ビジネス支援

2-1　NPOの課題・ニーズ

ビジネスを起こすには「ヒト（人材）・モノ（設備）・カネ（資金）」の3つが必要であると言われるが，それらが最初から全てそろっていることなど普通はまずない。ソーシャル・ビジネスを担うNPOは高い理想やミッションを掲げて活動しているが，多くは人材の不足，活動拠点等の設備の不足，資金的な制約といった共通の課題を抱えその克服に苦慮している。

第 15 章　NPO と CSR　*283*

　まず1つ目の人材については前述のとおり6~10名の職員数で運営していることから，スタッフをボランティアに依存せざるを得ない団体が多い。しかし長期的に運営に関わる人材はボランティアだけでは補うことができない。これについては後述（2-2を参照）するように，プロボノ（職業のスキルや知識を活かすボランティア）の活用などが今後増えていくかも知れない。

　次に2つ目の設備，活動拠点等については，安定的に活動を継続していくために，公共施設の利用条件緩和や事務所等の無償ないし低額での貸し出しを求める声が多く聞かれる。

　最後に3つ目の資金については，行政からの助成金，公的金融機関等からの借入，企業や個人からの寄付に頼っている。このうち個人からの寄付に関しては，これまで街頭募金や銀行振込によるものが主であったが，近年はインターネットの普及・進展に伴い，SNSなどを活用してNPOの活動内容を積極的にアピールしやすい環境が整った。これによりクラウド・ファンディングを活用した寄付も増えつつある。クラウド・ファンディングとは「群衆」を意味するクラウド（crowd）と，「資金調達」を意味するファンディング（funding）を合わせた言葉で，インターネットを利用して不特定多数の人々から資金を調達する仕組みである。資金を調達したい個人，企業，団体が，インターネット上で資金調達の仲介をする企業や団体が作成したサイトを介して資金を募り，資金を提供したい個人，企業，組織がこれを見て出資する。

　クラウド・ファンディングは資金調達の目的や，資金提供者への対価の違いなどにより形態は様々で，寄付型，購入型，貸付型などに分類される。

　このうち寄付型は，社会的な課題解決を目指す個人やNPOなどが活動等のために必要な資金を寄付として募るのに活用しており，ファンド・レイジングとも呼ばれる。プロジェクト毎の資金調達規模，資金提供者1口当たりの金額とも，購入型や投資型と比較すると相対的に小さい。日本の仲介団体では，ジャパンギビングなどがある。寄付である以上，対価を求めるものではないが，一定以上の金額に対しては，お礼のメールや活動報告などを行う場合もある。

　なお寄付型以外の類型は資金提供への対価の点で大きく異なる。購入型は，新しい製品・商品やサービスを開発したい資金調達者が，資金提供者から代金を事前に集めた上で開発を行い，完成した製品・商品やサービスを資金提供者

284 第Ⅱ部 社会からみた CSR

に引き渡すものである。貸付型は資金提供者が貸し手となり，資金調達者を借り手として，プラットフォームを通じて融資を行い，対価として利息を得るものである。

2-2 企業による関わり方

企業の中には自らソーシャル・ビジネスに取り組むところもあるが，事業単体とし採算を確保し十分な黒字とすることは容易ではない。そこでCSR活動の一環として，NPOを支援あるいは協働して取り組む場合がある。

企業によるNPOへの関わり方には大きく２つの段階があると考えられる。まずは企業の本業ではないNPOのソーシャル・ビジネスに対して経営資源（人材，設備，資金）を提供して支援する段階。次に進んでソーシャル・ビジネスそのものに対して本業で協働する段階である。今後は企業のCSR活動が進展・成熟することにより，様々な協働の事例が増えることが期待される。

企業にとって，NPOと関わることにどのようなメリットや効果があるだろうか。NPOは企業が持たないノウハウや専門知識，市民としての感覚や意見を持つので，企業は社会に埋もれた様々な消費者ニーズを発見し，自社の新たな製品やサービスを開発できる可能性がある。またNPOは高い理想やミッションを掲げているので，企業が従業員をボランティアとして派遣することで，従業員が理想やミッション，あるいは価値観に啓蒙・触発され，やりがいを感じてモチベーションを向上させる可能性がある。それが日常の仕事にも還元されれば，相乗効果の好循環を生む。

一方，NPOにも同様にメリットや効果がある。前述の通り，NPOは「ヒト・モノ・カネ」のいずれもが不足しているが，企業の協力により，寄付などを通じた資金の援助，技術や設備の貸与，専門知識を持つ人材の派遣やボランティア人員の受け入れなど，多くのことが考えられる。少人数で多くの業務をこなさねばならないNPOスタッフにとっても，企業の従業員との交流を通じて企業のマネジメント手法を学び取り入れる機会が生まれ，管理業務の効率化をはかることができる。加えて企業との協力関係を築くこと自体に，当該NPOの対外的な信用力を高める効果がある。信用力の向上は企業からの支援の取り付けや個人からの寄付の集めやすさなどにも影響しよう。

2-3　新しい支援の形，プロボノ

　企業のNPOに対する支援や関わり方は，時代とともに変わりつつある。これまでの寄付や従業員のボランティア派遣などから進んで，近年は新しい支援の形も観察される。その1つは従業員によるプロボノである。

　プロボノとはラテン語の「Pro Bono Publico（公共善のために）」から来た言葉で，嵯峨（2011）によれば「社会的・公共的な目的のために，自らの職業を通じて培ったスキルや知識を提供するボランティア活動」と定義される。通常のボランティア活動は単発イベント的で，継続的にNPOの運営管理にまで関わることは少ない。これに対してミッションの実現のためにやるべきことが山積しているNPOが本当に欲しているのは，長期にわたって運営に関わり成果を生み出してくれる人材である。そのような要望を持つNPOと，企業及びその従業員でボランティア活動に深い関心のある人材との橋渡し・仲介機能を果たすサービス・グラントのようなNPO法人も現れた。

　企業の従業員がプロボノワーカーとしてNPOのために職業のスキルや知識を活用することで，例えばウェブ・デザイナーがそのスキルを活かしてNPOのホームページのデザインをリニューアルしたり，企業の財務担当者や銀行員が寄付金管理の仕組みを構築したり，企業の経営企画担当者が認定NPOとなるための中期計画の策定を支援する，など様々な関わりが実現する。プロボノ活動を行うのはあくまで企業の従業員個人だが，中には従業員のプロボノ活動を推奨・支援するばかりでなく，業務の一環と見なしている企業もある。企業の従業員にとっても，社会貢献活動によって日常業務にはない新たな価値観や充足感を得ることや，企業の外で多様な人的ネットワークを構築することが可能となる。

3　NPOによるソーシャル・ビジネスと企業による支援の事例

　本節では実際にソーシャル・ビジネスを営むNPO法人の活動事例を取り上げ，CSR活動の一環としてこれを支援する企業の関わりを紹介しよう。

3-1 ホームドアの活動

　NPO法人Homedoor（以下，ホームドア）は，2010年に当時まだ大学生だった現在の代表者である川口加奈氏によって大阪で設立された。川口代表はわずか14歳の中学生の頃にボランティア活動などを通じてホームレス状態にある生活困窮者の厳しい現実を知り，仲間とともにその解決を目指すべく活動を開始した。日本では一般に，ホームレス状態に陥るのは本人の自己責任であり，果たしてそれを救う必要があるのか，という風潮や偏見がある一方で，実際には勤務先の倒産や病気による失職など様々な意図せぬ事情により，突然そのような状況を余儀なくされた人も多くいるという現実を知ったことが，NPO法人設立の背景にある。

　「ホームドア」という名称には，「暖かい家（ホーム）の扉（ドア）」や，「人生という駅のホームからの転落防止柵（ホームドア）」でありたいという強い思いが込められている。現在は「ホームレス状態を生み出さない日本の社会構造を作る」というビジョンのもとに，①野宿生活者（ホームレス）をはじめとする生活困窮者への就労支援・生活支援や，②ホームレス化の予防事業，③ホームレス・生活保護問題に関する啓蒙活動などを行っている。

　ホームドアは，①の就労支援の方法の1つとして，シェア・サイクルの仕組みを活用している。シェア・サイクルとは，複数の自転車貸し出し拠点で自転車の貸し出し・返却を行うもので，ある貸し出し拠点から貸し出された自転車が，利用後，同じあるいは別の貸し出し拠点に返却されることで自転車の広域共有利用を実現する仕組みである。欧州では2007年にパリ，2010年にロンドンで，それぞれ大都市の広域サービスとして，交通渋滞，大気汚染，違法駐輪などの緩和を目的にスタートし，通勤手段の1つとして利用されている。日本でも従来から，いわゆる「レンタサイクル」というシステムが知られているが，レンタサイクルがほぼ単一の拠点で，貸し出しと返却の両方が行われている点や，主にレジャーや公共交通機関の無い観光地などで利用されている点で異なる。

　ホームドアはホームレスの就労支援のためのシェア・サイクル事業を，「HUB chari（ハブ・チャリ）」の名称で実施している。「HUB（ハブ）」というのは自転車貸し出し拠点を指し，2016年8月現在，大阪市内に18拠点を展開し

ている。ハブではホームレス状態からの脱出・自立を目指してホームドアを訪れた人々が，自転車の貸し出し・返却の受け付けや利用料金の徴収，自転車の修理などを行っている。彼らはここで対面サービスの仕事をすることで収入を得ると同時に，社会復帰のためのトレーニングを積む。ホームドアはこれを「中間的な就労」と位置付け，彼らがその後，自らの力で正式な就労先を見つけ，ホームレス状態から脱出し自立を図るステップをたどることを目指している。またHUB chariの自転車は，放置自転車を行政から譲り受けて修理したものを活用していることから，ホームレス問題だけではなく，自転車の放置問題という別の社会的課題を解決する一助にもなっている。

　なおホームドアのようなホームレスの支援事業の場合，受益者であるホームレス状態にある人々から支援の代価として手数料を取るわけにはいかないので，行政から補助金や寄付に依存せざるを得ない。このためHUB chariのようにシェア・サイクルの利用者から手数料を得るというビジネス・モデルの構築が必要となる。ホームレス支援事業で先行している組織では，ビッグイシューがあるが，雑誌の街頭販売代金によって，売り子の生活自立を支援している点で同様の発想にある。

　この他，②のホームレス化予防事業として，ホームドアのメンバーやボランティアが定期的に夜回りを行って，食料・生活必需品の配布を行っている。また③の啓蒙活動として，川口代表をはじめとするメンバーが学校や企業向けに講演やワークショップの開催などを精力的に行い，ホームレス問題を考える機会を社会に提供している（NPO法人Homedoor Webサイトより）。

3-2　企業によるホームドアへの支援

　ソーシャル・ビジネスをホームドアのような1つのNPO法人の力だけで行うのは自ずと限界がある。前述の通り，ビジネスを起こすには「ヒト（人材）・モノ（設備）・カネ（資金）」が必要だが，それらが最初から全てそろっていることなど普通はまずない。しかし理念やビジョンに共感する人や企業の支援を呼び込むことはできる。ホームドアの場合，「モノ」とはシェア用の自転車やその貸し出し拠点（ハブ）となる土地である。自転車は既述のとおり放置自転車を行政から譲り受けるなどで集めることができたが，拠点となる土地の借り

288 第Ⅱ部 社会からみた CSR

受けは最初から順調に進んだわけではない。まだ大学生だった川口代表とその仲間が，行政や企業を回って了解を取り付けることは容易ではなく多くの苦労があったが，まず1週間程度の試行期間を設けるなどで少しずつ場所の提供先を増やし，同時に行政の協力を得て実証実験を行うことで，拠点を拡大していった。

　ハブとなる土地を提供してくれる企業の協力を，ホームドアは軒先を貸して社会貢献するという意味で「ノキサキ（軒先）貢献」と呼んでいる。これに呼応して自社の軒先を貸す企業の1つに，大阪ガスがある。大阪ガスはエネルギー供給という公益性が高くかつ地域社会に根ざした事業を行っているため，CSR活動を通じた地域の社会貢献に積極的な企業としても知られる。大阪ガスはホームドアのビジョンに共感し，大阪市内にある本社の駐車場敷地の一部を，シェア・サイクルのハブとして無償提供した。それまでの拠点は旅行者等の利用が多かったが，ビジネスの中心街に拠点を確保できたことで，ビジネス利用という新たな需要を掘り起こすことができた。また，大阪ガスの研修所で使用されていた宿泊者用の毛布が，ホームレス状態の人たちの防寒用に提供されるなど，様々な形で支援が広がった。

　支援の一方で，大阪ガスはホームドアの川口代表を同社に招いて従業員向けの講演会を開催し，従業員にホームレス問題を通して社会的課題やその解決について考え理解を促す機会を提供している。CSR活動は企業のCSR担当部門だけが担うものであってはならない。従業員1人ひとりが社会貢献活動とその意義について自ら考えることが重要である。

3-3　事例のまとめ

　本節で扱った，ホームドア（NPO）の活動に対する大阪ガス（企業）の関わり方は，前節で触れた支援・協働という関わり方の2つの段階で言うと，支援の段階にある。企業がその本業と直接関係はない分野ではあるが，CSR活動の一環としてソーシャル・ビジネスに取り組むNPOを支援する事例である。ホームドアは大阪ガスから主としてモノ，すなわち拠点や物資の無償提供の支援を受ける。一方の大阪ガスはNPOの支援を通じて，地域社会の課題の解決に取り組む企業，CSR活動に熱心な企業という評価を得る。また大阪ガスの従

業員も啓蒙を受け，個人のレベルでCSRについて考える機会を得る。このように企業の支援は必ずしも一方的ではなく，NPOやソーシャル・ビジネスの理念への共感を通じて，多くのものを得ていると考えられる。

　事例のように企業の支援を得たNPOの活動が，将来に向けて成長・拡大していけば，今後は支援の段階に留まらず，パートナーとして協働を求めてくる企業がさらに現れる可能性がある。つまり支援の段階から，協働の段階へと進む。このようにして企業のCSR活動を通じた関わりによって，NPOの取り組むソーシャル・ビジネスが広く世の中に認知され，ひとつの社会的課題が解決に向かって大きく前進することが期待される。

参考文献■ ─────────────

雨森孝悦（2012）『テキストブックNPO（第2版）』東洋経済新報社。

谷本寛治編（2006）『ソーシャル・エンタープライズ—社会的企業の台頭—』中央経済社。

嵯峨生馬（2011）『プロボノ—新しい社会貢献，新しい働き方—』勁草書房。

内閣府（2016）「平成27年度特定非営利活動法人及び市民の社会貢献に関する実態調査報告書」。

（岡本哲也）

あとがき

　この本は，神戸大学大学院 國部克彦研究室で経営学修士（MBA）を取得した社会人により2006年に結成された「神戸ＣＳＲ研究会」の発足10周年を機に，企画したものです。その後，メンバーは他の研究室出身者やＣＳＲに関心を持つ社会人，さらに学生へと広がり，現在は年間10回程度の例会を大阪と東京で開催しています。

　こうした背景をもつ研究会であるため，メンバーの多くは企業をはじめとする組織に属し，職務に従事してきた経験を持っており，その内容は，経営管理や営業，企画，総務，生産，広報あるいは弁護士，医師，公認会計士など多岐にわたります。実はこうした様々な業務に関わるメンバーが，それぞれの立場で関心を抱いたというところに，ＣＳＲの重要な本質が表われています。それは，このテーマが業種や職種，あるいは学問の領域を超えて，社会に生きるすべての人に密接に関連するという点です。

　今，世界は気候変動や貧困をはじめとして経済，環境，社会に関連する多くの課題を抱えています。本書では，現在の世の中を支える役割を担う企業がそのなかでどのような責任を果たすべきかについて，15の視点から議論しています。企業の中には多くの部署がありそれぞれの職務を担っていますが，これらの視点のどれとも関連しない部署は考えられません。さらに，お読みいただいた皆さまはお分かりいただけたでしょうが，ＣＳＲは消費者や従業員，あるいは株主として企業と関わっている私たち１人ひとりに返ってくる問題でもあるのです。

　ＣＳＲとはつまるところ「すべての人が尊重され，幸せに生きられる世界をつくるために，企業は何を考えてどう行動すべきか」という点に帰結します。しかし，本書のはしがきにもあるように，企業と社会の利害は必ずしも一致しません。そのため，すでに働いている方はもちろんのこと，これから社会に出る方も，自らの組織と社会との接点で課題に直面し，意思決定や自問自答を迫られる可能性があります。そうしたときに本書を通じて学んだ知見や考え方が何らかの指針になれば，編著者の"社会的責任"が少しでも果たせたといえる

かもしれません。

　本書の編集にあたっては，神戸大学大学院経営学研究科博士後期課程の増子和起氏に協力をいただきました。

　また，本書の企画の趣旨をご理解いただき，迅速な出版のために多大な便宜を図っていただいた中央経済社代表取締役社長の山本継氏にも，心からの謝意を表したいと思います。

　最後になりましたがエートス法律事務所の皆さま，とりわけ弁護士の吉井昭先生には当研究会の意義をご理解いただき，発足当初から一方ならぬご支援を賜りました。今は泉下の客となられた吉井先生に，改めて厚く御礼を申し上げます。ありがとうございました。

神戸ＣＳＲ研究会　　会　長　藤近雅彦

副会長　柳田浩孝

中尾悠利子

索　引

［欧文］

1 L for 10L	54
AA1000	153
AA1000AS	120
AccountAbility	153
BCP	75
BEPSプロジェクト	260
BtoB	231
BtoC	231
CDP	28, 132
CI	237
CJ社	55
Comply or Explainルール	11
COSOレポート	73
CSR	4, 267
CSR会計	103
CSR調達	123
CSR報告書	80
CSRレポーティング	80
CSV	26, 41, 43, 46, 57, 155
ECO-VC	130
ERM	73
ESG情報	177
ESG投資	10, 174, 175
EU木材規則	200
FSC	154
GE	27
GHGプロトコル	130
GRI	9, 197
GRIスタンダード	9, 85, 112, 197
IIRC	89, 114
ILO中核的労働基準	194
ISAE3000	119
ISO14001	33, 211
ISO26000	7, 82, 91, 150, 197
MDGs	179
MSC	154
NPO	280
OECD多国籍企業ガイドライン	258
PDCAサイクル	16, 34, 268
responsibility	14
SDGs	10, 179, 200, 202, 223
SOX法	73
TRUCOST	222
UTZ Certified	49
VaR	62
VOC	233
WIN-WIN	245

［和　文］

■あ　行

アカウンタビリティ	81, 102, 104
悪質商法	240
アナン，コフィー	6, 10
意思決定支援	102
一般的報告原則	88
違法配当罪	277
エシカル・コンシューマー	242
エシカル消費	242
オリンパス事件	278

■か　行

カーボンフットプリント	132
会計情報	104
会社財産を危うくする罪	271
会社法	264, 271
外部環境会計	217

外部コスト	208	規制的手法	209
カカオプラン	50	規定の整備	269
家計消費	229	逆選択	162
課税所得	252	牛肉産地偽装事件	264
ガバナンス	6	競争の実質的制限	273
株式会社	4	共通価値	41, 43, 45, 46, 50
株主資本利益率	16	居住地認定の基準	256

株主等の権利の行使に関する利益供与
　272

カリフォルニア州サプライチェーン透		キリンビバレッジ	54
明法	200	銀行	163, 165
カルテル行為	273	均等法	276
環境会計	109, 217	金融	161
環境会計ガイドライン	109	金融CSR	168
環境管理会計	217	金融市場	161
環境金融	172	金融商品取引法	264
環境経営	207	金融仲介機能	163
環境経営理念	213	クラウド・ファンディング	170, 283
環境効率性	207	クラスター	45
環境コスト	218	グリーンウォッシュ	157
環境コミュニケーション大賞	96	グリーン経済	135
環境損益計算書	222	グリーンコンシューマー	53
環境報告ガイドライン	88	グリーンサプライチェーンマネジメン	
環境保全効果	110	ト	126
環境保全コスト	110	グリーン調達	125
環境保全対策に伴う経済効果	110	グレーリスト	257
環境マーケティング	53	グローバル化	188
環境マネジメントシステム	211	経営トップの意思表明	268
監査	118	景気調整機能	251
間接金融	160	軽減税率	253
企業価値	265	経済移行リスク	180
企業価値の創出	12	経済的価値	42
企業の利潤	265	経済的コスト	45
企業不祥事	263	経済的手法	210

気候変動に関する財務情報開示タスク

フォース	180	計算書類等虚偽記載罪	277
		刑事責任（特別背任罪）	277
		啓発された自己利益	150
		欠損法人	254

ケリング……………………… 222
原則主義…………………………… 115
現代奴隷制法……………………… 200
行動規範……………………… 126, 269
コーズプロモーション…………… 51
コーズリレーティッドマーケティング
　…………………………………… 54
コーポレートガバナンス…… 11, 70, 267
コーポレートガバナンス・コード… 11
国際人権基準……………………… 193
国際人権規約……………………… 194
国際的な租税競争………………… 255
国際統合報告フレームワーク
　………………………… 89, 114, 178
国際標準化機構（ISO）………… 7
国連グローバル・コンパクト
　………………………… 6, 157, 196
国連持続可能な開発会議（通称「リオ
　＋20」）……………………… 135
コトラー, P. ……………………… 57
コミュニケーション……………… 27
雇用の分野における男女の均等な機会
　及び待遇の確保等に関する法律
　……………………………… 276
コンプライアンス………………… 263
コンプライアンス経営…………… 264
コンプライアンス実践プログラム… 268
コンプライアンス態勢…………… 268
コンプライアンス・マニュアル…… 269

■さ　行

災害………………………………… 47
財務資本…………………………… 114
詐欺罪……………………………… 277
座礁資産（stranded assets）……… 180
サステナビリティ報告書………… 9

サプライチェーン……………… 124, 185
サプライチェーンマネジメント…… 124
サプライヤー（供給企業）……… 124
サリバン原則……………………… 153
サントリー………………………… 38
事業継続計画……………………… 75
資産転換機能……………………… 163
自主的取り組み手法……………… 210
市場円滑化機能…………………… 166
自然資本……………………… 115, 220
持続可能性の状況………………… 87
持続可能な農業…………………… 49
持続可能なビジネス……………… 50
自動調整機能（ビルトインスタビライ
　ザー）…………………………… 250
児童労働……………………… 189, 192
資本市場モデル…………………… 145
社会・関係資本…………………… 114
社会的課題…………………… 41, 51
社会的価値………………………… 42
社会的コスト……………………… 45
社会的責任………………………… 8
社会的責任投資（SRI）………… 174
社会の要請………………………… 266
社内教育・研修…………… 268, 270
受託者責任………………………… 174
循環経済（Circular Economy）…… 136
証券会社…………………………… 165
証券市場…………………………… 165
消費者教育………………………… 240
消費者志向経営…………………… 239
消費者市民社会…………………… 243
消費者庁…………………………… 238
消費者の権利……………………… 236
消費者白書………………………… 228
情報生産機能……………… 163, 167

情報的手法……………………………… 210	損害保険会社……………………………… 165
情報の質に関する原則………………… 87	
情報の非対称性………………………… 162	■た　行
人権侵害リスク………………………… 190	多国籍企業………………………………… 188
人的資本………………………………… 114	タックスヘイブン………………………… 256
スコープ3……………………………… 131	脱税行為…………………………………… 254
スターバックスコーヒー…………… 35	多様な資本………………………………… 114
ステークホルダー	チェック機能……………………………… 167
……………………… 5, 144, 216, 259	遅延利息…………………………………… 274
ステークホルダー・エンゲージメ	知的資本…………………………………… 114
ント ………………………… 8, 17, 150	調達………………………………………… 184
ステークホルダーの包含性………… 85	調達基準…………………………………… 128
ステークホルダー・パラドックス	直接金融…………………………………… 165
………………………………………… 149	デファクトスタンダード………………… 129
正義…………………………………… 19	デューディリジェンス
製造資本………………………………… 114	………………………… 191, 197, 200
生命保険会社…………………………… 165	統合報告…………………………… 89, 95
世界人権宣言………………… 193, 202	統合報告書………………………… 115, 178
赤道原則（エクエーター原則）…… 174	独占禁止法………………………………… 272
責任…………………………………… 14	富の再分配………………………………… 251
責任あるサプライチェーン………… 199	鳥インフルエンザ事件…………………… 264
責任投資原則（PRI）………… 10, 175	取締役等の贈収賄罪……………………… 272
石油カルテル価格協定事件………… 273	取締役等の特別背任罪…………………… 271
セクシュアルハラスメント………… 275	トリプルボトムライン…………… 81, 152
節税行為………………………………… 254	
説明責任………………………… 82, 102	■な　行
セリーズ原則…………………………… 153	ナイキ・ショック………………………… 189
全社的リスクマネジメント………… 73	内部通報制度の整備…………… 268, 270
戦略…………………………………… 25	内部統制…………………………… 73, 267
戦略的なタックスプランニング…… 255	21世紀の受託者責任…………………… 175
創出，分配した直接的経済価値…… 112	日本版SOX法 …………………… 75
ソーシャルガバナンス……………… 13	認証ラベル………………………………… 28
ソーシャル・ビジネス……………… 282	ネガティブ・スクリーニング………… 177
ソーシャルマーケティング………… 53	ネスレ……………………………………… 47
租税回避行為…………………………… 254	ネスレ　カカオプラン ……… 47, 52, 54
損害賠償責任…………………………… 275	

■は　行

バーコードロップキャンペーン……	56
バーリ，A. A. &ミーンズ，G. C. …	145
バイヤー（調達企業）………………	124
ハインリッヒの法則…………………	234
ハザードマップ………………………	67
罰金刑…………………………………	277
バック・イノベーション……………	27
バックキャスティング………………	213
発行市場………………………………	165
パナソニック…………………………	129
パナマ文書……………………………	256
ハラスメント…………………………	275
パリ協定……………………	179, 206
バリューチェーン……………	45, 185
パワー，M.……………………………	62
パワハラ………………………………	275
反社会的勢力との取引事件…………	264
非競合性………………………………	250
非財務情報……………………………	178
ビジネスと人権………………………	190
ビジネスと人権に関する国別行動計画	
……………………	190, 198
ビジネスと人権に関する指導原則	
……………………	189, 198, 202
非排除性………………………………	250
ピンクリボン運動……………………	51
ピンクリボンマーク…………………	51
ファンド・レイジング………………	283
フィードバック・プロセス…………	17
プーマ…………………………………	222
フェアトレード………………	46, 154
付加価値………………………………	113
付加価値会計…………………	113, 116
付加金…………………………………	275

不確実性………………………………	61
不確実性の組織化……………………	62
富士フイルムホールディングス……	116
不祥事防止……………………………	264
不確かさ………………………………	61
不当な取引制限………………………	272
ブラック企業…………………………	274
フリードマン，M.……………………	147
フリーマン，R. E.……………………	144
ブルーウォッシュ……………………	157
プロボノ………………………………	285
粉飾……………………………………	265
粉飾決算………………………………	277
紛争鉱物……………………	199, 200
ペーパーカンパニー…………………	257
報告内容の原則………………………	85
法人擬制説……………………………	252
法定実効税率…………………………	253
法定労働時間…………………………	274
法律違反………………………………	266
法令……………………………………	266
法令違反………………………………	266
法令遵守……………………	42, 264, 265
ポーター，M.…………………	25, 43, 209
保険効果………………………………	29
保証……………………………………	117
ボルヴィック…………………………	54

■ま　行

マタニティハラスメント……………	275
マタハラ………………………………	275
マテリアリティ……………	18, 87, 91, 198
マテリアルフローコスト会計………	219
マテリアルロス………………………	219
マネジメント…………………………	33
ミネウォーター………………………	55

ミネウォーターバーコードロップ
　キャンペーン　………………… 55
民事責任………………………… 277
メンタルヘルス………………… 277
網羅性……………………………… 87
モニタリング（監視）の実施… 268, 271
モラハラ………………………… 275
モラル・ハザード（倫理の欠如）… 162
モラルハラスメント…………… 275
モントリオール・カーボン・
　プレッジ　……………………… 134

■や　行

薬害エイズ事件………………… 264
山一証券事件…………………… 278
有価証券報告書虚偽記載罪………… 277

■ら　行

ラギー, J. G. ………………… 189
ラナ・プラザビル崩落事故…… 189, 199
リスク…………………………… 60

リスクコントロール…………… 64
リスク対応……………………… 66
リスクトリートメント………… 64
リスクの特定…………………… 65
リスクの分析・評価…………… 66
リスクファイナンス…………… 64
リスク負担機能………………… 164
リスクマッピング……………… 62
リスクマネジメント……… 60, 267, 268
流通市場………………………… 164
倫理……………………………… 19
倫理綱領………………………… 269
倫理的消費……………………… 241
レピュテーション……………… 27, 28
労働安全衛生法………………… 277
労働基準監督署………………… 274
労働時間………………………… 274
労働者の心の健康の保持増進のための
　指針　…………………………… 277
労務……………………………… 274

《執筆者紹介》

國部克彦　（編著者紹介欄参照）　　　　　　　　　　　第１章，編集

北田皓嗣　（きただ　ひろつぐ）　　　　　　　　　　　第２章
　　法政大学経営学部　准教授　博士（経営学）
　　神戸大学大学院経営学研究科　博士課程後期課程修了

金　宰弘　（きむ　ぜほん）　　　　　　　　　　　　　第２章
　　群馬大学情報学部　准教授　博士（経営学）
　　神戸大学大学院経営学研究科　博士課程後期課程修了

青木　慶　（あおき　けい）　　　　　　　　　　　　　第３章
　　甲南大学マネジメント創造学部　准教授　博士（経営学）
　　神戸大学大学院経営学研究科　博士課程後期課程修了

岡田　斎　（おかだ　ひとし）　　　　　　　　　　　　第４章
　　広島経済大学経営学部　教授　博士（工学，経営学）
　　神戸大学大学院経営学研究科　博士課程後期課程修了

藤近雅彦　（ふじちか　まさひこ）　　　　　　　　　　第５章
　　関西学院大学経済学部　非常勤講師　博士（経営学）
　　神戸大学大学院経営学研究科　博士課程後期課程修了

牟禮恵美子　（むれい　えみこ）　　　　　　　　　　　第６章
　　青山学院大学大学院会計プロフェッション研究科　教授　修士（環境学），博士（経営学）
　　上智大学大学院地球環境学研究科　博士前期課程修了
　　神戸大学大学院経営学研究科　博士課程後期課程修了

大田倫子 （おおた　みちこ） 第 7 章

　神戸大学経営学研究科　研究員（執筆当時）　博士（経営学）
　神戸大学大学院経営学研究科　博士課程後期課程修了

野口豊嗣 （のぐち　とよつぐ） 第 8 章

　神戸大学大学院経営学研究科　研究員（執筆当時）　博士（経営学）
　神戸大学大学院経営学研究科　博士課程後期課程修了

柳田浩孝 （やなだ　ひろたか） 第 9 章

　筑波大学大学院ビジネス科学研究科　博士課程後期課程　経営学修士（専門職）
　神戸大学大学院経営学研究科　専門職大学院（現代経営学専攻）修了

松岡秀紀 （まつおか　ひでき） 第10章

　一般財団法人アジア・太平洋人権情報センター　特任研究員　修士（総合政策）
　関西学院大学大学院総合政策研究科　博士課程前期課程修了

中尾悠利子 （なかお　ゆりこ） 第11章

　関西大学総合情報学部　准教授　博士（経営学）
　神戸大学大学院経営学研究科　博士課程後期課程修了

馬場新一 （ばば　しんいち） 第12章

　神戸大学大学院経営学研究科　研究員
　関西学院大学商学部卒業

玉越　豪 （たまこし　ごう） 第13章

　神戸大学大学院経済学研究科　研究員（執筆当時）　博士（経済学），博士（経営学）
　神戸大学大学院経営学研究科　博士課程後期課程修了
　神戸大学大学院経済学研究科　博士課程後期課程修了

執筆者紹介　*301*

檜山洋子　（ひやま　ようこ）　　　　　　　　　　第14章

　弁護士・ニューヨーク州弁護士　経営学修士（専門職），博士（法学）
　神戸大学大学院経営学研究科　専門職大学院（現代経営学専攻）修了
　神戸大学大学院法学研究科法学政治学専攻博士課程修了
　Pace University School of Law Master of Laws（LL.M.）修了

岡本哲也　（おかもと　てつや）　　　　　　　　　第15章

　神戸大学大学院経営学研究科　博士課程後期課程　経営学修士（専門職）
　神戸大学大学院経営学研究科　専門職大学院（現代経営学専攻）修了

《編著者紹介》

國部克彦（こくぶ　かつひこ）

　神戸大学大学院経営学研究科教授。博士（経営学）。大阪市立大学大学院経営学研究科後期博士課程修了。大阪市立大学商学部助教授,神戸大学助教授等を経て2001年より現職。主著・編著に,『創発型責任経営』（日本経済新聞出版社）,『アカウンタビリティから経営倫理へ』（有斐閣）,『低炭素型サプライチェーン経営』（中央経済社）,『社会環境情報ディスクロージャーの展開』（中央経済社）,『環境経営意思決定を支援する会計システム』（中央経済社）,『環境経営・会計（第2版）』（有斐閣）,『マテリアルフローコスト会計』（日本経済新聞出版社）など多数。

《編者紹介》

神戸CSR研究会

　2006年神戸大学CSR研究会として発足。研究者,実務家,学生等がCSRについて幅広く議論する場を提供。現在は,大阪と東京で定期的に研究会,シンポジウム等を開催している。

ＣＳＲの基礎
──企業と社会の新しいあり方

2017年5月1日　第1版第1刷発行
2023年6月20日　第1版第7刷発行

編著者	國　部　克　彦	
編　者	神戸ＣＳＲ研究会	
発行者	山　本　　　継	
発行所	㈱中央経済社	
発売元	㈱中央経済グループ パブリッシング	

〒101-0051　東京都千代田区神田神保町1-35
電　話　03(3293)3371(編集代表)
　　　　　03(3293)3381(営業代表)
https://www.chuokeizai.co.jp
印刷／文唱堂印刷㈱
製本／誠　製　本㈱

© 2017
Printed in Japan

＊頁の「欠落」や「順序違い」などがありましたらお取り替えいたしますので発売元までご送付ください。（送料小社負担）
ISBN978-4-502-22541-3　C3034

JCOPY〈出版者著作権管理機構委託出版物〉本書を無断で複写複製（コピー）することは,著作権法上の例外を除き,禁じられています。本書をコピーされる場合は事前に出版者著作権管理機構（JCOPY）の許諾を受けてください。
JCOPY〈https://www.jcopy.or.jp　eメール：info@jcopy.or.jp〉

> 地球温暖化を防ぐためには，企業レベルではなくサプライチェーンのレベルで低炭素化に取り組まなければならない。それを実現するためのモデルを開発・提言する。

好評発売中

低炭素型サプライチェーン経営

MFCAとLCAの統合

■ 國部克彦・伊坪徳宏・中嶌道靖・山田哲男〔編著〕
■ A5判・264頁
■ ISBN：978-4-502-14561-2

地球温暖化の要因である温室効果ガスを削減するためには，一企業レベルではなく，サプライチェーン全体で低炭素化を目指す必要がある。それを実現するための手段を検討する。

◆ **本書の主な内容** ◆

第1章	低炭素型サプライチェーン経営の研究フレームワーク
第2章	低炭素型サプライチェーン経営の現状・規定要因・効果
第3章	低炭素型サプライチェーン経営のケース研究
第4章	低炭素型サプライチェーン経営へのMFCA導入の課題
第5章	MFCAのマネジメントシステム化の方向性
第6章	低炭素型サプライチェーン経営へのMFCAの試験的導入
第7章	MFCAとLCAの統合モデルの開発
第8章	MFCAとCFPの統合モデルの開発
第9章	低炭素型サプライチェーン経営と設計
第10章	低炭素型サプライチェーン経営のためのデータベース
第11章	低炭素型サプライチェーン経営の促進へ向けて

中央経済社